撮　　影/㈲東洋航空写真社
撮影日/2017年12月28日

3

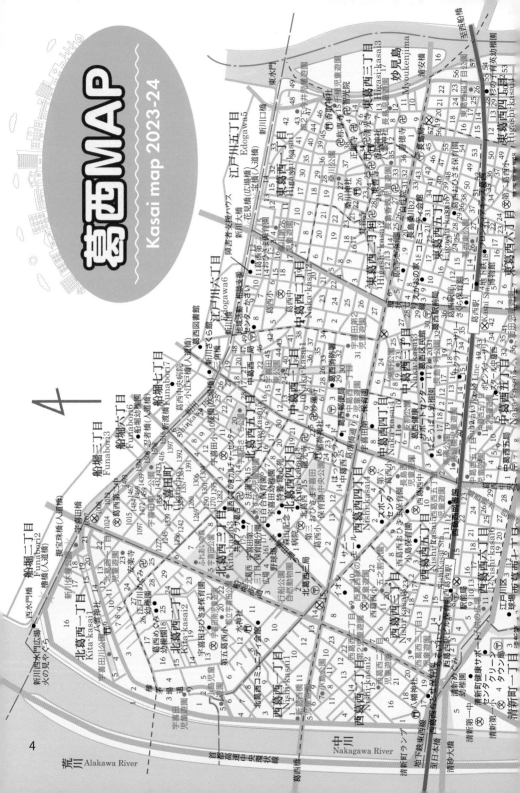

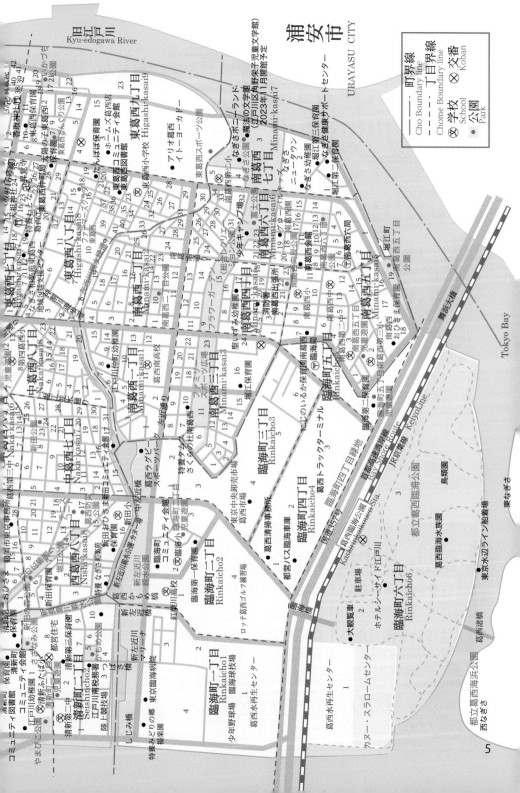

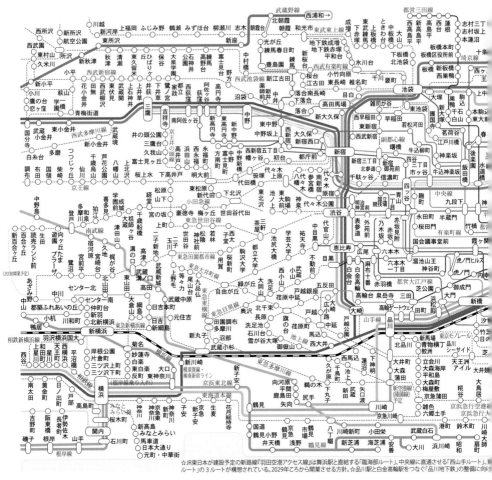

☆JR東日本が建設予定の新路線『羽田空港アクセス線』は舞浜駅と直結する「臨海部ルート」、中央線に直通させる「西山手ルート」、東北本線に直通させる
ルート」の3ルートが構想されている。2029年ころから開業させる方針。☆品川駅と白金高輪駅をつなぐ「品川地下鉄」の整備に向け

東京近郊路線図

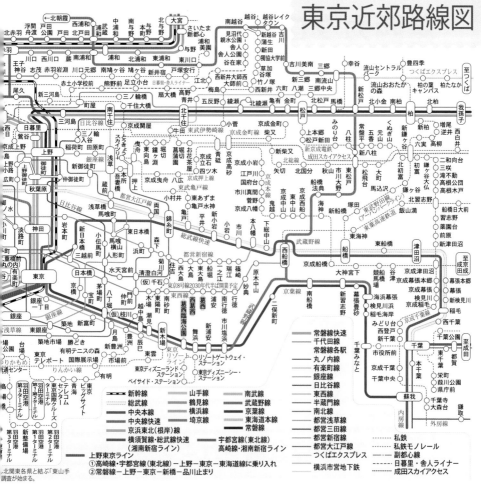

7

葛西カタログ2023-2024

CONTENTS

続々オープン！
気になるジモトの新店に行ってみよう！

`New`

karai gourmet

「あれ?いつできた?」と気になりつつ、行ったことのない
お店はありませんか。新しい店との出合いは、お気に
入りの店への第一歩。どんどん地元開拓してみよう！

藻切りうどん
あおば

ホテル併設の店舗
ですが、お気軽に
ご来店ください

蒼雅
（あおみやび）
1500円（税込）
うどん、まぐろ丼、
かき揚げのお得
なセット

　うどんで有名な神楽坂久露葉亭の系
列店。佐渡島の名物海藻アカモクを練
り込んだ「藻切りうどん」が食べられる
のは都内ではここだけ。月替わりのか
き揚げや、まぐろ丼も楽しめる。コー
ス料理もあり、ハレの日利用もおすす
め。明るく広い店内にはベビーカーの
まま入店でき、団体利用も可能だ。

🏠西葛西6-17-9　レンブラン
トスタイル東京西葛西1F
☎03-3675-8934
🕐6:30～9:00（L.O.）
11:30～14:30（L.O.）
17:30～21:00
（夜は5名以上、要電話予約）
休月曜の昼と夜（朝食は休み
なし）

▲ランチビュッフェ（土日祝日限定）
1部11:30～13:00、2部13:15～14:45

▲宿泊客以外でも朝食利
用できる

▲パーティー利用もOKの
広い店内

新店MAP

北葛西
コミュニティ
会館

Qゴルフ＆カフェ食堂

行船公園自然動物園

中川

葛西中央通り

葛西橋通り

環七通り

妙見島

らぁ麺 ばら乃

西葛西駅

四季の道

漁師料理 かさい

葛西駅

藻切りうどん あおば

鶴岡市
東京事務所

虹の広場通り

清砂大橋通り（放射16号線）

旧江戸川

てんてん

カフェも食事も楽しめる
公園遊びやお散歩の後の憩いの場

公園やコミュニティ
会館の帰りに気軽
にご利用ください

Qゴルフ&カフェ食堂

　船堀のゴルフ練習場にあった店舗が北葛西でカフェをオープン。キッズスペースがあるので、近隣の公園やコミュニティ会館を利用する親子連れにも人気だ。また、他のお客さんの了解があれば犬と一緒の入店も可。ゴルフクラフトマンの店主にゴルフの相談をする人もいるそう。年代を問わずに楽しめる。

住北葛西2-11-36
☎03-6782-4363
営火〜土11:00〜21:00
(L.O.20:00)
日祝11:00〜19:00
(L.O.18:00)
休月曜

◀カフェの隣では
ゴルフのリペアも
行っている

牛肉100%
ハンバーグ
〈200g〉980円（税込）
このボリュームと
肉質の良さは
お値打ち

◀スープカレー
（税込880円）
も人気!

あご出汁
鶏そば
850円（税込）
「黒」の醤油、
「白」の塩味から選べる
※写真は特製
+220円（税込）

ラーメンもから揚げも
鶏が自慢のラーメン居酒屋

らぁ麺 ばら乃

休日は家族連れも
多いですよ。女性
も気軽にどうぞ

　鶏白湯のとろみはコラーゲンとたっぷりの野菜でやさしい味わい。元は焼鳥店なので鶏肉には自信あり。小籠包のような餃子も鶏肉で、ニンニクなし。大きめの唐揚げはオーダーが入ってから揚げるのでいつでも熱々。テイクアウトもできるので夕食の一品にも。お酒からシメまでここ一軒で完結。

▼駅からも近くて便利

住西葛西6-15-24
アパホテル西葛西1F
☎03-6240-5287
営11:30〜14:30(L.O.)
17:00〜21:45(L.O.)
休不定休

◀窓が大きく明るいので女性一人でも入りやすい

肉汁鶏餃子
10個780円（税込）
5個420円（税込）
小籠包のような
"肉汁"が
やみつきに

11

関西風たこ焼きに唐揚げも 名物「たこのみ焼き」もお試しあれ

てんてん

リーズナブルな価格でご来店をお待ちしています

複数のカテゴリーのメニューが楽しめる店。関西風たこ焼きはあご出汁がしっかり効いた一品。サクッと揚がった唐揚げはおつまみに。たこ焼きの生地を平たく焼いた「たこのみ焼き」の『江戸川焼き』には江戸川産小松菜を使っている。同店では東京23FCのサポーター活動に一層力を入れていきたいそう。みんなで盛り上がろう！

住 中葛西7-11-7-1F
☎ 03-6626-7220
営 平日11:00 ～ 14:00
17:00 ～ 21:00
休日11:00 ～ 21:00
休 水曜

江戸川焼き
580円（税込）
ピザのようにチーズやキムチのトッピングも

▶東京23FCの情報や選手のサインが並んでいる

活魚・活貝・活伊勢海老・ 浜焼のできる店

漁師料理 かさい

歓送迎会や新・忘年会にもおすすめです

房総の人気店、漁師料理「かなや」「たてやま」の姉妹店。店自慢のいけすから、新鮮な活魚や南房総直送の活貝をリーズナブルな値段で楽しめる。個室（7室）もあるので、お祝いの席や食事会にもおすすめ。店内Wi-Fi完備、各種キャッシュレス決済対応なのもうれしい。

お特ランチ
1375円（税込）～
ご飯大盛無料・ソフトドリンク飲み放題!

住 中葛西3-35-16-2F
☎ 050-5485-3746
営 11:00 ～ 14:30
（L.O.14:00、ドリンクL.O.14:15）
17:00 ～ 23:00
（L.O.22:30、ドリンクL.O.22:45）
休 日曜

▲注文後、活魚をお造りに　　▲大きないけすから新鮮な貝を取り出し調理

11月（2023年）のオープンが楽しみ！

エントランスもコリコの町もいちご色

「魔法の文学館」

Kiki's Museum of Literature

◀「なぎさ公園・展望の丘」（南葛西7）に開設

建物の特徴である屋根
（フラワールーフ）を
デザイン化したロゴ

『魔女の宅急便』の作者として知られる、江戸川区ゆかりの
国際アンデルセン賞作家・角野栄子さんの作品世界観を発信する
「魔法の文学館（江戸川区角野栄子児童文学館）」。
どんな魔法の世界へ連れて行ってくれるのだろう。

コンセプトは「子どもたち自身が心を動かして、面白さ
を見つけ、感じて、そこから自分の世界を発見して、想
像力豊かな心を育めるような施設」。

花のように軽やかに広がるフラワールーフが特徴的な
外観、外装は、季節の花々が咲く公園内の環境に溶け
込むよう、ニュートラルホワイトでデザインされている。

館内に入ると、角野さんのテーマカラーである「いち
ご色」に彩られた印象的な世界が広がる。展示エリアで
は『魔女の宅急便』の舞台「コリコの町」や、角野さんのア
トリエを再現した常設展示室、さまざまな展示を行える
企画展示室がつくられ、読書エリアには「子どもから大人
までが読めるおもしろい物語」をテーマに角野さんが選
書した約9000冊が揃う。また、旧江戸川を望むカフェで
くつろぐこともできる。

「子どもたちが自由にページをめくって本を読み、面白
かったという気持ちをもって家に帰ってほしい。それこそ
が『文学館』の魔法だと思う」と角野さんは語っている。

完成が待ち遠しい。オープンしたらぜひ行ってみよう。

▲1階　大階段

▲2階　読書エリア

▲3階　旧江戸川を望むカフェ
（写真は完成イメージ）

▲丘に咲いた大きな花のよう—鳥瞰図

KASAIを遊ぼ！
年間イベントカレンダー

お金をかけず、移動時間をかけずに、地元で楽しんじゃいましょう！
今年から復活するイベントや新しいイベントがぞくぞく。

鯉のぼりこどもまつり 4月

（なぎさニュータウン）

集合住宅が多い葛西では、「代々の鯉のぼりを泳がせる場所がない」のが現実。南葛西のなぎさニュータウンでは、4月29日から5月5日まで大きな鯉のぼりが団地の空を元気に泳ぐ。

☎090-7261-7987
なぎさニュータウン 鯉のぼり実行委員会(松井)

4月 小松川千本桜まつり

区内で最も見応えのあるお花見スポットで、荒川スーパー堤防沿い1.9kmにわたり1000本もの桜が咲き乱れる。大島小松川公園・自由の広場前の会場では特設ステージ、ポニー乗馬、模擬店など催しがたくさん！

🚉 行き方　都営新宿線「東大島駅」から徒歩3分
☎03-3683-5183　小松川事務所地域サービス係

年間イベントカレンダー

※現時点（2023.2.28）で未定のところも多いので事前に確認を

	日程	イベント名	会場	所在地/交通	問い合わせ	電話	MEMO
3月	26日	新川千本桜まつり	新川沿川、新川さくら館	船堀7-15-2	葛西事務所地域サービス係	03-3688-0434	桜の季節に模擬店やステージイベントなどが楽しめる。
4月	2日	小松川千本桜まつり	小松川千本桜	小松川1～3丁目	小松川事務所地域サービス係	03-3683-5183	南北1.9kmにわたり、咲き誇る千本の桜が有名。ステージ、ポニー乗馬、模擬店などの催しを予定。
	29日	鯉のぼりこどもまつり	なぎさニュータウン管理棟ホール	南葛西7-1	なぎさニュータウン鯉のぼり実行委員会(松井)	090-7261-7987(松井)	鯉のぼり実行委員会
	29日～5月5日（予定）	鯉のぼり掲揚	なぎさニュータウン中央広場	南葛西7-1	なぎさニュータウン鯉のぼり実行委員会(松井)	090-7261-7987(松井)	大きな鯉のぼりが団地の空を泳ぐ。AM6：30～PM6まで
	中止	南葛西さくらまつり	フラワーガーデン	南葛西4-9	江戸川区商店街連合会南葛西支部(入船)	03-3688-1605(入船)	桜が見事な中央広場周辺で、模擬店、フリーマーケットなどの催しあり。雨天中止。
	3・4日（予定）	花の祭典	鹿骨スポーツ広場	篠崎町8-5	区都市農業係	03-5662-0539	区内特産の花・農産物のイベント。野菜の即売やガーデニング教室、小松菜関連品の販売など。
	4日	みどりの日記念日	葛西臨海水族園	臨海町6-2-3	葛西臨海水族園	03-3869-5152	みどりの日を記念して、この日は入園無料。
	4日	ヒツジの毛刈りショー	自然動物園	北葛西3-2-1	自然動物園	03-3680-0777	プロの毛刈り職人の実演とフェルトボール作り体験。子どもたちが毛刈りを体験＆見学。
	こどもの日	こどもの日記念	葛西臨海水族園	臨海町6-2-3	葛西臨海水族園	03-3869-5152	こどもの日を記念して、都外中学生も入園無料に！
	こどもの日	しょうぶ湯	区内全公衆浴場	—	区商業係	03-5662-0523	邪気を払い、厄難を除くといわれる菖蒲湯はとってもいい香り。小学生以下無料。
5月	14日	母の日感謝の入浴デー	区内全公衆浴場	—	区商業係	03-5662-0523	母子一緒の入浴の場合、無料!
	14日	清新町・臨海町ふれあいまつり	清新町緑道ほか	清新町1-2丁目	葛西事務所地域サービス係	03-3688-0434	模擬店、母の日似顔絵コーナー、ステージ発表などが楽しめる。
	14日	第45回わんぱく相撲江戸川区大会	江戸川区スポーツセンター	西葛西4-2-20	プロジェクトわんぱく協議会(原)	—	区内の小学生が学年・男女ごとに競い、横綱を決める。優勝した男子(4～6年)は全国大会へ。(問)wanpakuedogawa2023@gmail.com
	中旬（予定）	江戸川区特産バラ品評展示即売会	総合文化センター前芝生広場	中央4-14-1	区都市農業係	03-5662-0539	色とりどりのバラが会場を埋め尽くす。
	21日	南江戸川ふるさとまつり	総合レクリエーション公園(フラワーガーデン)	南葛西4-9	葛西事務所地域サービス係	03-3688-0434	バラが彩る庭園の中、模擬店やステージ発表などが楽しめる。
	28日	葛西「四季の道」・新田地域ふれあいフェスティバル	自由広場ほか、葛西親水四季の道ほか	西葛西8-5-6	葛西事務所地域サービス係	03-3688-0434	新田・中葛西・西葛西地域の祭り。ラストには大抽選会あり。
	未定	お江戸投網月間	各船宿	—	区都市農業係	03-5662-0539	葛西臨海公園沖で昔ながらの投網を見物後、舟での食事を楽しむ。

※日付が明記してあるものは、2023年3月26日～2024年3月の開催予定です。

左近川で真夏の夜のひとときを

6月 小岩菖蒲園

江戸川河川敷に広がる、100種5万本のハナショウブは必見！ 約2000株のアジサイも楽しめる。無料駐車場もある。

🚌 行き方 バスで都営新宿線「船堀駅」へ。都営新宿線終点「本八幡駅」で京成本線「京成八幡駅」に乗り換え、京成本線「江戸川駅」下車徒歩5分
☎03-5662-0321
区環境部水とみどりの課

7月 左近川イブニングファンタジー

真夏の夜を屋外で満喫できちゃうイベント。新田コミュニティ会館野外東側特設ステージでは、演奏会や子ども向けの映画会が。涼風に吹かれながら、夏ならではのイベントを楽しんで！

☎03-5658-7211　新田コミュニティ会館

7月 金魚まつり

夏の風情たっぷりの江戸川区の伝統産業、金魚の祭典。恒例の無料金魚すくい目当てに、行船公園の釣り池の周りには長蛇の列。さまざまな種類の金魚が水槽に並ぶ展示販売コーナー、江戸風鈴やつりしのぶなどを販売する江戸伝統工芸コーナーなどあり。

☎03-5662-0539　区都市農業係

※日程、内容は変更になることがあります。お出かけの前に連絡先などで確認してください

	日程	イベント名	会場	所在地/交通	問い合わせ	電話	MEMO
6月	上旬〜中旬	小岩菖蒲園	小岩菖蒲園	北小岩4丁目先	区環境部水とみどりの課	03-5662-0321	見ごろを迎えた100種5万本のハナショウブを愛でながらの散策が楽しめる。
	18日	父の日 感謝の入浴デー	区内全公衆浴場	−	区商業係	03-5662-0523	父子一緒の入浴の場合、無料!
	下旬	八雲神社の祭禮	長島香取・八雲神社	東葛西2-34-20	長島香取・八雲神社	03-3680-2070	3年に1度開催される長島町の神社のお祭り。神輿が町内を一日中駆け巡る。次回は2024年開催予定。
	未定	えどがわカヌー塾	新左近川親水公園カヌー場（臨海町2丁目地先）、スポーツセンター（西葛西4-2-20）		区施設運営係	03-5662-0664	小学4年生から大人までのカヌー初心者等を対象とした全6回のカヌー教室。
7月	中旬（予定）	小岩あさがお市	JR小岩駅南口付近商店街		区都市農業係	03-5662-0539	
	中旬	棒茅場 八雲神社祭礼	棒茅場 八雲神社	北葛西1-6-14	神社総代表	03-3687-1553	3年に1度の大祭。1日目が宵宮、2日目は祭礼。（2023年開催予定）
	22日	第17回江戸川総合人生大学祭	タワーホール船堀	船堀4-1-1	江戸川総合人生大学事務局	03-3676-9075	学生自ら企画し学びの成果を発表する大学最大のイベント。卒業生や地域の人たちも参加。
	29・30日	古川まつり	古川親水公園、古川けやき公園	江戸川6丁目	葛西事務局地域サービス係	03-3688-0434	金魚の放流、フリーマーケット、模擬店、盆踊りなどが楽しめる。
	下旬	サマースクール 1日飼育体験教室	自然動物園	北葛西3-2-1	自然動物園	03-3680-0777	スタッフと一緒に園内の動物のお世話をしてみよう。区内の小3〜6の子ども対象。
	下旬	左近川イブニングファンタジー	新田コミュニティ会館	中葛西7-17-1	新田コミュニティ会館	03-5658-7211	屋外ステージで演奏会や子ども向け映画を楽しもう!
	下旬（予定）	江戸川区特産金魚まつり	行船公園	北葛西3-2-1	区都市農業係	03-5662-0539	区伝統産業の金魚の祭典。
	未定	江戸川区民ラジオ体操大会	未定	−	区スポーツ係	03-5662-1636	区内6地区を毎年巡回し、みんなでラジオ体操を実施するイベント。
	未定	第2回江戸川区羽根田杯カヌー大会	新左近川親水公園カヌー場（臨海町2丁目地先）、カヌー・スラロームセンター（臨海町6-1-1）		区施設運営係	03-5662-0664	小4〜6のカヌー初心者を対象としたカヌー大会。

10月

江戸川区民まつり

毎年50万人を超える来場者が訪れる都内最大級の祭り。フラダンス、和太鼓などのステージパフォーマンスや、世界各国の食べ物が並ぶ模擬店など見どころ盛りだくさんで、1日では回りきれないかも!?

☎03-5662-0515
区コミュニティ係

みんなで
行進だ!

10月

江戸川マラソン大会

陸上競技場をスタートして気持ちのよい緑道や川沿いを走る。1～10kmまで5つのコースがあり、幅広い年齢層が参加。親子の部もある。

☎03-5662-1636　区スポーツ係

年間イベントカレンダー

	日程	イベント名	会場	所在地/交通	問い合わせ	電話	MEMO
8月	中旬～下旬	町・自治会の夏祭り、盆踊り、納涼大会	各自治会内公園・学校など	–	最寄りのコミュニティ会館	–	
	中旬～下旬	清新サ連ビア・ガーデン	清新町コミュニティ会館前庭	清新町1-2-2	清新町コミュニティ会館	03-3878-1981	近隣住民との交流を目的とした納涼ビア・ガーデン。
9月	16～18日	笑顔いっぱい長寿の集い	各地域のコミュニティ会館など	–	区生きがい係	03-5662-0039	敬老の日前後の週末に、お祝いのイベントを各地域にて開催。
	敬老の日	お背中流し隊	区内全銭湯	–	区孝行係	03-5662-0314	敬老の日、「お背中流し隊」の子ども達がお年寄りの背中を流し交流するボランティアを実施。
	中旬	清新サークル連合会まつり	清新町コミュニティ会館	清新町1-2-2	清新町コミュニティ会館	03-3878-1981	同館で活動するサークルが日頃の成果を披露する。「笑顔いっぱい長寿の集い」同時開催。
10月	1日	都民の日	葛西臨海水族園	臨海町6-2-3	葛西臨海水族園	03-3869-5152	都民の日を記念して、入園無料に!
	第1土曜・日曜	長島 香取神社の祭り	長島香取・八雲神社	東葛西2-34-20	長島香取・八雲神社	03-3680-2070	土曜が宵宮、日曜が本祭。地域の人々がカラオケ大会、演芸大会などで楽しむ。模擬店が出る。
	上旬	アイススケート場オープン	スポーツランド	東篠崎1-8-1	スポーツランド	03-3677-1711	23区唯一、60m×30mのスケートリンクが5月31日(予定)までオープン。
	8日(予定)	江戸川区民まつり	都立篠崎公園	上篠崎1-25	区コミュニティ係	03-5662-0515	江戸川区最大の秋の祭典。パレードや子ども向けレジャーコーナーあり。
	8日	銭湯の日	区内全公衆浴場	–	区商業係	03-5662-0523	小学生以下無料。ラベンダー湯。先着順で記念タオル配布。
	10日	開園記念日	葛西臨海水族園	臨海町6-2-3	葛西臨海水族園	03-3869-5152	水族園の誕生日を記念して、入園無料!
	15日	葛西まつり	葛西区民館ほか	中葛西3-10-1	葛西事務局地域サービス係	03-3688-0434	模擬店(50店以上)、ステージ発表、「にじますのつかみどり」など楽しい催しがたくさん。
	中旬(予定)	屋形船ハゼ釣り体験	各船宿	–	区都市農業係	03-5662-0539	
	22日	江戸川マラソン大会	江戸川区陸上競技場	清新町2-1-1	区スポーツ係	03-5662-1636	陸上競技場の周辺コースを幅広い世代の参加者が走るイベント。
	26日	さわやか体育祭	陸上競技場	清新町2-1-1	区生きがい係	03-5662-0039	共生社会を実現することを目的に、熟年者、園児やその保護者、障害のある人が一同に会して行われる大規模な運動会。

10月 or 11月

葛西市場まつり

葛西が誇る「中央卸売 葛西市場」の祭り。広大な敷地では産地直送野菜が即売され、午前中にはほとんどが売り切れるという盛況ぶり。警察署や消防署のブースなど子ども向けの催しも豊富。大きなステージでのイベントも多数あり、近隣サークルの参加もある。

☎03-3878-2072　葛西市場自治会

11月

えがおの家まつり

利用者が手作りした陶芸やさをり織りの製品等の自主生産販売をはじめ、保護者会によるバザー、地域自治会による模擬店、各種団体によるアトラクション等。ゲームコーナーもあり。　みんなが"えがお"になるお祭り。

☎03-3680-3116　江戸川区立えがおの家

※日程、内容は変更になることがあります。お出かけの前に連絡先などで確認してください

	日程	イベント名	会場	所在地/交通	問い合わせ	電話	MEMO
10月	10月〜11月（予定）	江戸川区文化祭	総合文化センタータワーホール船堀	中央4-14-1 船堀4-1-1	区文化課文化振興係	03-5662-1628	美術、書道、俳句などの8種目の日頃の成果を披露。2会場に分かれて開催。
	10月〜11月（予定）	葛西市場まつり	中央卸売葛西市場	臨海町3-4-1	葛西市場自治会	03-3878-2072	産地直送野菜即売。
	10月中旬〜11月下旬（予定）	影向菊花大会	善養寺	東小岩2-24-2	区都市農業係	03-5662-0539	昭和42年に始まった伝統ある菊花会。
	未定	りんかいフェスタ	臨海町コミュニティ会館	臨海町2-2-9	臨海町コミュニティ会館	03-3869-2221	同館で活動するサークルが日頃の成果を披露する。
11月	3日	スポーツセンターまつり	スポーツセンター	西葛西4-2-20	スポーツセンター	03-3675-3811	クイズ大会など子ども向けイベントもたくさん。スポーツ界の有名ゲストが来場することも。
	5日	船堀まつり	船堀コミュニティ会館および周辺	船堀1-3-1	葛西事務局地域サービス係	03-3688-0434	ステージ発表や作品展示のほか、模擬店、パレードなどさまざま催しが満載。
	12日	えがおの家まつり	えがおの家	東葛西5-10-5	えがおの家	03-3680-3116	知的障害者生活介護施設の利用者と地域住民がふれあう祭り。趣向を凝らしたイベントあり。
	17・18日（予定）	産業ときめきフェア in EDOGAWA	タワーホール船堀	船堀4-1-1	産業ときめきフェア実行委員会事務局	03-5662-0525	区内のものづくり産業の発展を目的とするイベント。
	中旬	北葛西コミュニティ会館サークル発表会	北葛西コミュニティ会館	北葛西2-11-39	北葛西コミュニティ会館	03-5658-7311	同館で活動するサークルが日頃の成果を披露する。
	中旬	南葛西会館サークルフェア	南葛西会館	南葛西6-8-9	南葛西会館	03-3686-9411	同館で活動するサークルが日頃の成果を披露する。
	25日	ボランティアフェスティバル	タワーホール船堀	船堀4-1-1	えどがわボランティアセンター	03-5662-7671	活動内容もさまざまな区内のボランティア団体が活動を発表。
	未定	区長杯カヌー・スラローム大会	新左近川親水公園カヌー場	臨海町2丁目地先	区施設運営係	03-5662-0664	カヌー経験者を対象としたカヌー・スラローム大会　7部門を実施。

スイス〜イ♪

12月 氷上フェスティバル

年に一度、スケートリンク上で繰り広げられる祭り。華麗な演技を披露するフィギュアスケートエキシビジョンや、誰でも参加できるアイスホッケーシューティングゲームなど。

☎03-3677-1711　スポーツランド

2月 雷の大般若 (いかづち)

江戸末期から伝わる雷地区(東葛西4丁目および9丁目)の奇祭。"雷不動"と呼ばれる真蔵院を拠点とし女装の一群が無病息災を願い大般若経の入った大きな箱を担ぎ町内を一日中走り回る。

☎03-3680-4853　真蔵院

走る! 走る!

2月 節分祭

毎年多くの人でにぎわう節分祭。豆まきが夕方ということもあり、家族そろって行けるのも魅力的だ。年男・年女がまくお菓子や紅白餅で福を分けあおう。

☎03-3687-1553
棒茅場八雲神社 総代表

鬼はぁ〜外!
福はぁ〜内!

年間イベントカレンダー

	日程	イベント名	会場	所在地/交通	問い合わせ	電話	MEMO
12月	上旬	新田コミュニティ会館サークル発表会	新田コミュニティ会館	中葛西7-17-1	新田コミュニティ会館	03-5658-7211	同館で活動するサークルが日頃の成果を披露する。
	上旬	氷上フェスティバル	スポーツランド	東篠崎1-8-1	スポーツランド	03-3677-1711	23区唯一のアイススケート場。当日は一般滑走が無料。模擬店、リンク内ではウルトラクイズなど。
	冬至の日(22日)	冬至　ゆず湯	区内全公衆浴場	−	区商業係	03-5662-0523	「冬至に入ると無病息災」といわれるゆず入りの風呂が楽しめる。小学生以下無料。
	下旬(予定)	区特産正月用花の展示即売会	区内の駅前など7カ所(予定)	−	区都市農業係	03-5662-0539	梅、シクラメン、ポインセチアなど季節の花を安価で提供。会場は一部変更する場合もあり。
	31日	除夜の鐘	安楽寺	北葛西1-25-16	安楽寺	03-3689-0976	18時から一般参加可能。毎年、地元青年部がチャリティーで年越しそばを振る舞う。
	31日	ダイヤと花の大観覧車	葛西臨海公園大観覧車	臨海町6-2	泉陽興業㈱	03-3686-6911	31日10時〜元日朝8時までオールナイト営業。※場合によっては変更あり
	未定	除夜の鐘	正圓寺	東葛西3-4-22	正圓寺	03-3689-0727	23時30分から先着108人まで。

※開催日時未定

江戸川「食」文化の祭典

地元江戸川の味が手ごろな価格で楽しめるグルメフェア。区特産の小松菜関連商品やえどがわグルメの屋台をはじめ、友好都市・鶴岡市などの特産物がずらりと並ぶ。また、区長杯争奪カラオケ大会も開催。のど自慢たちが熱い歌声を披露する。※前回開催時の情報を掲載

☎03-5662-0523
江戸川「食」文化の祭典実行委員局（区商業係）

※開催日時未定

江戸川区花火大会

豪快なオープニングの後、BGMにのせて趣向をこらした花火が打ち上がる。江戸川区と市川市同時開催のこの花火大会は、打ち上げ数約1万4千発と全国でも最大級。
※前回開催時の情報を掲載

☎03-5662-0523　江戸川区花火大会実行委員会事務局（区商業係）

※日程、内容は変更になることがあります。お出かけの前に連絡先などで確認してください

	日程	イベント名	会場	所在地/交通	問い合わせ	電話	MEMO
1月	1日	初詣	長島香取・八雲神社	東葛西2-34-20	長島香取・八雲神社	03-3680-2070	元日0時からお囃子が始まる。
	1日	元旦祭	棒茅場八雲神社	北葛西1-6-14	神社総代表	03-3687-1553	お神酒・年越しそば・おしるこなどの振る舞いあり。
	成人の日	江戸川区二十歳を祝う会	総合文化センター	中央4-14-1	健全育成課青少年係	03-5662-1629	記念式典は大ホールで、午前・午後の2回に分けて開催予定。
	下旬（予定）	小松菜まつり	アリオ葛西（予定）	東葛西9-3-3	区都市農業係	03-5662-0539	区内特産の小松菜を使用した小松菜関連商品や新鮮野菜の販売など。
2月	3日	節分祭	棒茅場八雲神社	北葛西1-6-14	神社総代表	03-3687-1553	18時より豆まき(8回)。
	11日	鶴岡寒鱈まつり	船堀TOKIビル前広場（予定）	都営新宿線船堀駅前	鶴岡市東京事務所	03-5696-6821	鶴岡直送の鱈たっぷりの「どんがら汁」を販売。物産展あり。
	最終日曜	雷（いかづち）の大般若	真蔵院	東葛西4-38-9	真蔵院	03-3680-4853	女装した男性の一群が、経本の入った箱を担いで町内を走る奇祭。
	下旬〜3月上旬	ひなかざり	なぎさニュータウン管理棟小ホール	南葛西7-1	松井	090-7261-7987	ぼんぼりに灯りをともしたひなかざりを展示。
	未定	熟年文化祭	総合文化センター	中央4-14-1	区生きがい係	03-5662-0039	熟年者の区民が芸能、作品、俳句・短歌の3部門に分かれて日頃の成果を披露。
3月	下旬〜4月上旬	夜桜を見る会	新川さくら館	船堀7-15-12	新川さくら館	03-3804-0314	ライトアップした夜桜を楽しむ会。変更になる場合があり。

	日程	イベント名	会場	所在地/交通	問い合わせ	電話	MEMO
	未定	江戸川区花火大会		都営新宿線「篠崎駅」より徒歩15分 江戸川河川敷都立篠崎公園先（打ち上げ場所）		03-5662-0523	オープニングは豪快！ BGMにのせて趣向をこらした花火が打ち上がる。※例年8月上旬開催。
	未定	江戸川「食」文化の祭典	総合文化センター	中央4-14-1	区商業係	03-5662-0523	区内飲食業組合の祭典。物産販売・模擬店のテントがずらり。区長杯争奪カラオケ大会も開催。※例年11月上旬開催
	未定	区民カヌー体験教室	区内各河川	—	区施設運営係	03-5662-0664	小学生から大人まで誰でも楽しめるカヌー教室。

19

おでかけ2 葛西エリア お花見

日本庭園に咲く桜、川沿いの桜並木、さくら広場にお花見広場・・・
葛西の桜スポットはいろいろ。毎年見ていても春になると出かけたくなる。
時間差で咲く桜を見るのも楽しい。

🅿️ 駐車場　🏪 売店など近くのお店　🚻 トイレ

← 新川両岸

都立宇喜田公園フラワープロムナード

濃いピンク、淡いピンク、白、いろんな桜がつくる
花のトンネル。芝生の土手ではお花見も

↑ 火の見櫓広場から

1 お花見ウオーキングがおすすめ
新川両岸 🅿️ 新川地下駐車場 🚻

新川千本桜　718本 →P44も見てね

西水門から新川口橋まで護岸が整備され、
新しく架けられた歩道橋たちと桜の眺め
は江戸の風情。春には「新川千本桜まつ
り」が開催される。

← 葛西親水
四季の道

2 ちょうちんで演出
宇喜田さくら公園周辺

北葛西5-20-1 🅿️ 🚻 92本

公園内も周りの街路樹も桜、
桜。リングネットなど大型遊
具が子どもたちに大人気の
公園。

3 情緒あふれる撮影スポット
行船公園 北葛西3-2-1 🅿️🏪🚻 56本

平成庭園に咲くシダレザクラやソメイヨシノ。池
の水面に映る様は情緒あふれ、見とれてしまう。
遊具広場近くではお花見も。

お花見→

↑ 緑の中の桜も風情が

4 小川沿いを散歩しながら・・・
新長島川親水公園

清新町2地先 🚻 47本

↑ 葛西臨海公園駐車場の周りの八重桜。ウコンザクラも

11 文学館と桜の景色が待ちどおしい
なぎさ公園 南葛西7-3　P🏠➡

小高い丘には「魔法の文学館」建設中。丘のふもとも入れない(2023.2)。パノラマシャトルが走る道沿いには、2月下旬～3月に河津桜が咲く。

↑ 河津桜

↑ 丘のふもとの桜の下で

←約240mにわたるソメイヨシノの並木

6 広場で宴会はいかが？
東葛西さくら公園
東葛西4-10-1　P➡ 51本

広場をぐるりと囲むソメイヨシノ。公園の半分は、子どもたちのための遊具広場。

7 ホテルシーサイド江戸川付近が一番スポット
葛西臨海公園 臨海町6　P🏠➡ 760本
オオシマザクラ、ソメイヨシノ、サトザクラなどが咲き誇る。

8 見たことある？　黄緑色の神秘的な桜『御衣黄』(ギョイコウ)
雷公園 東葛西9-21-1　🏠➡ 10本

公園の北側に1本だけ植えられている『御衣黄』は必見。ソメイヨシノより2週間ほど遅く咲くので、お花見シーズンを逃した人はぜひここで。

御衣黄(ギョイコウ)→

9 さすが『花の園』見ごたえ十分
フラワーガーデン
南葛西4-9、15　P🏠➡

園内はもちろん、なぎさ公園まで続く遊歩道沿いに咲き誇る桜は見事。

桜の下でお弁当↑

10 バーベキュー広場あたりが見どころ
富士公園 南葛西6-23　P🏠➡
パノラマシャトルから見る桜並木もおすすめ。

↑バーベキュー広場

12 この時期団地はピンク一色
なぎさニュータウン周辺
南葛西7-2　P🏠➡ 132本

団地全体に広がる花は幻想的。でも、居住地なので、ご迷惑のないように。

(⑨⑩⑪総合レクリエーション公園 478本)

5 水面と桜の風景を楽しもう
新左近川親水公園 臨海町2～3丁目
P🏠➡ 442本

材料や器具を持ち込めば、広場でバーベキューもOK。全国でも珍しい淡黄緑色の『ウコンザクラ』が見られる。

↑ 新左近川マリーナ
※本数は江戸川区ホームページより

通りを知れば歴史が見えてくる
葛西ストリート案内

これを知っとけば、
引っ越したばかりのあなたも
立派な"葛西人"です!

―――― 愛称のついている道
………… 『健康の道』
□ 交差点名

① 棒茅場通り
八雲神社
安楽寺
葛西第二中
船堀六丁目
北葛西二丁目
★一之江境川親水公園
一之江境川親水公園
古川親水公園
葛西図書館
三角橋
江戸川六丁目
新川大橋
江戸川五丁目
東葛西一丁目
★葛西親水四季の道
ふれあいの森
宇喜田公園
都立宇喜田公園
宇喜田第一公園
宇喜田小
宇喜田
さくら公園
宇喜田
東公園
葛西中央通り
北葛西二丁目
第五葛西小
水神社
北葛西三丁目
法蓮寺
野球場
行船公園
行船公園自然動物園
中葛西一丁目
中葛西
西葛西一丁目
葛西中央通り
妙蓮寺
桑川公園
桑川神社
香取神社
正圓寺
西葛西四丁目
称専寺
梵音寺
東善寺
葛光寺
妙見島
自性院
善徳院
★葛西親水四季の道
★一之江境川親水公園

行船公園
行船公園前
② 葛西橋東詰
道路境界通り
小島公園
③ 虹の道通り
中川
西葛西小
五之橋通り
スポーツセンター
第六葛西小
北葛西三丁目
中央公園
稲荷神社
葛西消防署
葛西郵便局
三角葛西通り
⑦ 三角葛西通り
滝野公園
環七通り
東葛西三丁目
浦安寺
清新町ランプ
八幡神社
西葛西二丁目
二反割公園
西葛西四中
長島町交差点
葛西橋通り
葛西橋通り
至日本橋
清砂大橋
清新第一
④ 中葛西4
西葛西駅
駅前通り
鳥頭公園
長島1号公園
葛西駅前通り
葛西駅
東葛西五丁目
東葛西四丁目
葛西東公園
東葛西四丁目公園
至西船橋

⑤ 新田仲町通り
西葛西駅
葛西駅西通り 葛西駅
⑥ 西葛西6丁目3
清新第一小
クリーンタウン前
江戸川区球場
中葛西五局
中葛西5南
東葛西六局
第二葛西小
東葛西七丁目
葛西
警察署
葛西第四中
⑥ 清砂大橋通り
中葛西8
天祖神社
昇覚寺
東葛西仲町局
★旧江戸
雷公園

荒川沖
★荒川沖
清新町二丁目
都営住宅
さざなみ公園
スポーツの森
第七葛西小
③ 虹の広場通り
西葛西四丁目
葛西第三中
新田南公園
西葛西8
東葛西八丁目
堀江
堀江並木通り
⑧ 堀江並木通り
中葛西5南
第四葛西小
新田公園
葛西南高校
南葛西二丁目公園

新左近川親水緑道
★新左近川親水緑道
じしみ橋
陸上競技場
葛西かもめ公園
新左近川マリーナ
新左近橋
新田小
紅葉川高校
中左近橋
中左近橋
新左近川親水緑道
臨海小
新田中左近橋
⑨
東葛西小学校
左近通り
左近通り
葛西南高東
葛西南高東
ファミリースポーツ広場
フラワーガーデン
左近川親水緑道
★左近川親水公園
臨海町一丁目
臨海球技場
臨海町二丁目
ロッテ葛西ゴルフ練習場
東京中央卸売市場葛西市場
臨海町三丁目
旧海岸堤防
★旧海岸堤防
少年キャンプ場
総合レクリエーション公園
富士公園
なぎさ公園
なぎさポニーランド
④ 総合レクリエーション公園
南葛西通り
なぎさ
ニュータウン
なぎさニュータウン
南葛西会館
④ 南葛西通り
浦安市
都営バス臨海車庫
国道357号
葛西臨海公園
葛西トラックターミナル
臨海町
JR京葉線
駐車場
南葛西一丁目
南葛西六丁目
南葛西二丁目
南葛西三丁目
さくら通り
★さくら通り
★旧江戸川
旧江戸川

★ 『健康の道』には、距離表示板や、健康サイン(ストレッチ体操ガイド)などが設置されている。
健康作りのため、おおいに活用しよう!

22

通り名	どんな道？	勝手にランドマーク

**棒みたいに真っすぐな
茅が採れた？**

❶ 棒茅場通り (ぼうしば)

やっぱり、最初は読めないよね。格子状に整備された道が多いなか、歴史があるんだぞとばかり行船公園から「ナナメ!」に走り、半円形を描いて新川へと続く。「茅場」とは屋根をふくための茅が採れた所。

行船公園

**江戸川区のシルクロード
（都道308号線）**

❷ 船堀街道 (ふなぼり)

その名のとおり、臨海町から船堀を通ってJR新小岩駅へと続く道。葛西人のメッカ・行船公園、都立宇喜田公園やタワーホール船堀、江戸川区役所、総合文化センターなど、江戸川の文化をつなぐ。

東西線・清砂大橋通り・清新町陸橋の3線が上を走る

**本物のレインボーに
出合える道**

**❸ 虹の道&
虹の広場通り** (にじのみち&にじのひろば)

東西線西葛西駅から葛西防災公園まで、南に延びる緑豊かな道。通称かいじゅう公園「子供の広場」、「江戸川区球場」、半円形の水のカーテン「虹の広場」、「新田の森公園」、「葛西防災公園」と公園をつなぐ。

虹の広場通りと清砂大橋通りの交差点に構える、江戸川区球場

葛西の最南端へ行こう

❹ 南葛西通り (みなみかさい)

東葛西8丁目の新田仲町通り近くから旧江戸川まで、南に延びる。両側はケヤキの並木でゆったりした歩道も。交差する総合レクリエーション公園の鉄橋が上を走り、通り沿いには南葛西会館がある。

総合レクリエーション公園の鉄橋

**かつての磯の香りが
漂ってきそう**

❺ 新田仲町通り (しんでんなかまち)

棒茅場通りから続く、葛西をナナメに走る道。かつての葛西の海岸線と並行するこの道は、昭和初期の地図にもそれらしき形をとどめている昔からの道。使いこなせるようになれば、かなりの葛西通。

区のスポーツセンター

**本名はおカタイので
愛称で呼んでね**

❻ 清砂大橋通り (きよすなおおはし)

04年3月、江東区と葛西を結ぶ「清砂大橋」が開通し、この名が愛称に。正式名称は「東京都市計画道路幹線街路事業放射第16号線」！ ちなみに、放射とは都心から真っすぐ各地へと延びる道路のこと。

ササキスポーツ。窓には、スポーツ選手のポスター!!

三角とは何ぞや?!

❼ 三角葛西通り (さんかくかさい)

答えは新川を渡ったところに。葛西図書館前に大きな三叉路があり、その形からここのバス停が「三角」と名づけられた。その後「三角」のある通りは「陣屋通り」となり、新川以南にこの名が残ったもの。

イチョウの並木

自然の恩恵も受けられる(!?)

❽ 堀江並木通り (ほりえなみき)

清砂大橋通りと新田仲町通りが交差するあたりから左近川親水緑道へとつづくヤマモモの並木道。東西線が開通するまでは川で、以前は海苔養殖や釣り舟に使われる"べか舟"が停泊していたという。

ヤマモモの実はご近所さんの果実酒の材料に

**水と草木が楽しめる
憩いスポット**

❾ 左近川親水緑道 (さこんがわ)

かつての江戸川の分流のひとつで、河港の役割を果たしていた左近川を整備、水と緑あふれる趣のある道に生まれ変わった。なぎさポニーランド近くから家々の間を流れ、新左近川親水公園までつづく。

環七と交わる付近、仲割川遊歩道からの流れが滝をつくる

便の異常はありませんか?
大腸ポリープの早期発見が、ガンの芽を摘むことに

おかはら胃腸クリニック

大腸のポリープには、良性のものと、放置すると将来ガンになり得るものとがある。食生活の欧米化などで日本でも大腸がんがかなり増えている今、自己判断で手遅れになる前に、早期発見がカギとなる。「便通の異変を感じたら検査をお勧めします。硬い、柔らかい、ガスが多い、下痢が続くなど少しでも気になったらクリニックに相談してほしいです」と院長。

まずは便の潜血検査をし、必要に応じて内視鏡検査を実施する。大腸内視鏡検査は痛いのでは…と敬遠されがちだが、当クリニック

の大腸内視鏡検査では、鎮静剤を打ち眠っている間に受けられる"夢見心地の検査"が評判。院長自身も「眠らないと受けたくない。自分がされて嫌なことは人に勧められない」と、患者が不安に思うことを徹底的にヒアリングしたうえで検査する。内視鏡検査でポリープの形や色などが怪しいと思ったら、小さくてもその場で取り、顕微鏡検査へ。

「早めの対処が、ガンの芽を摘むことに繋がります。日頃の食生活を見直し、暴飲暴食を控え、胃腸を保護することも大切です」。

院長 岡原 由明
順天堂大学卒。同大学病院等を経て2001年開業。医学博士

住 江戸川区東葛西6-1-17第6カネ長ビル1F
☎ 03-5659-2155
時 月・火・水・金／9:00～12:30 15:00～19:00
　 土／9:00～14:00
休 木・日・祝
HP http://www.okahara-clinic.com/

診療科目
胃腸内科・外科

防音に配慮した設備で
患者の気持ちに寄り添う診察・治療を行っています

柴山泌尿器科・内科クリニック

心を癒す音楽が流れる待合室と、十分な防音を施した診察室。「恥ずかしい・心配だという気持ちを抱えた患者さまの力になりたい」と一人ひとりの気持ちに寄り添った診察・治療を行っている柴山泌尿器科・内科クリニックの柴山太郎院長。

同クリニックでは、受診当日に尿検査の結果・診断がその場ですぐわかる。また、顕微鏡で見た尿所見をモニターで見ることができる。「尿潜血がある」と診断された人などのために、腎臓や膀胱をはじめとした超音波検査を行うのだ。

新型コロナウイルスをはじめとした感染症対策として、ウシオ電機製の人体に無害な紫外線照射装置「Care222」合計6台と空気清浄機7台を導入するとともに、診療前後の手すりなどの消毒を徹底。午前中と木曜日午後の診療を医師2名体制として少しでも待ち時間を減らすよう努力している。「トイレが近いなどの泌尿器の違和感はもちろん、いつもと違うなと気になることはなんでもご相談ください」と、柴山院長。開院から19年、これからも診察・治療を続けていく。

院長 柴山 太郎
慶應義塾大学医学部卒業。日本泌尿器科学会認定専門医。日本人間ドック学会認定指定医。医学博士

住 江戸川区東葛西6-1-17第6カネ長ビル2F
☎ 03-5675-7223
時 月・火・木・金／9:00～12:30 15:00～18:30
　 土／9:00～12:30
休 水・日・祝・土曜午後
HP http://www.shibayama-clinic.com/

診療科目
泌尿器科、男性更年期（ED）、内科（一般）、健康診断、旅行医学、各種予防接種

一般歯科・小児歯科・矯正歯科・口腔外科

歯医者嫌いも勧める、"患者に優しい" 歯科医院

「僕も歯医者が苦手でした」という院長のもと、どんな人でも安心して通えるよう、なるべく「痛くない」「怖くない」「負担が少ない」治療を心がけている。早期発見・予防に特に力を入れ、歯を守り、虫歯・歯周病に効果的な最新のクリーニング機材を導入。駅徒歩1分・平日夜7時まで・土日も診療という通いやすさも患者に優しいポイント。

長嶋雄樹 院長

http://www.claire-shika.com/

クレア歯科医院
☎ 03-3877-1855

江戸川区東葛西6-2-9武企画ビル2 6F
診療時間／平日　9:30～13:30
　　　　　　　15:00～19:00
　　　　土　　9:30～13:30
　　　　　　　14:30～18:00
　　　　日　　9:30～13:00
休診日／木・祝

皮膚科・小児皮膚科

皮膚のトラブルなら、何でも ご相談ください

ニキビ、じんましん、湿疹、(爪)水虫、脱毛症、アトピー、イボ、うおのめ、シミ、ピアス、AGA・ED治療、ニンニク・プラセンタ注射など。葛西駅前、徒歩30秒。土・日曜日も夕方5時まで診療。平成4年に開院して以来、30年間で約10万人を超える患者さんを診察。西洋・漢方医学療法から各種注射に至るまで、手腕と実績に自信を持っています。

細谷順 院長

http://www.hosoyahifuka-clinic.com

細谷皮膚科クリニック
☎ 03-5674-1230

江戸川区中葛西3-37-1-2F
(駅前30秒)
診療時間／月～金10:00～13:00
　　　　　　　14:30～19:30
　　　　土・日 10:30～13:00
　　　　　　　14:00～17:00
休診日／水・祝・夏季・冬季

整骨院 でからだのメンテナンスを

突き指や捻挫などの急なけが、気にはなっているがそのままにしがちな腰の痛みやからだのゆがみなど。気になることがあったら、国家資格を持つ「柔道整復師」が施術してくれる整骨院を知っておくと安心。

スポーツ障害、交通事故に強い 子育てママにも安心な鍼灸整骨院

1982年開院。東洋医学と最新機器や技術を日々融合し、交通事故によるけがの迅速な対応、スポーツ障害(日本テニス協会、日本水泳連盟、日本バドミントン協会、陸上競技、バレーボール、ラグビー、プロ野球チームトレーナー在籍)、首・肩・肘・腰・膝の痛みの治療を専門的に行います。各施術における専門家がいるので、相談してみよう。

タナカ整骨院
併設／タナカ鍼灸院
☎03-3687-6103

西葛西3-13-2　休／日・祝
受／月～金 9:00～12:00 15:00～19:00
　　　土 9:00～14:00

江戸川区西葛西　タナカ整骨院 [検索]

25

葛西臨海公園
Kasai Rinkai Park
海を感じる広々とした公園

江戸川区最大の観光スポット「葛西臨海公園」。春の桜に始まる季節ごとの花々、大観覧車の展望。夏には磯遊びや水遊び、水族園では魚たちに合える。樹々が茂る鳥類園の奥や水族園の屋外にも行ってみて。

クリスタルビュー

ガラス張りの展望棟からは東京湾が一望でき、ビルの間に沈むサンセットは格別！元旦・初日の出の時刻には特別に開館される。
- ●通常開館時間
  AM9:00～PM5:00（入館は4:30まで）

大きなお花畑

大観覧車周辺と展望広場の2カ所に広がるお花畑。冬には水仙、夏にはヒマワリが見られる。

一面の水仙の花

★ラムサール条約に登録!

都立葛西海浜公園

渚橋から海側は、東西2つの人工渚の広がる葛西海浜公園。「西なぎさ」の砂浜では春は磯遊び、夏は水遊びが楽しめる。「東なぎさ」は陸地とつながっていない、立入禁止の自然環境保全エリア。2018年10月ラムサール条約に登録された。

■海風の広場／西なぎさ東側の芝生では、スポーツカイト（高さ制限40m）の利用がOK！
- ●問い合わせ／☎03-5696-4741
  （葛西海浜公園 港湾局所轄）

観察窓

鳥類園

散策路にある観察舎や観察窓からは間近に野鳥が見られ（無料）、毎月1回野鳥のガイドツアーが行われる。ウォッチングセンターでは望遠鏡での野鳥観察ができ、土・日・祝に野鳥に詳しい専門スタッフが常駐。
※ウォッチングセンターは改修工事のため閉館中（2024年2月まで）

←鳥類園から見た東なぎさ

バーベキュー広場

手ぶらでOKのバーベキュー場。食材&器具完備のライトプラン（一人2980円～）等選べる。要予約、2カ月前より予約受付開始。
- ●利用時間／AM10:00～PM4:00
  （季節により変動あり）
- ●問い合わせ／☎03-6808-5701
  （AM9:30～PM5:00）
- ●休み／年末年始、12～2月の毎週水曜日

※バーベキュー広場およびバーベキュー売店は改修工事のため2023年3月31日まで休止

ダイヤと花の大観覧車

葛西臨海公園のシンボル、日本最大級地上117mの大観覧車。お天気なら房総半島から富士山まで一望でき、ここから見る夜景はサイコー！
- ●営業時間/平日AM10:00～PM7:00、土・日・祝・春夏冬休みAM10:00～PM8:00、大晦日AM10:00～元旦AM8:00（券売は20分前まで）
  ※状況により営業時間が異なる場合あり
- ●運休日／1月第4・5水曜日、2月の全水、3～12月（8月除く）第3水曜日
- ●料金／一般（3歳以上）800円、70歳以上400円
- ●問い合わせ／☎03-3686-6911

大観覧車と"うみ号"

都立葛西臨海公園

臨海町6丁目　☎03-5696-1331（葛西臨海公園サービスセンター）
東京都公園協会ホームページ
http://www.tokyo-park.or.jp/park/format/index026.html

"なのはな号"

パークトレイン

カラフルな"うみ号""なのはな号"は、園内約3.1kmを周遊する汽車型の乗り物。周遊時間はたっぷり25分。
- ●料金／中学生以上350円、3歳～小学生・70歳以上150円
- ●運休日／水曜日（水曜日が祝日の場合はその翌日）・元日

※感染症拡大状況などにより、内容が変更となる場合があります

ホテルシーサイド江戸川
Hotel Seaside Edogawa

豊かな自然に囲まれた江戸川区立の宿泊施設。2階には宿泊者専用の大浴場も。客室（和室・洋室）からの眺めはリゾート感満点。また宿泊者以外の人も利用できる宴会場・レストランもあり。

●問い合わせ・☎03-3804-1180
（ホテルシーサイド江戸川　江戸川区所轄）

葛西臨海水族園

Tokyo Sea Life Park

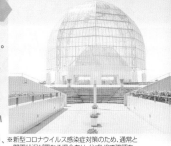

約600種類の海の生物たちが勢揃い。ドーナツ型大水槽で見られるクロマグロの群泳や日本最大級のペンギン展示場などは圧巻の一言。イベントも盛りだくさん。また、屋外には関東周辺のかつての自然豊かな環境が再現されている。

●営業時間／AM9:30〜PM5:00（入園はPM4:00まで）
●休園日／毎週水曜日（祝日の場合翌日休園）、12月29日〜翌年元日
●料金／小学生以下と都内在住・在学の中学生は無料、一般700円、中学生250円、65歳以上350円
●問い合わせ・☎03-3869-5152
https://www.tokyo-zoo.net/zoo/kasai

※新型コロナウイルス感染症対策のため、通常と開園状況が異なる場合あり。公式HPで確認を。

クロマグロ
です

葛西臨海水族園年間イベント　※日付は予定なので、必ず事前に確認を

日程	イベント名	内容
5／4（木・祝）	『みどりの日』	入園無料
5／5（金・祝）	『こどもの日』	中学生まで入園無料（都外の中学生も）
10／1（日）	『都民の日』	入園無料
10／10（火）	『開園記念日』	入園無料

水上バス・東京水辺ライン　Tokyo Mizube Cruising Line

渚橋の東側に発着場があり、お台場方面へのクルーズが楽しめる。

■葛西・お台場周遊（葛西臨海公園→お台場海浜公園→葛西臨海公園）
・運賃（大人）　片道1200円　往復2400円
・所要時間　片道約50分　往復約100分
　※増税等に伴い、運賃改定の場合もあり。
　※葛西臨海公園〜お台場海浜公園〜 WATERS竹芝〜両国リバーセンター〜浅草二天門〜両国リバーセンターでの利用あり。※定期便ではないので、乗船前に運航スケジュール等はwebサイトで確認を。
●東京水辺ライン問い合わせ　☎03-5608-8869 AM9:00〜PM5:00（月曜日を除く）
　※webサイトは「東京水辺ライン」で検索

すい〜

←渓流を再現した展示

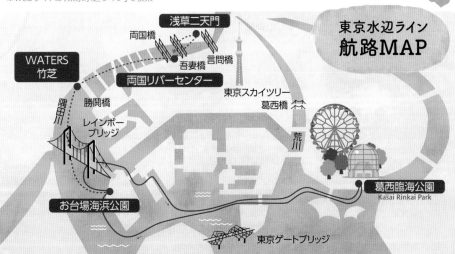

東京水辺ライン
航路MAP

浅草二天門
両国橋
言問橋
吾妻橋
両国リバーセンター
WATERS
竹芝
東京スカイツリー
葛西橋
勝鬨橋
隅田
レインボーブリッジ
荒川
お台場海浜公園
葛西臨海公園
Kasai Rinkai Park
東京ゲートブリッジ

27

子どもからお年寄りまで一日遊べる

行船公園
Gyosen Park

四季の自然が美しい日本庭園のある、江戸川区が誇る公園。充実した施設がそろい、しかもそのほとんどが無料なのもうれしい。自然動物園や遊具広場は子どもたちに大人気。楽しいイベントにも参加してみよう。

マークの見方

- 🚏 最寄のバス停
- 🅿 駐車場
- 🚻 トイレ
- 🌳 日陰・木陰
- 🚼 オムツ替え&着替えスペース
- ⛱ 砂場
- 🎠 遊具
- 💧 水遊び場
- 🛍 お助けSHOP
- ☎ 問い合わせ

1 自然動物園

なんと入場無料! レッサーパンダ、フンボルトペンギン、ベネットワラビー、オオアリクイなど約57種類の動物が見られる動物園。

土・日・祝日の午後に行われる『飼育係のおはなし』を聞いて スタンプを集める『おはなしスタンプラリー』に参加して、動物たちからのステキなプレゼントをもらおう!

※『飼育係のおはなし』『おはなしスタンプラリー』は2023年2月現在中止している

- ●開園時間／AM10:00 〜 PM4:30
  （土・日・祝・夏休みはAM9:30〜、11 〜2月はPM4:00まで）
- ●休園日／月曜（祝休日の場合は翌日）、12月30日〜1月1日
  ☎03-3680-0777自然動物園

*ワタボウシタマリンの赤ちゃんが2023年2月に誕生。親にしがみついている様子がかわいらしい

> ワタボウシタマリンだよ

ブラウンケナガクモザル

> シロフクロウです

ワラビー

レッサーパンダ

> メェ〜

フンボルトペンギン

オオアリクイ

プレーリードッグ

江戸川区立行船公園
北葛西3-2-1 ☎03-3675-6442(源心庵)

- 🚏 JR新小岩駅または都営新宿線船堀駅〜西葛西駅「北葛西2丁目」、船堀駅〜葛西臨海公園駅「行船公園前」、西葛西駅南口〜新小岩駅、亀戸駅〜なぎさニュータウン、葛西駅〜秋葉原駅、臨海車庫〜両国駅「宇喜田」
- 🅿 公園北隣に都営宇喜田公園駐車場あり。1時間300円
- 🎠 遊具広場（洋式・障害者用・オムツ替えシートあり）、平成庭園（洋式・障害者用）、釣り池（洋式・障害者用）、自然動物園南門（洋式）の4カ所にあり 長ベンチあり
- 🌳 大きな藤棚、あづまやあり
- ※飲み物自動販売機あり

ふれあいコーナー

ウサギやモルモット、チャボなどをさわったり抱っこしたりできる人気のコーナー。疑問に思ったことは、なんでも気軽に飼育係のお兄さんお姉さんに聞いてみてね!

- ●利用時間／AM10:00 〜 11:45、PM1:15 〜 3:00、夏季AM10:00 〜 11:45、PM2:30 〜 3:45
  ※団体利用は予約が必要
  ※2023年2月現在、中止している

行船公園&自然動物園の年間イベント

※下記日付は予定なので、必ず事前に確認を。申し込みが必要なものもあり。

日程	イベント名	会場
4／29(土・祝)	『糞で花を咲かせよう(フンコロジー)』	自然動物園
5／4(木・祝)	『ヒツジの毛刈りショー』	自然動物園
5／28(日)	『動物カメラマンによる写真講座』	自然動物園
7／22(土)・23(日)(予定)	『金魚まつり』	行船公園
7／25(火)〜28(金)	『サマースクール 1日飼育体験教室』(小3〜小6対象 4回)	自然動物園
9〜10月	『親子1日飼育体験教室』(小1〜小2対象 4回)	自然動物園
毎週土・日・祝 午後	『飼育係のおはなし』(雨天中止)	自然動物園

※新型コロナウイルス感染拡大防止のため、イベントの中止や開館時間など通常とは異なる場合あり。最新情報は公式ホームページで確認を。

3 平成庭園

「和」の景色が広がる平成庭園は、人気の癒しスポット。手入れの行き届いたお庭を散策するもよし、せせらぎを聞きながら清流に見入るもよし。日常とは一味違う空間で清浄な気分に。

2 源心庵

純和風数寄屋造りの茶室。茶道、華道、句会、会合などに利用でき、茶道具の貸し出しは無料。和室4部屋、洋室1部屋。

● 休館日／12月28日〜1月4日
● 使用料／3時間630円〜
☎ 03-3675-6442（源心庵）
※予約は5カ月前から受付

4 釣り池

釣り好きな人たちが静かに釣り糸を垂れる、無料の釣り池。ヘラブナ釣りが楽しめる。リール竿、ビンドウ、かえしのあるハリの使用は禁止。魚の持ち帰りはできないので、釣ったら返してあげよう。

5 遊具広場

大きな丸い石のすべり台(ジャンボスライダー)は、子どもたちに大人気！ 小さい子が楽しめる遊具が充実。この周辺にはベンチがいっぱいあるので、遊びに疲れたらひと休み。

🅿 あり 🚻 なし 🎡 石のすべり台、鉄棒、小さな家、スプリング遊具、健康遊具

小さな家

園内MAP

3 平成庭園
2 源心庵
4 釣り池
水生池
至葛西駅
1 自然動物園
棒茅場通り
5 遊具広場
ジャンボスライダー
船堀街道

29

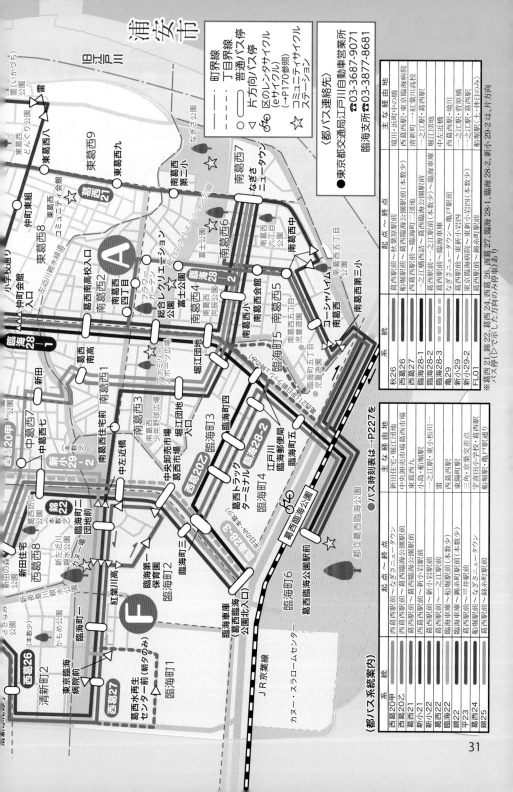

浦安市

凡例
- ——— 町界線
- - - - 丁目界線
- ◯ 普通バス停
- ◯◯◯ 片方向バス停
- 区のレンタサイクル
  （eサイクル）
  （→P170参照）
- ☆ コミュニティサイクル
  ステーション

〈都バス連絡先〉
● 東京都交通局江戸川自動車営業所
  ☎03-3687-9071
  臨海支所 ☎03-3877-8681

系　統	起点〜終点	主な経由地
秋26	葛西駅前〜秋葉原駅前	境川・浜町中の橋
西葛26	船堀駅前〜葛西臨海公園駅前	西葛西駅前・東京臨海病院
西葛27	西葛西駅前〜臨海車庫前	清新町・紅葉川高校
臨海28-1	西葛西駅前〜葛西臨海公園前	一之江駅・葛西駅前
臨海28-2	葛西駅前〜臨海車庫前	堀江団地
臨海28-3	葛西駅前〜臨海車庫前	中左近橋
亀29	なぎさニュータウン〜亀戸駅前	境川
新小岩29	葛西駅前〜東新小岩四丁目	一之江駅・菅原橋
FL01	東京臨海病院前〜東新小岩四丁目	一之江駅・葛西駅
	葛西駅前〜臨海車庫前	船堀駅・休日のみ

※葛西21、葛西22、錦23、錦24、葛西26、西葛27、臨海28-1、臨海28-2、新小29-2は一部方向の未停車あり
バス停（◯）で示した部分は一方向（本数少）、新小29-2は土・休日方向

〈都バス系統案内〉

系　統	起点〜終点	主な経由地
西葛20甲	西葛西駅前〜なぎさニュータウン前	新田住宅・堀江団地
西葛20乙	西葛西駅前〜葛西臨海公園駅前	中央卸売市場葛西臨海駅前
葛西21	葛西駅前〜葛西臨海公園駅前	東葛西九
新小21	西葛西駅前〜新小岩駅前	小島・船堀駅
葛西22	葛西駅前〜新小岩駅前	一之江駅・東小松川一
臨海22	臨海車庫前〜船堀駅前	雷
錦22	臨海車庫前〜錦糸町駅前	西葛西駅前
平23	臨海車庫前〜平井駅前	三角・京葉交差点
葛西24	西葛西駅前〜なぎさニュータウン	宇喜田小学校・葛西駅前
錦25	葛西駅前〜錦糸町駅前	船堀駅・亀戸天神前

● バス時刻表は→P227を
● バス系統案内→P227を

31

KASAIの公園へ行こう！

MAP Ⓐ 南葛西

魔法の文学館（角野栄子児童文学館）が建設中

なぎさ公園

南葛西7-3

総合レクリエーション公園

展望の丘からは旧江戸川がのぞめ、4月の桜、春から夏はラベンダー、秋には一面にコスモスが咲き絶好の撮影スポット！「ツツジ山」もみごと。文学館は23年11月展望の丘に完成予定。

▲桜のころ（工事前の様子）

▲工事中の文学館（建物は完成している）
◀旧江戸川が望める

▼ポニーの家では「人参あげ」をしている。

脚を上げてコンコンと人参さいそく

ポニー広場

休日は混んでいるのですいている平日がおすすめ。ポニーに乗れるのは小学6年生まで。馬の手入れ、乗馬などの楽しい体験ができる「サマースクール」（事前申し込み）などのイベントもあるのでチャレンジしてみよう！

※サマースクールは区内小学生対象

篠崎町

〔営業時間〕AM10:00～11:30、PM1:30～3:00（7月15日～9月15日AM10:00～11:30のみ）〔休園日〕月曜（祝日の場合は翌平日）、年末年始※悪天候・馬場状態によっては中止のこともあり ☎03-5658-5720（なぎさポニーランド）🖥 http://www. edogawa-kankyozaidan.jp/pony/

篠崎ポニーランドにも行ってみよう。馬車に乗れるよ！（江戸川区篠崎町3-12-17 江戸川河川敷内 ☎03-3678-7520)

"富士山"のふもとでワイルドに遊ぼう

富士公園

南葛西6-23

総合レクリエーション公園

アスレチックをしたり、園内に豊富に茂った樹木エリアでは植物や昆虫と戯れたり、ワイルドな遊びを体験できるのが人気の秘密。青空ランチのゴミは必ず持ち帰ろうね！

🚌 葛西駅～葛西臨海公園・コーシャハイム「南葛西第二小学校前」、西葛西駅～なぎさニュータウン、亀戸駅～なぎさニュータウン、船堀駅～なぎさニュータウン、船堀駅～葛西臨海公園「なぎさニュータウン」 🅿公園東側にあり* 🚾 サービスセンター（洋式・障害者用）、バーベキュー場（洋式）、富士見橋のもと（洋式）の3カ所にあり 🪑長ベンチ多数、テーブル席多数、芝生あり 🌳木陰、屋根付きベンチあり
<遊具広場> 🚾あり 🏪なし 🎯本格アスレチック、ブランコ、スプリング遊具、石のすべり台 🥤富士公園サービスセンター横に自動販売機、アリオ前の通り沿いにコンビニあり

🚌葛西駅～葛西臨海公園・コーシャハイム「南葛西第二小学校前」、西葛西駅～なぎさニュータウン、亀戸駅～なぎさニュータウン、船堀駅～なぎさニュータウン、船堀駅～葛西臨海公園「なぎさニュータウン」 🅿旧江戸川沿い、ポニー広場近くの2カ所にあり* 🚾 シャトルバス乗り場（洋式・障害者用）、遊具広場（洋式）、公園中央（洋式）、ゲートボール広場（洋式）の4カ所にあり 🪑長ベンチ多数あり 🏪なし 🥤パノラマシャトル乗り場近くに自動販売機、公園北側に大型ショッピングセンターあり

◀3つの公園をつないで走るパノラマシャトル。名前は「あおくん」と「はなちゃん」

バーベキュー広場

炊事場にはカマド（8つ）、木のテーブル席などの設備があり、仲間とのレジャーにぜひ！（要予約）

☎03-3675-5030富士公園サービスセンター

葛西には公園や緑道がとても多い。近くの小さな児童公園、水遊びのできる公園、花いっぱいの公園に広〜い公園まで。それぞれに特徴があり、変わった遊具があったりする。時には友だち誘ってバスや自転車で少し遠くの公園まで行ってみよう。なぎさ公園には11月に『魔法の文学館』がオープン。楽しみがまた増える。←公園&バス路線図MAPは前ページを

色とりどりのバラと写真撮影!
フラワーガーデン
総合レクリエーション公園

南葛西4−9、15

エントランスでは球体やケーキ型の楽しい噴水がお出迎え。バラの見頃は5月と10月。遊歩道沿いには四季の花々が。お花見もOK。

🚌 船堀駅〜なぎさニュータウン、一之江橋西詰め〜葛西臨海公園、一之江駅〜臨海車庫「総合レクリエーション公園」
🅿 公園北東角にあり*　🚻 環七側(洋式・障害者用)、芝生広場(洋式・障害者用)の2カ所にあり
🚼 環七側トイレにオムツ替えベッドあり。
長ベンチ多数あり 🌳 大・小藤棚多数あり 🏖 なし 💧 あり 🎠 なし
🏪 環七沿いにファストフード店、コンビニあり、環七側トイレ前・回廊下に自動販売機あり

相撲の土俵もあるよ
ファミリースポーツ広場
総合レクリエーション公園

南葛西3−23

ちびっこに人気の遊具広場のほか、広〜い多目的広場、テニスボード、相撲の土俵などがある。秋には銀杏並木が美しい。

🚌 船堀駅〜なぎさニュータウン、一之江橋西詰め〜葛西臨海公園、一之江駅〜臨海車庫「総合レクリエーション公園」
🅿 公園南東鉄塔下にあり*　★　🚻 洋式・障害者用
🌳 藤棚多数あり 🎠 あり 🏖 なし
🎠 小さい子向け複合遊具(トンネル・小すべり台)、テニスボード
🏪 管理棟に自動販売機、環七沿いにコンビニあり

ドラゴンのいる公園
南葛西向辰公園

南葛西4−22−1

小さな丘のある居心地のいい公園。南葛西小学校の目の前なので、放課後友だちと遊ぶ待ち合わせに最適。丘の斜面に設置されたドラゴンのすべり台は子どもたちに人気。

🚌 西葛西駅〜なぎさニュータウン、亀戸駅〜なぎさニュータウン、船堀駅〜なぎさニュータウン、船堀駅〜葛西臨海公園「南葛西小学校前」 🅿 なし 🚻 洋式 長ベンチあり 💧 少ない 🌳 あり 🏖 なし 🎠 ブランコ、小さな家、大すべり台 🏪 西側にスーパーあり

み〜んな集まれ!
南葛西六丁目公園
南葛西6−13−1

不思議なぶらさがり棒?

小さめだが、見通しの良さが人気の公園。午前中は小さい子、午後は園児・学童と子どもの姿が絶えない。

🚌 西葛西駅〜なぎさニュータウン、亀戸駅〜なぎさニュータウン、船堀駅〜なぎさニュータウン、船堀駅〜葛西臨海公園、葛西駅〜葛西臨海公園・コーシャハイム「なぎさニュータウン」 🅿 なし 🚻 洋式 長ベンチあり 💧 少ない 🌳 あり 🏖 なし 🎠 複合遊具(トンネル・小すべり台)、ブランコ、スプリング遊具、くねくね棒 🏪 公園東側に自動販売機あり

マークの見方 🚌 最寄のバス停 🅿 駐車場 ★ コミュニティサイクルステーション 🚻 トイレ 🚼 オムツ替え&着替えスペース 🌳 日陰・木陰 🏖 砂場 💧 水遊び場 🎠 遊具 🏪 お助けSHOP 📞 問い合わせ 🅗🅟 ホームページ

※遊具データ内の「小さい子」はだいたい3歳以下、「大きい子」は4歳(幼稚園)〜小学生くらいの子どものことです。
※「水遊び場あり」表記の公園は水質管理が万全ですが、「水遊び場なし」表記の公園の噴水などは水質が保証されていません。
*駐車場:最初の1時間200円、以降100円/24H

総合レクリエーション公園
QRコード®

総合レクリエーション公園についての情報を多言語で紹介。

MAP B 西葛西

葛西で暮らす WEB マークのお店の詳細は 葛西で暮らすWEB で検索

水のカーテンでみんな大はしゃぎ

総合レクリエーション公園 虹の広場

西葛西7－2

わくわくしちゃうね♪

水あそび

円形の広い広場。中央に噴水。ベンチではお弁当を食べたりひと休みしたり。子どもたちは思い切り走り回れる。広い芝生は赤ちゃんと遊ぶのにおすすめ。

水のカーテン

🚌 西葛西駅〜なぎさニュータウン、西葛西駅〜葛西臨海公園・臨海車庫「第七葛西小前」 Ⓟ 公園東側にあり*
🚻 洋式・障害者用 🌱 広い芝生あり
📷 なし 🅿️ あり 🪑 ベンチ、木陰、藤棚など多数あり
🍴 なし 🏪 大通り沿いにコンビニ、ファミレスあり。手洗所前に自動販売機あり

駅近のかいじゅう公園

総合レクリエーション公園 子供の広場

西葛西6－11

がおぉぉぉ〜

▲大きいかいじゅうの中はすべり台

砂場近くに大きな恐竜が2体あり、「かいじゅう公園」の名前でおなじみ。駅前のお買物ついでにふらりと立ち寄れるのがうれしい。

🚃 「西葛西駅」より徒歩3分
Ⓟ なし 🚻 洋式・障害者用
🪑 長ベンチあり 🌳 木陰、藤棚あり
🅿️ あり 🌱 なし
🍴 小さい子向け複合遊具、すべり台、ブランコ 🏪 大通り沿いにコンビニ、ファミレスあり

今日はたんけんだー！

新田の森公園 西葛西8−7

森のような公園。遊ぼう会による「発見きち」が開催されるのもココ（第2土曜のPM2〜日没ごろまで）。虫捕りや植物観察も楽しいね！

🚌 西葛西駅〜なぎさニュータウン、西葛西駅〜葛西臨海公園・臨海車庫「新田住宅」 🅿 なし
🚻 なし 💺 長ベンチあり
☂ 木陰多い 🚰 なし 🏠 なし
🚬 なし 🏪 虹の広場通りに自動販売機、食堂あり

商店街裏の居ごこちのよい公園

五之割公園 西葛西3−21−2

西葛西駅北側の商店街裏手にある便利な立地の公園。小さい子の遊具が1カ所にまとまっているから、ママも安心だね。

🚶 「西葛西駅」より徒歩8分
🅿 なし 🚻 洋式 💺 長ベンチあり
🚰 藤棚あり 🏠 あり 🏪 なし
🚬 大きい子向け複合遊具、小すべり台、ブランコ、スプリング遊具、リフレッシュ遊具
🏪 公園北側に自動販売機あり

🚌 亀戸駅〜なぎさニュータウン、葛西駅〜秋葉原駅、臨海車庫〜両国駅「葛西橋東詰」 💠
🅿 なし 🚻 洋式 💺 長ベンチ、石のテーブル席あり 🏠 あり
🚰 なし ☂ 木陰、藤棚あり
🚬 大きい子向け複合遊具、キリンさんブランコ、スプリング遊具
🏪 公園東側に自動販売機、葛西橋通り沿いにラーメン屋あり

キリンさんのブランコ

じゃぶじゃぶたのしいよぉ〜

葛西親水四季の道 西葛西6−26
ジャブジャブ池（7月〜9月）

水あそび

葛西区民館前から延びる「四季の道」の水遊び場。夏休み期間は水道水の清潔な水が入る。適度な深さで小学生にも大人気！

🚶 「西葛西駅」より徒歩10分
🅿 なし 🚻 なし 💺 長ベンチあり
🚰 藤棚あり 🏠 なし
🚬 あり。シャワーあり
🏪 公園東側に自動販売機、西葛西駅方面に商店街あり

◀緑の道を歩こう

広場が2段になっている!?

小島公園 西葛西2−7−1

一段高くなった広場には大きい子向け複合遊具。子どもたちは二段になった広場を走りまわっている。2021年コミュニティサイクルのステーションができた。

◀コミュニティサイクルのステーションに

MAP C 中葛西

水あそび

ユーカリの木のある

長島一号公園

中葛西3−21−1

区民館前＆駅近くの便利な立地。水遊び場は水の透明度に定評があり、大きな藤棚ベンチは着替えやランチに大助かり。モニュメントも楽しい。

🚌 船堀駅〜なぎさニュータウン「葛西区民館前」 🅿 なし
🚻 洋式 🪑 長ベンチあり ☀ あり 🚰 あり
🌳 木陰、大きな藤棚あり 🎢 小さい子向け複合遊具（中すべり台）、ブランコ、小さな家、ひこうき、スプリング遊具、フレンドカップ
🏪 区民館内に自動販売機、バス通り沿いにコンビニあり

ユーカリの木▶

(保育所) 瞳きらきら☺すくすく元気がいっぱいです。

◎ 一人ひとりがダイヤモンド ◎

小さな瞳の中に果てしなく大きな未来が広がります。創立46年で培った楽しいデイリープログラムと毎日のお散歩。管理栄養士による手作りの美味しい給食。そして安心のセキュリティ。どこまでも個性を大切に温かくすっぽりと包み込み、子どもたちの心身を大きく育ててまいります。

東京都認証保育所
みのり保育園
☎ 03-3688-2981
中葛西5-36-12グランディオ葛西2階
保育時間／月〜土7:00〜20:00
対象年齢／0歳（生後57日目より）〜3歳（満3歳の3月迄）
https://www.minorihoikuen.jp

（葛西駅より徒歩3分）

シンボルはタコ型遊具の細長〜い公園

宇喜田東公園

中葛西1−25・26・30

南北に細長く広い敷地の園内には、3カ所の遊具広場がある。タコ風のセメント製複合遊具があるのは、葛西ではココだけ。また、梅やバラも楽しめる。

タコさんみたいだね

▲公園中ほどに梅、柿の木も

🚌 船堀駅〜なぎさニュータウン「葛西郵便局」 🅿 なし
🚻 洋式 🪑 長ベンチあり ☀ 藤棚あり 🚰 3カ所あり
🌳 なし 🎢 大・小すべり台、ブランコ、フレンドカップ、小さな家、スプリング遊具、セメントの複合遊具（大すべり台・トンネル）、小さい子向け複合遊具 🏪 公園の中央近く道路沿いにコンビニ、中華レストランあり

みんな大好き　木陰のある広場と充実の遊具

二反割公園　中葛西4-11-1

ヤッホッホー

海賊が腕を広げたデザインのブランコがユニーク！　大小のコンビネーション遊具も楽しい。

🚉 船堀駅〜なぎさニュータウン「第六葛西小前」　🅿 なし
🚻 洋式　🪑 長ベンチあり
🌳 木陰、藤棚あり
♿ あり 🚭 なし　🛝 海賊のブランコ、コンビネーション遊具、鉄棒
🏪 公園東側に自動販売機、葛西中央通り沿いにファミレスあり

カミナリくんに会いに行こう

新田公園　中葛西7-24-1

カミナリくんです

藤棚の下に大きな雛壇があり、日陰に座りながら子どもの様子を見守ることができる。カミナリくんにも会えるよ！

🚉 西葛西駅〜なぎさニュータウン、西葛西駅〜葛西臨海公園・臨海車庫「中葛西7丁目」　🅿 なし
🚻 洋式　🪑 長ベンチ多数あり　🌳 大きな藤棚あり
♿ あり 🚭 なし　🛝 ブランコ、すべり台、鉄棒
🏪 公園東側に自動販売機あり

不思議な楽しいオブジェがある

馬頭公園　中葛西4-17-1

新しくなった遊具はトランプのマークやピエロが描かれ、カラフルで見てるだけでも楽しい。かつて荷馬車屋街だったため、馬の模様があちこちにあるよ。いくつあるか探してみよう！

🚉 船堀駅〜なぎさニュータウン「第六葛西小前」
🅿 なし 🚻 洋式　🪑 長ベンチあり　🌳 木陰、藤棚あり
♿ あり 🚭 なし　🛝 海賊のブランコ、コンビネーション遊具、鉄棒 🏪 公園東側に自動販売機、葛西中央通り沿いにファミレスあり

✨

広場でたこあげする? キャッチボールする?

都立宇喜田公園 北葛西3丁目

遊具広場

スポーツ広場

▶並んで並んで

災害時には避難場所として機能する広々とした公園。野球やゲートボール、散策を楽しむ人が憩う。テーブル席が豊富なのでランチに◎。遊具広場も。

🚌 船堀駅～臨海車庫「宇喜田公園前」
🅿 140台収容の大駐車場あり。1時間200円 ★
🚻 東側西側共通(和式・洋式・障害者用)
🪑 長ベンチ多数あり 🏮 藤棚あり
🧼 なし 🍴 なし 遊具の広場あり
🏪 船堀街道側・公園西側にコンビニあり

こん虫さがししよう!

ふれあいの森
宇喜田公園 北葛西3-5-15

樹木が立ち並ぶこの公園は、植物・昆虫観察にぴったり。木の実のなるのが楽しみな柑橘類、山桃、柿、ざくろの木があるよ!

▲いろいろな木々が植えられている

▲ビワの花

◀リスとオコジョ

🚌 船堀駅～なぎさニュータウン「法蓮寺」
🅿 なし ★ 🚻 洋式 🪑 長ベンチあり
🌳 木陰たっぷり 🧼 なし 🍴 なし 🛝 なし
🏪 船堀街道沿いに自動販売機あり

長～いすべり台はキリンさん

宇喜田川公園 北葛西1-5-10

キリンさんのローラーすべり台は、見かけといい長さといい大満足のすべり心地。立派な柳が目印の棒茅場通り近くの細長～い公園。キリンのブランコもアリ。

🚌 西葛西駅～新小岩駅「棒茅場」 🅿 なし 🚻 洋式・子ども用便座あり 🪑 長ベンチ多数あり 🏮 藤棚あり 🌳 あり 🧼 なし 🛝 キリンロングローラーすべり台、キリンブランコ、本格アスレチック、ぶら下がりロープ、スプリング遊具、大すべり台、リフレッシュ遊具 🏪 棒茅場通り沿いに自動販売機、そば屋あり

木々が多くて気持ちいい
宇喜田中央公園
北葛西 4 − 15 − 1

木陰たっぷりのじゃぶじゃぶ池は、山のせせらぎをイメージして造られたもの。夏には子どもたちが大喜び。

水あそび

🚌 船堀駅〜なぎさニュータウン「葛西郵便局」
🅿 なし 🚻 洋式 🪑 長ベンチあり ☀ 木陰、藤棚あり 🚾 あり 🚰 あり 🎠 ブランコ、小さい子向け複合遊具、すべり台、スプリング遊具、ロープジャングルジム、本格アスレチック
🏪 葛西橋通り沿いに総合ディスカウントショップあり

ちょっとひと休み
新川休養公園
北葛西 1 − 21 − 4

新川に面し眺めのよいココは、小さい子やベビーカーママの休憩に◎。腰ひねり遊具は、ウエストシェイプに効きそう!?

擬宝珠橋を渡って公園へ

🚌 西葛西駅〜新小岩駅「七軒町」 🅿 なし
🚻 洋式・障害者用・子ども用便座あり
🪑 長ベンチ、テーブル席あり
☀ 少ない 🚾 なし 🚰 なし
🎠 小すべり台、スプリング遊具、リフレッシュ遊具
🏪 棒茅場通り沿いに自動販売機、そば屋あり

超巨大な遊具にびっくり!
宇喜田さくら公園
北葛西 5 − 20 − 1

初めて大きな遊具を見たときはきっとおどろくよ。リングネットや大型の珍しいすべり台で、思いっきり遊べちゃう。もちろん小さい子用遊具もあり。春はさくらの名所。

🚌 船堀駅〜なぎさニュータウン「宇喜田第一住宅」
🅿 なし ★
🚻 洋式・子ども用便座あり
🪑 長ベンチ多数あり
🚾 あり
☀ 木陰多い、藤棚あり
🚰 なし
🎠 超大型複合遊具(ロングローラー・大・小すべり台)、ブランコ、スプリング遊具
🏪 葛西中央通り沿いに駄菓子屋あり

◀ さくらの広場

39

小さい子も大きい子も大満足

葛西東公園 東葛西5-26-1

水あそび

葛西エリアで遊具の種類が一番豊富なうえ、水遊び場まである公園。小さい子向けの遊具が1カ所にまとめられ、目が届きやすくて安心!

🚉「葛西駅」より徒歩10分 🅿 なし 🚽 洋式
🪑 長ベンチ、木のテーブル席あり 🌳 木陰、藤棚あり
💧 あり 🚰 あり 🛝 小さい子向け複合遊具(小すべり台)、スプリング遊具、ジャングルジム、フレンドカップ、鉄棒、ブランコ、大きい子向け複合遊具、リフレッシュ遊具 🥤 公園東側に自動販売機あり

さくらの広場と遊具の広場あり

東葛西さくら公園 東葛西4-10-1

敷地が広く、春には桜の名所として知られる。大きい子は広場を駆け回り、小さい子は充実の遊具に大満足! 2022年遊具が新しくなった。

🚉 葛西駅〜葛西臨海公園・コーシャハイム「東葛西6丁目」 🅿 なし 🚽 洋式 🪑 長ベンチあり 🌳 大きな藤棚あり 💧 あり 🚰 なし
🛝 小さい子向け複合遊具(小すべり台)、ターザンロープ、キリンブランコ
🥤 公園西側に自動販売機あり

葛西地区の発展の様子がわかる

仲町公園 東葛西6-12

災害時にトイレになるベンチも

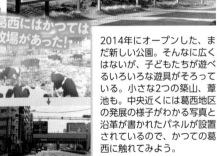

葛西にはかつては牧場があった!

2014年にオープンした、まだ新しい公園。そんなに広くはないが、子どもたちが遊べるいろいろな遊具がそろっている。小さな2つの築山、葦池も。中央近くには葛西地区の発展の様子がわかる写真と沿革が書かれたパネルが設置されているので、かつての葛西に触れてみよう。

◀葛西の移り変わりを示す写真パネル

🚉「葛西駅」より徒歩約10分 🅿 なし
🚽 洋式・障害者用 🪑 ベンチあり 🌳 日陰・少ない
💧 あり(小さい) 🚰 なし
🛝 ブランコ、すべり台、小鉄棒、小ロープジャングルジム、滑車、スプリング遊具 🥤 自動販売機

小さい子のための

前津公園 （まえつ）
東葛西4－48－1

バリアフリー設計のコンパクトな公園は、小さい子が遊ぶには十分の広さ。敷地の約3分の1が芝生広場。

芝生がうれしいね

🚏 葛西駅〜一之江駅「雷上組」
🅿 なし 🚻 洋式 🪑 長ベンチあり
🌳 少ない 🚰 あり 🔥 なし 🛝 小すべり台 🥤 なし

大きなけやきの木がシンボル

東葛西けやき公園
東葛西6－32－8

地域の子どもたちの要望をもとに造られた、遊具のない自由遊びのための公園。桜も楽しめるよ。

🚏 葛西駅〜葛西臨海公園・コーシャハイム「第二葛西小」
🅿 なし 🚻 洋式・障害者用・子ども用便座あり 🪑 長ベンチ多数あり 🌳 少ない
🚰 なし 🔥 なし 🛝 なし
🥤 園内（手洗所横）に自動販売機あり

ライオンとクマがお出迎え

東葛西四丁目公園
東葛西4－26－10

入口にライオン・クマの赤ちゃんがちょこんと座ってお出迎えしてくれる。高鉄棒で懸垂何回できるかな？

いらっしゃいませ

🚏 葛西駅〜一之江駅「浦安橋」 🅿 なし 🚻 洋式 🪑 長ベンチあり 🌳 大きな藤棚あり 🚰 あり 🔥 なし 🛝 すべり台、ブランコ、スプリング遊具、高鉄棒 🥤 東側通り沿いに自動販売機あり

長いローラーすべり台とめずらしい桜「御衣黄」

雷公園 （いかづち）
東葛西9－21－1

丘の斜面に造られたロングローラーすべり台でヒャッホー！ 旧江戸川に面しているため、吹く風がさわやか。

長くすべれて大満足♪

▶黄色の桜「御衣黄」（ギョイコウ）

🚏 葛西駅〜一之江駅「雷上組」
🅿 なし 🚻 洋式 🪑 長ベンチあり 🌳 木陰あり
🚰 あり 🔥 なし 🛝 ロングローラーすべり台、キリンブランコ、スプリング遊具
🥤 バス通りに自動販売機あり

どんぐりあるかな？

東葛西どんぐり公園
東葛西9－7－1

仲良く並んだ2つの小山が目印のかわいい公園。広くはないが森のような雰囲気があり、虫や小動物に会えるかも！

みんなででかけよう

🚏 葛西駅〜葛西臨海公園・コーシャハイム「東葛西7丁目」
🅿 なし 🚻 洋式 🪑 長ベンチあり 🌳 木陰多い
🚰 あり 🔥 なし 🛝 複合遊具（ローラーすべり台）、ブランコ、鉄棒、スプリング遊具、リフレッシュ遊具
🥤 公園北側に自動販売機、アリオ前の通り沿いにコンビニと販売機あり

巨大ピラミッドとメガネ橋が目印

わかくさ公園

清新町1－4－18

広々とした公園には、木のテーブル席がたくさんあって、青空ランチにおすすめ！ お友だち家族を誘ってピクニックしよう。

ピラミッド

🚌 船堀駅～葛西臨海公園、西葛西駅前～臨海町2丁目団地前「清新町2丁目」 🅿 なし 🚻 洋式・子ども用便座あり 🪑 長ベンチ、東屋、テーブル席多数あり 🌳 木陰多い 🚰 あり 💡 なし 🎠 大きい子向け複合遊具、ジャングルジム、シーソー、大すべり台、ブランコ、スプリング遊具、テニスボード 🏪 清新町健康サポートセンター方面にスーパー、園内手洗所脇に自動販売機あり

緑が心地よい散歩道、夏は水遊びおまかせ

新長島川親水公園

清新町2丁目地先

水あそび！

細長い園内の2カ所にユニークな造りの水遊び場あり。野鳥のさえずりも聞こえる静かな緑道をお散歩してみよう。

お水の階段だぁ

🚌 西葛西駅～なぎさニュータウン、西葛西駅～葛西臨海公園・臨海車庫「新田住宅」 🅿 なし 🚻 洋式・障害者用 🪑 長ベンチ、芝生あり 🌳 木陰、屋根つきベンチ、休憩小屋あり 🚰 あり 💡 なし 🏪 虹の広場通り沿いと最下流手洗所前に自動販売機

里山を思わせる小川で水遊び

さざなみ公園

清新町2－8－5

浅瀬の水遊び場は小さい子の水遊びに最適。公園で遊んだ後は、隣接の清新コミ館で本を借りて帰ろう！

水あそび

🚌 船堀駅～葛西臨海公園、西葛西駅前～臨海町2丁目団地前「清新町2丁目」 🅿 なし 🚻 洋式・障害者用 🪑 長ベンチ、東屋 🌳 木陰、藤棚あり 🚰 あり 💡 あり 🎠 本格アスレチック、小さい子向けすべり台、ブランコ、スプリング遊具 🏪 隣接の清新町コミュニティ会館内に自動販売機あり

広大な水辺の憩いの場

新左近川親水公園

臨海町2～3丁目

新左近川沿いの水辺に造られた広大な公園。春は湖畔沿いの桜、バラ、夏は新緑、秋はバラ、冬は冬鳥と、四季を通して景観が楽しめ、ベビーカーでのお散歩コースにおすすめ。2019年6月カヌー場オープン。「多目的カヌー場」では、初心者がカヌーに親しむことができる。
（一般100円、小中学生50円/1時間）

▲カヌーポロ場

▲多目的カヌー場

🚌 西葛西駅～臨海町2丁目団地前「臨海町2丁目団地前」、船堀駅～葛西臨海公園「中左近橋」 🅿 中左近橋南東側に191台収容駐車場あり* 🔆 デイキャンプ場（和式・洋式・障害者用）、駐車場（和式・洋式・障害者用）、遊具広場（洋式）の3カ所にあり 🪑 長ベンチ多数あり 🌳 藤棚ベンチ多数あり ＜遊具広場＞ 🚰 なし 💡 なし 🎠 ローングローラーすべり台、スプリング遊具、ぶら下がりロープ、遊具広場 🏪 カヌー場・駐車場公園出入口に自動販売機、臨海町団地側に大型スーパーあり

デイキャンプ場

広々とした芝生が気持ちいい区営のデイキャンプ場。「違法駐車をしない」「ゴミは持ち帰る」などのマナーはしっかり守ろうね！

利用日時 3月～11月AM10:00～PM4:00 （予約制）
利用料金 1区画2100円
申し込み 富士公園サービスセンター ☎ 03-3675-5030

枝豆の王様だだちゃ豆にお米…
庄内を知るなら西葛西へ?!
鶴岡市東京事務所

お気軽に
来てくれのぅ

西葛西の住宅街にひっそりと佇む鶴岡市東京事務所。戦後の学童疎開が縁で区と友好都市になり、平成2年に出羽三山（月山・羽黒山・湯殿山）のイメージをモチーフに建設。事務所では鶴岡の魅力、歴史に触れたり、四季を楽しめる物販も。移住に関する情報提供なども行っているので、気軽に立ち寄ってみよう。

出羽三山（月山・羽黒山・湯殿山）をイメージした三角の屋根の建物→

国内初のユネスコ
食文化創造都市

▌鶴岡の歴史・文化をご紹介

事務所には観光パンフレットが多数そろえられており、いろいろな情報を知ることができる。また、米や漬け物、お菓子などの販売も行っていて、気軽に鶴岡の味覚を購入できる。

▲鶴岡のおいしい味覚を常時販売中

2月は寒鱈のどんがら汁、年4回西葛西駅前で鶴岡の特産をお届け

毎年恒例、2月11日の建国記念日には真冬の日本海で獲れた鱈を味わえる「寒鱈まつり」を船堀駅前で開催。また、年4回、西葛西駅前で「鶴岡の観光と物産展」を開催。そのほか、区民まつりや地域まつりにも鶴岡のお店が出店（出店内容は問い合わせを）しているので、鶴岡の旬の味覚を味わいに行こう。

▲「鶴岡の観光と物産展」
（西葛西駅前）

鶴岡シルク「kibiso」製品を常時展示

蚕が繭を作る際に最初に吐き出す糸は「きびそ」と呼ばれ、これがブランド名の由来になっている。保湿力に優れ、紫外線吸収力、抗酸化作用もある「きびそ」を使ったストールやバッグなどが常時展示されているので、実際に見て、触れて、ナチュラルな絹製品を実感できる。

観光の前に
お立ち寄りください

鶴岡市には、山岳修験の聖地・出羽三山やクラゲ展示種類世界一の加茂水族館など世界に認められた見どころのほか、3つの日本遺産（出羽三山、サムライゆかりのシルク、北前船）など多くの観光地もあり、これらのパンフレットを事務所で入手しよう！

●西葛西7-28-7 ☎03-5696-6821
●開　館／月～金曜日
　　　　　AM8:30～PM5:15
●駐車場／1台

（西葛西駅から徒歩10分）

43

中川

西水門橋

おでかけ6

江戸情緒あふれる 桜並木の水辺の道

新川お散歩

春の新川は特別。眺めを楽しみながら花の下をゆっくり歩こう。水に映る桜やそれぞれ特徴のある橋の景色は江戸の風情。あちこちにベンチがあるので一休みしながら、新川さくら館では甘味でも。季節ごとの風景もイベントも楽しみ。和船が運航されるので一度は乗ってみたい。

※この新川千本桜沿川地区は平成28年度都市景観大賞に選ばれている。

◀サトザクラ（紅豊）

① 西水門広場 🚻

棒茅場通り

修景土塀

② 櫓橋

③ 擬宝珠橋

モニュメント

④ 案内板

宇喜田橋

新川休養公園

⑤ 忍者橋〈人道橋〉

④ 宇喜田橋

北葛西

道路占用橋

地下駐車場入口

船堀

船堀幼稚園

⑤ 忍者橋

船堀幼稚園の前に架かる黒色の橋。桁隠しの小庇を設けた木屋根構造が江戸の風情を演出。

▲擬宝珠橋から宇喜田橋を

▶一之江境川親水公園

▲新渡橋を渡る

① 火の見櫓と西水門橋

火の見櫓

江戸の町にあった火の見櫓のなかでも最も格式の高いものを模して造られた「新川千本桜」のシンボル。高さ15.5m、外壁と柱は杉、内部はヒノキの間伐材を使用、上屋根の角には半鐘が設置された。
- 一般開放 土・日・祝
  AM10:00～PM3:00（年末年始除く）
  ※桜の季節には平日も見学できる
  ※雨天、荒天の場合、変更あり

② 櫓橋〈人道橋〉

宇喜田第一公園

宇喜田町

宇喜田通り

新渡橋

小江戸橋

新川さくら館（P203）

新川櫓時計

桜橋

三角橋

千本桜記念碑

▲火の見櫓からの眺めは抜群
（2010.1.31西水門広場完成記念式典の日に撮影）

シンプルなデザインの木橋。唯一石張り造りの橋脚を持つ。

③ 擬宝珠橋〈人道橋〉

橋名が示すように、日本古来の木橋に用いられている擬宝珠（ぎぼし）の付いた高欄が特徴。新川休養公園と対岸を結ぶ。

⑦ 桜橋（広場橋）

地域交流の拠点「新川さくら館」とともに、新川中央ゾーンの象徴。橋のたもとの賑わいを思い起こさせる空間として設置された。

萩の花（9月）

桁に化粧張りを施していて、江戸情緒漂う木の橋に見える。この辺り、早くから桜が植えられていて、花の季節の眺めはすばらしい。

⑥ 小江戸橋〈人道橋〉

修景土塀

新川周辺景観づくりの一環として、既存の壁を生かしながら江戸の景観を模した土塀に。

新川メモ

新川は江戸時代、徳川家康の命で行徳への航路とするため新川橋付近以東の開削が行われ、江戸に物資を運ぶ水路、行徳の塩を運ぶ「塩の道」として利用され賑わった。明治・大正まで客船が行きかい発展したが、昭和に入り、荒川放水路の完成などで船の就航もなくなり、高度経済成長期には地下水の汲み上げにより地盤が沈下、高い護岸が整備され人々の生活から切り離された。その後平成5年から耐震護岸整備・親水河川化や新川千本桜事業（平成19年～）が行われ、都市空間の中の貴重な水辺として生まれ変わった。　～案内板より～

44

新川イベント ココも Check!

2023 5月
「出張ポニーランド&動物園」

ポニーランドとミニ動物園が新川さくら館にやって来る。ポニーと一緒に記念撮影をしたり、ヤギやウサギと触れ合ったりすることができる。ゴールデンウィーク中はほかにも家族で楽しめるイベント開催予定。キッチンカーも出店予定。

ポニーに会える

2023 3月
お花見和船で優雅に川下り
「新川千本桜まつり」

「新川千本桜」の完成に合わせ、2015年に第1回を開催。新川さくら館では「大江戸和船細工展」を開催。また、大江戸玉すだれ、和太鼓、おしゃらく、葛西囃子など多彩な江戸の芸が披露される。模擬店の出店やお花見和船の運航もあり。江戸情緒あふれる手漕ぎ和船からのお花見は格別。

（※イベントは変更になる場合あり）

2023 7月
「新川さくら館 金魚アクアリウム展」

日本有数の金魚産地江戸川区。「Made in Edogawa」のアクアリウムエンターテインメントが新川さくら館で開催。家族で遊ぶ金魚すくい等も楽しめる。

小江戸橋より

花見橋から宝橋を眺める

⑩ 宝橋〈人道橋〉

いちばん東側に架かる人道橋。川に張り出した石張りの橋台が特徴で、欄干には大きな擬宝珠。

宝橋から新川大橋を

古川親水公園

古川親水公園／新川一古川橋間は整備された

案内板

川の上の新川口児童遊園

さくら館近く、紅葉が残る

江戸川

⑪ 新川東水門

整備中の新しい水門。耐震補強工事中。

⑧ 新川橋

新川橋には江戸情緒を醸し出す木製の欄干が設置された。橋の両端4カ所の木製の親柱には、橋の南北の中学校から代表の生徒が揮毫した橋名が鋳物で取り付けられている。

三角葛西通り

中葛西

新川橋から三角橋を

小彼岸桜

葛西駅

環状七号線

新川大橋

⑨ 花見橋

⑩ 宝橋

案内板

東葛西

⑨ 花見橋〈広場橋〉と新川大橋

新川の東のゾーンの象徴。広場と橋の機能を併せ持ち、賑わいを演出する空間になっている。

ミツマタのつぼみ

新川口児童遊園

案内板

新川口橋

⑪ 東水門

旧江戸川

45

妙見島

ワクワクが止まらない
東京ディズニーリゾート

いつ行っても新しい発見があり、何度行ってもワクワクする。
魅力たっぷりの大好きな場所へ
さぁ、出かけよう!

©Disney

ANNIVERSARY EVENT

東京ディズニーリゾート® 40周年
"ドリームゴーラウンド"
2023年4.15(土)〜2024年3.31(日)

　2023年4月、開園40周年を迎える東京ディズニーリゾートでは、「東京ディズニーリゾート40周年"ドリームゴーラウンド"」をテーマにアニバーサリーイベントを開催。2つのパークでは40周年の雰囲気が楽しめるエンターテイメントやスペシャルグッズの登場に加え、特別なデコレーションが施され、祝祭感に包まれる。

『アナと雪の女王』のエリア
「フローズンキングダム」全景(昼)

新テーマポート
ファンタジースプリングス
2024年 春

　「魔法の泉が導くディズニーファンタジーの世界」をテーマに、ディズニー映画を題材とした『アナと雪の女王』、『塔の上のラプンツェル』、『ピーター・パン』の3つのエリアと、東京ディズニーシー・ファンタジースプリングスホテルで構成される。東京ディズニーシー8番目となるテーマポートの開業が待ち遠しい。

東京ディズニーリゾートMAP
① シェラトン・グランデ・トーキョーベイ・ホテル
② ホテルオークラ東京ベイ
③ ヒルトン東京ベイ
④ グランドニッコー東京ベイ 舞浜
⑤ 東京ベイ舞浜ホテル
⑥ 東京ベイ舞浜ホテル ファーストリゾート
⑦ 東京ディズニーランドホテル
⑧ イクスピアリ
⑨ ディズニーアンバサダーホテル
⑩ 東京ディズニーシー・ホテルミラコスタ
⑪ 東京ディズニーリゾート・トイ・ストーリーホテル

年間イベントスケジュール

Tokyo DisneyLand

2023年4/15(土)〜2024年3/31(日)
アニバーサリーイベント
「東京ディズニーリゾート40周年
"ドリームゴーラウンド"」

7/4(火)〜9/6(水)
夏のプログラム
期間限定で清涼感あふれる夏らしいプログラムを開催。「"びしょ濡れ"トゥーンタウン」では水遊びを楽しめる。

9/15(金)〜10/31(火)
ディズニー・ハロウィーン

11/8(水)〜12/25(月)
ディズニー・クリスマス

2024年1/1(月)〜1/8(月)
お正月のスペシャルイベント

Tokyo Disney Sea

1/25(水)〜4/9(日)
ダッフィー＆フレンズのサークル・オブ・フレンドシップ

2023年4/15(土)〜2024年3/31(日)
アニバーサリーイベント
「東京ディズニーリゾート40周年
"ドリームゴーラウンド"」

7/4(火)〜9/6(水)
夏のプログラム

9/15(金)〜10/31(火)
ディズニー・ハロウィーン

11/8(水)〜12/25(月)
ディズニー・クリスマス

2024年1/1(月)〜1/8(月)
お正月のスペシャルイベント

2024年春オープン
ファンタジースプリングス

パークチケットについて

オンライン、ディズニーホテルと東京ディズニーリゾート提携ホテル宿泊者は宿泊ホテルで購入できる。
そのほか、旅行代理店、コンビニエンスストア、ディズニーストアそれぞれの一部店舗で購入可。
※パークの運営状況等により変更の場合あり。最新情報、詳細は東京ディズニーリゾート・オフィシャルサイトで確認を

東京ディズニーリゾート・オフィシャルウェブサイト
https://www.tokyodisneyresort.jp/

東京ディズニーリゾート・インフォメーションセンター
東京ディズニーリゾート全般についての問い合わせ、相談
TEL.0570-00-8632
受付時間：10:00〜15:00（年中無休）
※一部のIP電話・国際電話の方は045-330-5211

音声情報サービス
開園時間、混雑状況、チケット情報などの案内
TEL.0570-00-3932（24時間）
※一部のIP電話および国際電話からは利用不可

東京ディズニーリゾート・オンライン予約・購入サイト
https://reserve.tokyodisneyresort.jp/

東京ディズニーリゾート・オンライン予約・購入サポートデスク
東京ディズニーリゾート・オンライン・購入サイトに関する
問い合わせ。操作方法や購入した内容についてなど
TEL.045-330-0101
受付時間：10:00〜15:00（年中無休）

※掲載内容は2023年2月末現在のものです　※画像はすべてイメージ

電車でGO! GO! 地下鉄博物館
METRO Museum

ファミリーや友だち同士などが訪れ大賑わい。地下鉄の歴史から電車のしくみなど、とことん学べて遊べちゃう! 一日中遊んだら、地下鉄博士になれるかも。

入館するときは自動改札を通ります

重要文化財です!

貴重な車両を見に行こう
「1000形(1001号車)」

昭和2年12月30日、上野〜浅草間の2.2kmを走った日本初の地下鉄1000形。その車両1001号車が2017年9月に鉄道史、交通史において歴史的価値があるとして国の重要文化財に指定された。同年8月には一般社団法人日本機械学会から「機械遺産第86号」として認定されている。

地面の下ではこんな風に地下鉄が走っている!
「メトロパノラマ」

東京メトロ9路線11本の実物の80分の1サイズの電車が、東京の地下を走る様子を再現。AM11〜、PM1〜、PM2〜、PM3:30〜平日のみ1日4回、電車が走り、その様子を見ながら各路線の解説を聞くことができる。

今日から君も運転士!
「電車運転シミュレーター」

博物館で一番の人気コーナー。マスコン※を動かし、本物と同じ「千代田線6000系」の動揺装置付き運転シミュレーターの運転体験ができる。「綾瀬〜代々木上原間」全区間を収録し、その区間の運転体験が可能。多くの効果音が聞こえたり、電車の揺れまで体感できるなど、臨場感たっぷり(体験できるのは、小学生以上から)。

また、異なったハンドル型式での運転体験ができる「銀座線」のほか、週替わりでの「有楽町線」「東西線」「半蔵門線」「日比谷線」の簡易シミュレーターも根強い人気。こちらは小学生以下でも体験が可能だ。係員が操作方法を教えてくれるので、初めての人や小さな子どもも、安心して楽しめる。

※マスコン…マスターコントローラーの略で、電車の速度を制御するものこと。

「地下鉄Q&A」

問題は「初級」「中級」「上級」の3レベル。音声案内も日本語と英語から選べるようになった。友だちと、家族と一緒に解いて地下鉄博士を目指そう。

隠れた人気スポット
「100形(129号)車両」

昭和13年に製造された100形(129号)車両。平成21年2月、経済産業省から近代化産業遺産として認定を受けた、レトロな電車。

人気スポット

INFORMATION

- 東葛西6-3-1
  (東京メトロ東西線葛西駅下車、葛西駅高架下)
- AM10 〜 PM5 (入館はPM4:30まで)
- 毎週月曜日 (祝日・振替休日となる場合は、その翌日)、年末年始 (12/30 〜 1/3)
- おとな220円、こども100円 (満4歳以上中学生まで)
- 03-3878-5011 ● www.chikahaku.jp
※感染予防対策を実施しての開館のため、HP等で最新情報を確認のうえ来館を

48

葛西カタログ
2023-24

内科はどこ? 公園は? キーワードで探そ | **50** ▷

「内科」「リサイクルショップ」「インド料理」などキーワードから項目を探すにはP50の項目別インデックスが便利です!

あの広告何ページ? 協賛店から探そ | **243** ▷

『葛西カタログ2023-24』の協賛店は、P243にあいうえお順で一覧を掲載!

マークもフル活用

Ⓣ&Ⓕ **電話番号とファックス番号**

Ⓕ **ファックス番号**

㏋ **ホームページのあるお店です。**
詳しい情報をチェックしてみて!

出前 **出前をしてくれるお店** ・・・・・・・P141〜143
出前エリア・料金等、詳細を確認のうえ、注文を

座敷 **お座敷があるお店** ・・・・・・・・・P140〜143

子・シニア **ベビーカー・車イスOKのお店**・・P137〜143

ネット **ネットスーパーあり** ・・・・・・・・・P159・160

宅配 **宅配をしてくれるスーパーマーケット**・・P159〜160
宅配エリア・料金等、詳細を確認のうえ、注文を

集配 **集配をしてくれるお店** ・・・・・・・・・・P167
集配エリア・料金等、詳細を確認のうえ、依頼を

★本文中赤色になっているのは「葛西カタログ2023-24」協賛店です

項目別 INDEX

項目別 INDEX

項目別 INDEX

江戸川区郵便番号一覧

以下に掲載がない場合 132-0000	セ 清新町 134-0087	東小岩 133-0052
イ 一之江 132-0024	チ 中央 132-0021	東小松川 132-0033
一之江町 134-0092	ナ 中葛西 134-0083	東篠崎 133-0063
ウ 宇喜田町 134-0082	ニ 新堀（ニイホリ） 132-0001	東篠崎町（ヒガシノザキマチ）133-0062
エ 江戸川 132-0013	西一之江 132-0023	東松本 133-0071
（1～3丁目、4丁目1～14番）	西葛西 134-0088	東瑞江 132-0014
江戸川（その他） 134-0013	西小岩 133-0057	平井 132-0035
オ 大杉 132-0022	西小松川町（ニシコマツガワマチ）132-0032	フ 船堀（フナボリ） 134-0091
興宮町（オキノミヤチョウ）133-0042	西篠崎 133-0055	ホ 本一色（ホンイッシキ）133-0044
カ 上一色（カミイッシキ）133-0041	西瑞江 132-0015	マ 松江 132-0025
上篠崎 133-0054	（3丁目、4丁目3～9番）	松島 132-0031
キ 北葛西 134-0081	西瑞江 134-0015	松本 133-0043
北小岩 133-0051	（4丁目1～2番、10～27番、5丁目）	ミ 瑞江 132-0011
北篠崎 133-0053	二之江町 134-0093	南葛西 134-0085
コ 小松川 132-0034	ハ 春日町 132-0003	南小岩 133-0056
シ 鹿骨（シシボネ） 133-0073	（1～3丁目）	南篠崎町（ミナミシノザキマチ）133-0065
鹿骨町 133-0072	春江町 134-0003	ヤ 谷河内（ヤゴウチ）1丁目 132-0002
篠崎町（シノザキマチ）133-0061	（4、5丁目）	谷河内2丁目 133-0002
下篠崎町（シモシノザキマチ）133-0064	ヒ 東葛西 134-0084	リ 臨海町 134-0086

55

葛西はこんな街

データ編

面 積	13.9425km²		
世帯数	106,924世帯		
人口密度	14,964人／km²		
人 口	208,629人	男 106,423人 女 102,206人	

（2023.1.1　住民基本台帳より〈新川以南〉）

出 生	2,066人	1日	5.7人
死 亡	1,724人	1日	4.7人
転 入	16,138人	1日	44.2件
転 出	16,888人	1日	46.3件

（2020年1月～12月末　江戸川区調べ葛西事務所管内）

交通事故 （人身事故）	281件	1日 0.77件

死亡2人・重傷32人・軽傷247人
（2022年1月～12月末　葛西警察署調べ）

火 災	60件	6.1日に1件
救急出動	13,944件	1日に38.2件

（2022年1月～12月末　葛西消防署調べ）

葛西の世帯数・人口の推移（新川以南）

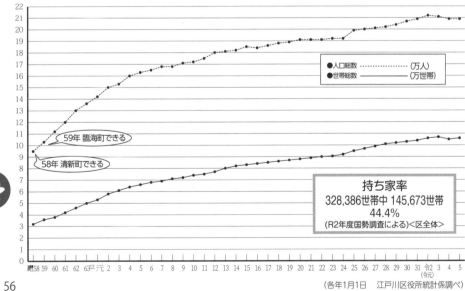

●人口総数 ……………（万人）
●世帯総数 ――――――（万世帯）

59年 臨海町できる
58年 清新町できる

持ち家率
328,386世帯中 145,673世帯
44.4%
（R2年度国勢調査による）〈区全体〉

葛西ガイド

（各年1月1日　江戸川区役所統計係調べ）

■年齢別人口

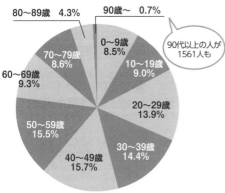

- 90歳〜 0.7%
- 80〜89歳 4.3%
- 70〜79歳 8.6%
- 60〜69歳 9.3%
- 50〜59歳 15.5%
- 40〜49歳 15.7%
- 30〜39歳 14.4%
- 20〜29歳 13.9%
- 10〜19歳 9.0%
- 0〜9歳 8.5%

90代以上の人が1561人も

	男	女	計
0〜9歳	8,993人	8,708人	17,701人
10〜19歳	9,586人	9,178人	18,764人
20〜29歳	15,288人	13,711人	28,999人
30〜39歳	15,879人	14,195人	30,074人
40〜49歳	17,154人	15,646人	32,800人
50〜59歳	16,944人	15,320人	32,264人
60〜69歳	10,075人	9,422人	19,497人
70〜79歳	8,559人	9,480人	18,039人
80〜89歳	3,534人	5,396人	8,930人
90〜99歳	407人	1,114人	1,521人
100歳〜	4人	36人	40人
計	106,423人	102,206人	208,629人

（2023.1.1現在　住民基本台帳より〈新川以南〉）

西葛西駅前 ▶

認可保育施設数と定員

公 立 12園	1,186人
私 立 36園	3,267人
小規模保育 3園	59人
認定こども園 2園	145人

（2023.2.1現在　江戸川区役所資料参考〈新川以南〉）

区立小・区立中に通う人数

小 学 校	17校　10,981人
中 学 校	9校　4,727人

（2022.5.1現在　江戸川区役所資料参考〈新川以南〉）

一日の駅別乗降車人員

西 葛 西 駅	79,655人
葛 西 駅	81,519人
葛西臨海公園駅	11,033人（乗車のみ）

（2021年度）

※文中の新川以南とは、新川より南の地域をさしています。

葛西に多い店ベスト5

1位	美容室	89
2位	不動産	80
3位	歯 科	76
4位	学習塾	71
5位	コンビニ	67

（葛西カタログより）

■外国人住民国籍別人口

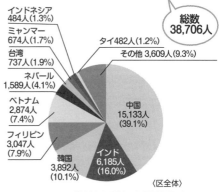

総数 38,706人

- インドネシア 484人（1.3%）
- ミャンマー 674人（1.7%）
- 台湾 737人（1.9%）
- ネパール 1,589人（4.1%）
- ベトナム 2,874人（7.4%）
- フィリピン 3,047人（7.9%）
- 韓国 3,892人（10.1%）
- インド 6,185人（16.0%）
- 中国 15,133人（39.1%）
- タイ 482人（1.2%）
- その他 3,609人（9.3%）

〈区全体〉
（2023.2.1現在　江戸川区調べ）

葛西の寺院・神社

一歩裏通りに入ると趣たっぷりのお寺や神社に出合うことができる葛西。なかでも東葛西1〜3丁目付近は多くの寺社が集中して建立され、お散歩にはおすすめのコース。数百年の歴史を刻む名所や旧跡、何代もの時代を見つめ続けた老木など、見どころもいっぱい。住職や宮司さんに地元の昔話を聞いてみるのも楽しい。

（安楽寺）武田家ゆかりの山門があるお寺

武田家ゆかりの立派な鐘楼門があり、境内には大江藍田の墓、村田権兵衛章栄先生頌徳碑がある。2月15日の涅槃会には、近衛文麿家にあった涅槃図が本堂に飾られるので、行ってみよう。

大晦日は18時より除夜の鐘をつくことができ、地元の青年会による年越しそばがふるまわれる（一般参加可）。住職による悩み相談室あり。

（正圓寺）樹齢800年の「サルスベリ」は見事な大木

かつて「談林（だんりん）」という仏教の学問所だった由緒ある正圓寺。徳川の将軍が鷹狩りをしたときの御膳所でもあり、将軍家より拝領した葵の御紋入り蒔絵の高杯（非公開）がある。

境内には区指定文化財「庚申塔」、区指定保護樹のサルスベリの木（樹齢800年以上）がある。サルスベリの花や紅葉の時期等、四季折々に楽しめる。

寺社散策マップ

㉑棒茅場八雲神社
①安楽寺
中川
棒茅場通り
船堀街道
くすのきカルチャーセンター
共育プラザ葛西
⑪法蓮寺
行船公園自然動物園
葛西橋
⑬龍光寺
⑫妙蓮寺
イオン
葛西郵便局
スポーツセンター
葛西橋通り
葛西事務所区民館
葛西図書館
西葛西駅
㉕称専寺
⑩東善寺
⑨智光院
⑭梵音寺
③正圓寺
⑦清光寺
②自性院
⑧善徳寺
⑳長島香取・八雲神社
長島桑川コミュニティ会館
浦安橋
葛西駅 地下鉄東西線
旧江戸川
⑲香取神社
④正応寺
⑥真蔵院
⑯天祖神社
⑰水神社
⑤昇覚寺
⑱香取神社
葛西警察署
葛西中央通り
環七通り
荒川

真蔵院

雷の大般若は口紅を塗った男性が登場

2月の最終日曜日に行われる「雷の大般若」は160年続く伝統のお祭り。女装した地元の青年たちが大般若経全600巻を100巻ずつ木のつづらに入れ、肩に担いで町内を駆け回る。朝早いけど、その奇祭ぶりを見に行ってみよう（P18「イベントカレンダー」参照）。

本堂のお不動様は、永禄年間（1560年頃）に雷を退治したとして「雷（いかづち）不動」とも呼ばれ、雷の地名の元となった。

▲雷の大般若。着物姿で町中を駆ける

東善寺

33年に一度見られる「薬師如来像」があるお寺

1月8日の初薬師では健康増進、家内安全を祈願して護摩が焚かれる。境内には、区の保護樹である幹回り約5ｍの銀杏の木のほか、四国八十八ヶ所巡礼が叶わぬ人も、参拝できるようにしたお砂踏み修行大師像がある（像を一周してお参りする）。

▲薬師尊御開帳の稚児行列

また、この寺には33年に一度しか見られない貴重な仏像「薬師如来像」（江戸川区指定有形文化財）がある。病気全般、特に眼病平癒の御利益があるといわれている。

善徳寺

浄行菩薩で身体の気になるところを治す

善徳寺は昔、法華経道場として葛西領・長島湊で唯一の寺だった。境内にある浄行菩薩は、身体の悪い部分をたわしでこすると治るといわれ、今でも地元の人の信仰を集めている。毎年10月20日には、日蓮上人ゆかりのお会式が行われている。

▲境内には狸や蛙のかわいらしい置き物が並び、心が和む

長島香取神社　長島八雲神社

人情あふれる八雲神社の祭禮

3年に一度行われる「八雲神社の祭禮」は、昭和30年ごろから始まった長島町（東葛西2～5丁目、中葛西2、3丁目）のお祭り。家内安全、町内融和を願い、1日がかりで神輿が町内を練り歩く。6月末の土日に開催され、町内は一日祭り一色に。次回は2024年に開催の予定（変わる場合あり）。

▲香取神社

▲八雲神社の祭禮

棒茅場八雲神社

見ごたえ十分の神輿渡御

▲2005年の様子

江戸初期に個人のお宮として作られ、現在は宇喜田の守り神として親しまれている八雲神社。3年に一度『神幸祭(しんこうさい)』が行われる。見どころは神輿渡御で、お囃子を先頭に、山車や獅子頭、子ども神輿、本社宮神輿、青年部神輿と続き、列は150mにもなる。また、お札と一緒に参詣者に配られる『笹だんご』は、煎じて飲むと万病に効くといわれ、これも楽しみ。

葛西の寺院・神社データ

◀（雷）香取神社

＜寺院＞

①**安楽寺**（浄土宗）伊藤顕翁 ☎ 03-3689-0976
北葛西1-25-16 　　　　 fax 03-3689-7683
　◆大江藍田の墓　◆村田権兵衛栄章先生頌
徳碑　★涅槃会（2月15日）　★除夜の鐘
★本堂で寺ヨガ
　毎月第1・3火曜/午前10時半〜11時半
　毎月第2・4日曜/午後2時半〜3時半
　※詳細はHP（anraku-ji.net）

②**自性院**（真言宗豊山派）
東葛西2-30-20 　　　　 ☎ 03-3687-0696
　◆区指定文化財・観音菩薩庚申塔

③**正圓寺**（新義真言宗）赤塚明保
東葛西3-4-22 　　　　 ☎ 03-3689-0727
　◆区指定文化財・庚申塔　◆区指定保護樹
サルスベリの木　◆葵の御紋入り蒔絵の高
杯（非公開）　★除夜の鐘　★葛西巡礼会
（会員募集中）★写経会（毎月第4日曜）一般
参加可

④**正応寺**（新義真言宗）赤塚明保
中葛西5-36-17 　　　　 ☎ 03-3675-3926

⑤**昇覚寺**（真言宗豊山派）
東葛西7-23-17
　・本尊阿弥陀如来
　◆区指定文化財・鐘楼
　◆区指定保護樹クロマツ

⑥**真蔵院**（真言宗豊山派）東野一丸
東葛西4-38-9 　　　　 ☎ 03-3680-4853
　★雷の大般若（2月最終日曜）

⑦**清光寺**（浄土宗）吉田宏昭
東葛西3-3-16 　　　　 ☎ 03-3680-6651

⑧**善徳寺**（日蓮宗）矢島哲良
東葛西3-9-17 　　　　 ☎ 03-3689-0514
　◆浄行菩薩　★お会式（10月20日）

⑨**智光院**（浄土宗）
東葛西3-14-3

⑩**東善寺**（真言宗豊山派）横山良誉
東葛西2-29-21 　　　　 ☎ 03-3680-7691
　◆区の保護樹、幹周り約5mの大銀杏
　◆お砂踏み修行大師像、像を一周して参拝
　◆薬師如来護摩祈願（毎月8日午後2時）

⑪**法蓮寺**（浄土宗）北川昌弘
北葛西4-5-18 　　　　 ☎ 03-3680-0620
　・宇田川氏開基の寺。地名として残る宇喜
田新田を開拓した宇田川喜兵衛の菩提寺。

⑫**妙蓮寺**（日蓮宗）
中葛西1-5-14 　　　　 ☎ 03-3680-2037
　・護国護法の神、毘沙門天や浄行菩薩は地
元の信仰を集めている。
　★お会式（10月19日）

⑬**龍光寺**（真言宗豊山派）高橋秋彦
北葛西4-22-9 　　　　 ☎ 03-3689-4910
　★初不動護摩供養会（1月15日）
　★葛西大師参り（4月21日）
　★施餓鬼供養会（6月5日）

⑭**梵音寺**（曹洞宗）
東葛西2-28-16

⑮**称専寺**（浄土宗）
東葛西1-38-23 　　　　 ☎ 03-3689-1441

＜神社＞

⑯**天祖神社**　天照大神を奉斎する
東葛西7-17 　　　　 ☎ 03-5676-0846

⑰**水神社**
東葛西8-5-12 　　　　 ☎ 03-5676-0846
　・水神様を奉斎し、相殿に八雲神社の大神
を奉斎する。

⑱**（雷）香取神社**
東葛西4-38-11 　　　　 ☎ 03-5676-0846

⑲**（新田）香取神社**
中葛西5-36-18 　　　　 ☎ 03-5676-0846

[四社共通]　宮司　森
　◇天照大神（祭神）を奉斎する天祖神社は、
例祭を11月第1日曜日に行っている。水神社
の相殿に奉斎してある八雲神社の例祭は7月
の第1日曜日、御神輿の渡御は3年に一度行
われる。八雲神社では、例祭の前夜に半年分
の罪穢れを自分自身の名前を書いた人形（ひ
とがた）に託す、大祓神事が行われている。

⑳**（長島）香取神社・八雲神社**　神職 加藤　明
東葛西2-34-20 　　　　 ☎ 03-3680-2070
　★八雲神社の祭禮
　　（3年に一度。次回2024年予定）

㉑**棒茅場 八雲神社**
北葛西1-6-14
　★3年に一度大祭が行われ、神輿の渡御がある。
　　（次回は2023年開催の予定）

葛西ガイド

公共機関

★本文中赤色になっているのは「葛西カタログ2023-24」協賛店です
★Ⓕ はFAX番号、Ⓣ&Ⓕ は電話番号とFAX番号、ⒽⓅ はホームページのあるお店

公共施設

public facilities

区役所・事務所

江戸川区役所　広報課 Ⓗ
　中央 1-4-1 ･･･････････････ **03-3652-1151**
葛西区民館　中葛西 3-10-1 ･･･**03-3688-0435**
葛西事務所　中葛西 3-10-1 ･･･**03-3688-0431**
　　　　　　　★詳しい情報は P198 へ
鶴岡市東京事務所
　西葛西 7-28-7 ･････････････**03-5696-6821**
　　　　　　　★詳しい情報は P43 へ
東京都庁
　新宿区西新宿 2-8-1 ･･･････ **03-5321-1111**
　パスポート電話案内センター
　････････････････････････ **03-5908-0400**

江戸川区長

任期満了日　2023 年 4 月 26 日
斉藤　猛

江戸川区議会議員 (40 人)

任期満了日　2023 年 5 月 1 日
〈葛西地区在住者〉
伊藤照子 (公明党)
伊藤ひとみ (生活者ネットワーク)
大橋美枝子 (日本共産党)
川口俊夫 (自由民主党)
窪田龍一 (公明党)
佐々木勇一 (公明党)
野﨑　信 (自由民主党)
福本光浩 (自由民主党)
桝　秀行 (江戸川クラブ)

図書館

　　　　　　　★詳しい情報は P204 へ
中央図書館　中央 3-1-3 ･･････**03-3656-6211**
葛西図書館　江戸川 6-24-1 ･**03-3687-6811**
清新町コミュニティ図書館
　清新町 1-2-2-2F ･･･････････ **03-3878-1926**
西葛西図書館
　西葛西 5-10-47 ･････････････**03-5658-0751**
東葛西図書館
　東葛西 8-22-1 ･･･････････････**03-5658-4008**

文化施設・会館

タワーホール船堀 (江戸川区総合区民ホール)
　船堀 4-1-1
　管理事務所 ････････････ **03-5676-2211**
　予約受付 ･･････････････ **03-5676-2211**
　ブライダル関連 ････････ **03-5676-5511**
　えどがわエコセンター
　船堀 4-1-1 (タワーホール船堀内) **03-5659-1651**
　　　　　★タワーホール船堀は P134 へ
江戸川区総合文化センター
　中央 4-14-1 ･･･････････････**03-3652-1111**
小岩アーバンプラザ
　北小岩 1-17-1 ･･･････････ **03-5694-8151**
東部フレンドホール
　瑞江 2-5-7 ･･･････････････ **03-5666-1221**
南葛西会館　南葛西 6-8-9 ･ **03-3686-9411**
　　　　　　　★詳しい情報は P203 へ
北葛西コミュニティ会館
　北葛西 2-11-39 ･･･････････ **03-5658-7311**
新田コミュニティ会館
　中葛西 7-17-1 ･･････････ **03-5658-7211**
清新町コミュニティ会館
　清新町 1-2-2 ･････････････ **03-3878-1981**
長島桑川コミュニティ会館
　東葛西 5-31-18 ･････････ **03-5679-6022**
東葛西コミュニティ会館
　東葛西 8-22-1 ･･････････････**03-5658-4073**
臨海町コミュニティ会館
　臨海町 2-2-9 ･･･････････････**03-3869-2221**
　　　　　　　★詳しい情報は P200 へ
小岩区民館　東小岩 6-9-14 ･･･**03-3657-7611**

江戸川区民センター (グリーンパレス)
　松島 1-38-1 ……………… **03-3653-5151**
消費者センター ………… **03-5662-7635**
　　　　　　（相談）**03-5662-7637**
郷土資料室 ……… **03-5662-7176**
ボランティアセンター …… **03-5662-7671**
江戸川区社会福祉協議会 **03-5662-5557**

公園

★詳しい情報は P26 へ

葛西臨海公園サービスセンター **ＨＰ**
　臨海町 6-2-1 …………… **03-5696-1331**
富士公園サービスセンター
　南葛西 6-23 …………… **03-3675-5030**
平成庭園源心庵 (行船公園内)
　北葛西 3-2-1 …………… **03-3675-6442**
★公営スポーツ施設は P190 へ

動物園

江戸川区自然動物園 (行船公園内)
　北葛西 3-2-1 ……………… **03-3680-0777**

水族館・博物館

東京都葛西臨海水族園 (案内係) **ＨＰ**
　臨海町 6-2-3 ……………… **03-3869-5152**
地下鉄博物館 **ＨＰ**
　東葛西 6-3-1 ……………… **03-3878-5011**
★詳しい情報は P48 へ

熟年相談室 (地域包括支援センター)

北葛西熟年相談室暖心苑 **ＨＰ**
　北葛西 4-3-16 …………… **03-3877-0181**
西葛西熟年相談室なぎさ和楽苑 **ＨＰ**
　西葛西 8-1-1 …………… **03-3675-1236**
東葛西熟年相談室なぎさ和楽苑
　東葛西 7-12-6 …………… **03-3877-8690**
南葛西熟年相談室みどりの郷福楽園
　南葛西 4-21-3-1F ………… **03-5659-5353**
介護サービスはP110へ、老人ホームはP112へ

かさい topics

歩いて行ける場所に図書館を
「区立図書館サテライト」を開設

`2022.5`

　誰もが気軽に図書館を利用できるよう、区では第1号となる「区立図書館サテライト」を、2022年5月11日、「第二葛西小学校 (東葛西6)」に開設。事前予約した区民へ本の貸し出しを開始した。

　区は利便性の高い駅周辺や近隣に、区立図書館がないエリアを調査。既存の学校の図書館を活用して「区立図書館サテライト」を開設することに。今回は、第二葛西小学校に続き、5月15日には南葛西小学校 (南葛西5)、上一色南小学校 (本一色3)、北小岩小学校 (北小岩2)、船堀小学校 (船堀2) の4校も開設した。

　図書館サテライトでは、インターネットなどで事前に予約した図書の受け取りやブックポストへの区立図書館図書の返却、利用登録が可能。また、図書館職員を配置しており、読書の案内や資料の検索など図書に関する相談も受け付ける。

▲本の受け取りやブックポストへの返却ができる

　さらに、より多くの区民に利用してもらうため学校図書を館内で閲覧できる地域開放を実施している (日曜のみ)。

■開設日　毎週日曜AM9:00 ～ PM4:00
　　　　水曜PM4:00～8:00(第二葛西小・上一色南小)
　　　　PM5:00～8:00(南葛西小・北小岩小・船堀小)
　　　　※夏休み(閉校期間)・年末年始は休み

熟年者施設

葛西くすのきカルチャーセンター
宇喜田町 191 ・・・・・・・・・・・・・・・ **03-3686-5898**
★詳しい情報は P113 へ

福祉施設

福祉事務所 (生活援護第三課)
東葛西 7-12-6 ・・・・・・・・・・・・・・ **03-5659-6610**
なごみの家
　葛西南部　清新町 2-7-20(東京福祉専門学校内)
　・・・・・・・・・・・・・・・ **03-5659-0753**
　長島桑川　東葛西 6-34-1　**03-3680-2753**
江戸川区あったかハウス
南葛西 1-1-1-1F ・・・・・・・・・・・・ **03-5662-0031**
江戸川区葛西育成室
宇喜田町 175 ・・・・・・・・・・・・ **03-3688-8613**
江戸川区立えがおの家
東葛西 5-10-5 ・・・・・・・・・・・・ **03-3680-3116**
地域活動・相談支援センターかさい
中葛西 2-8-3-2F ・・・・・・・・・・・・ **03-5679-6445**
就労移行支援事業所 natura
中葛西 2-8-3-1F ・・・・・・・・・・・・ **03-6808-5291**
江戸川区立障害者支援ハウス
中葛西 2-11-8 ・・・・・・・・・・・・ **03-5667-1333**

江戸川区立障害者就労支援センター
東小岩 6-15-2 ・・・・・・・・・・・・ **03-5622-6050**
江戸川区立希望の家
江戸川 5-32-6 ・・・・・・・・・・・・ **03-3680-1531**
江戸川区立虹の家
西篠崎 2-18-22 ・・・・・・・・・・・・ **03-3676-3391**
江戸川区立福祉作業所
西小岩 3-25-15 ・・・・・・・・・・・・ **03-3657-1971**
江戸川区立福祉作業所分室 (ベリィソイズ)
北小岩 2-14-17 ・・・・・・・・・・・・ **03-3672-4905**

子どもに関する相談

江戸川区児童相談所
中央 3-4-18 ・・・・・・・・・・・・ **03-5678-1810**
★詳しい情報は下記を
江戸川区教育研究所
　グリーンパレス教育相談室
松島 1-38-1 ・・・・・・・・・・・・ **03-5662-7204**
　　教育電話相談 ・・・・・・・・・・ **03-3655-8200**
　　いじめ電話相談 ・・・・・・・・ **03-3654-7867**
　西葛西教育相談室
西葛西 3-11-4 ・・・・・・・・・・・・ **03-5676-2898**
　　教育電話相談 ・・・・・・・・・・ **03-5676-3288**
★子育て情報は P73 へ

子どもと保護者の笑顔を守る「心の港」になりたい

江戸川区児童相談所　はあとポート

■**交通**　都営バス（葛西駅→東新小岩四丁目行き）「ＮＴＴ江戸川支店前」下車徒歩４分
　　　　　（西葛西駅→新小岩駅前行き）「江戸川区役所前」下車徒歩８分
■**開館時間**　月～土ＡＭ８：30～ＰＭ５
■**休所日**　日・祝日・年末年始
■**場所**　中央 3-4-18
■**問い合わせ**　☎ 03-5678-1810 （いいハート）

　18歳未満の子どもに関することであれば、どんな相談にものってくれる総合相談窓口があり、そのほか里親の登録についての手続きも行っている。
　また１階には子育て交流会や里親サロンなどが開催できる地域交流スペースもある。

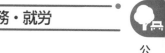

子育て関連施設

共育プラザ葛西
宇喜田町 175 ……………**03-3688-8611**

子ども未来館
篠崎町 3-12-10……………**03-5243-4011**

ファミリー・サポート・センター
中央 3-4-18 ………………**03-5662-0364**
子育てひろばは P80 へ

区民健康・宿泊施設

江戸川区立穂高荘 長野県安曇野市穂高有明 2105-22
…………………………**0263-83-3041**
予約専用 …………………**03-5662-7051**

塩沢江戸川荘 新潟県南魚沼市舞子字十二木 2063-29
…………………………**025-783-4701**
予約専用 …………………**0120-007-095**

ホテルシーサイド江戸川
臨海町 6-2-2………………**03-3804-1180**
予約専用 …………………**0120-92-1489**

保健・衛生

江戸川保健所
中央 4-24-19 ………………**03-5661-1122**

中央健康サポートセンター（江戸川保健所内）
中央 4-24-19 ………………**03-5661-2467**

葛西健康サポートセンター
中葛西 3-10-1………………**03-3688-0154**

清新町健康サポートセンター
清新町 1-3-11………………**03-3878-1221**

なぎさ健康サポートセンター
南葛西 7-1-27………………**03-5675-2515**
★詳しい情報は P124 へ

東京二十三区清掃一部事務組合江戸川清掃工場
（令和 9 年度まで建て替え工事予定）
江戸川 2-10

葛西清掃事務所
臨海町 4-1-2………………**03-3687-3896**

小松川清掃分室
平井 1-8-8 …………………**03-3684-6060**

税務・就労

江戸川南税務署
清新町 2-3-13 ……………**03-5658-9311**

江戸川都税事務所
中央 4-24-19 ………………**03-3654-2151**

江戸川年金事務所
中央 3-4-24 ………………**03-3652-5106**

（公社）シルバー人材センター江戸川区高齢者事業団
本部 西小松川町 34-1 ……**03-3652-5091**
葛西分室 宇喜田町 191……**03-3686-5341**
小岩分室 東小岩 6-15-2 …**03-3650-3335**

ほっとワークえどがわ
中央 1-4-1 東棟 1F ………**03-5662-0359**

ヤングほっとワークえどがわ
船堀 3-7-17-6F（船堀ワークプラザ内）
…………………………**03-5659-3685**

ハローワーク木場（木場公共職業安定所）
江東区木場 2-13-19 …………**03-3643-8609**

警察署・交番

葛西警察署 東葛西 6-39-1 …**03-3687-0110**
宇喜田駐在所 宇喜田町 1035
江戸川六丁目交番 江戸川 6-7
葛西駅前交番 中葛西 5-43-21
葛西橋東交番 西葛西 1-15-14
共栄橋交番 中葛西 3-27-11
清新町交番 清新町 2-8-6
西葛西駅前交番 西葛西 6-15-1
東葛西五丁目交番 東葛西 4-19-7
東葛西九丁目駐在所 東葛西 9-4-6
船堀駅前交番 船堀 3-6-1
南葛西交番 南葛西 3-16-9
臨海公園交番 臨海町 6-2-5

消防署

葛西消防署 中葛西 1-29-1 …**03-3689-0119**
南葛西出張所
南葛西 4-4-12 ………………**03-3680-0119**
船堀出張所
船堀 6-11-17………………**03-3688-0119**

法務局・公証役場

東京法務局江戸川出張所
中央 1-16-2 ‥‥‥‥‥‥‥‥ **03-3654-4156**
小岩公証役場
西小岩 3-31-14-5F ‥‥‥‥‥ **03-3659-3446**

NTT

NTT
〈新設・移設・各種相談など〉‥‥‥‥‥ **116**
　携帯電話からは ‥‥‥ **0120-116-000**
受 9:00 ～ 17:00 ※年末年始除く
〈故障〉‥‥‥‥‥‥‥‥‥‥‥‥‥ **113**
　携帯電話からは ‥‥‥ **0120-444-113**

電気・ガス・水道

東京電力パワーグリッド㈱
（停電など）‥‥‥‥‥‥‥ **0120-995-007**
上記番号を利用できない場合
‥‥‥‥‥‥‥‥（有料）**03-6375-9803**
（耳や言葉の不自由な人専用）
‥‥‥‥‥‥‥‥‥‥‥‥ **0120-995-606**
東京ガスお客さまセンター ‥‥ **03-6838-9020**
　ガス漏れ通報専用電話 ‥‥‥ **0570-002299**
‥‥‥‥‥‥‥‥‥‥‥‥‥ **03-6735-8899**
東京ガスライフバル江戸川
江戸川 6-18-4 ‥‥‥‥‥ **0120-86-2656**
水道局江戸川営業所
松江 5-4-12 ‥‥‥‥‥‥ **03-5661-5085**
水道局お客さまセンター
（引っ越し・契約の変更など）**0570-091-100**
（料金など）‥‥‥‥‥‥‥ **03-5326-1101**

電気工事・燃料・燃焼機器・水道衛生工事は P150 へ

郵便局

日本郵便㈱葛西郵便局　中葛西 1-3-1
　郵便・小包の配達・転居等 **0570-943-353**
　集荷 ‥‥‥‥‥‥‥‥‥ **0800-0800-111**
　保険 ‥‥‥‥‥‥‥‥‥ **0570-943-353**
江戸川北葛西三郵便局
北葛西 3-1-32 ‥‥‥‥‥ **03-3680-9930**
江戸川中葛西一郵便局
中葛西 1-49-14 ‥‥‥‥‥ **03-3680-9800**
江戸川中葛西五郵便局
中葛西 5-7-16 ‥‥‥‥‥ **03-3675-0421**
江戸川長島郵便局
東葛西 5-45-1 ‥‥‥‥‥ **03-3689-4411**
江戸川東葛西六郵便局
東葛西 6-8-1 ‥‥‥‥‥‥ **03-3878-3329**
江戸川南葛西六郵便局
南葛西 6-7-4 ‥‥‥‥‥‥ **03-3675-6151**
江戸川臨海郵便局
臨海町 5-2-2 ‥‥‥‥‥‥ **03-3877-7588**
葛西駅前郵便局
中葛西 3-29-19 ‥‥‥‥‥ **03-3680-5700**
葛西クリーンタウン内郵便局
清新町 1-3-9 ‥‥‥‥‥‥ **03-3878-1244**
葛西仲町郵便局
東葛西 7-19-16 ‥‥‥‥‥ **03-3680-9900**
西葛西駅前郵便局
西葛西 6-8-16 ‥‥‥‥‥ **03-3675-7003**
江戸川船堀郵便局
船堀 2-21-9 ‥‥‥‥‥‥ **03-3680-9920**
江戸川春江五郵便局
春江町 5-11-7 ‥‥‥‥‥ **03-3689-8456**

交通機関

東西線・京葉線・バスの時刻表は
P224〜236へ

public transport

東京メトロ東西線

葛西駅　中葛西 5-43-11 ········ 03-3688-0866
西葛西駅　西葛西 6-14-1 ····· 03-3688-5834

JR 京葉線

JR 東日本お問い合わせセンター
　列車時刻、運賃・料金、空席情報
　············ (6:00〜24:00) 050-2016-1600
　お忘れ物 ···(8:00〜21:00) 050-2016-1601
　外国語 (英語・中国語・韓国語)
　(10:00〜18:00、年末年始除く) 050-2016-1603

水上バス　★詳しい情報は P27 へ

東京水辺ライン················ 03-5608-8869

都営バス

東京都交通局江戸川自動車営業所
　中葛西 4-9-11 ················ 03-3687-9071
東京都交通局江戸川自動車営業所臨海支所
　臨海町 4-1-1 ················ 03-3877-8681

観光バス

㈱東陽バス事業部 HP
　中葛西 4-16-22 ················ 03-3688-1424

タクシー

岩井田タクシー
　東葛西 1-10-7 ················ 03-5667-3666
日の丸交通 Tokyo-Bay HP
　臨海町 2-3-11 ················ 03-5679-6581
小松川タクシー　松島 1-32-20 03-3654-2211
平和自動車交通㈱江戸川営業所
　松江 3-1-8 ················ 03-3651-1183
ヒノデ第一交通㈱江戸川営業所
　中央 3-16-3 ················ 03-3654-4121
　介護タクシー予約 ·········· 03-3655-4611

可能なかぎりの調査に基づいて作成しましたが、万
一掲載もれや締め切り後の変更などありましたらお
知らせください。　　　　☎047-396-2211

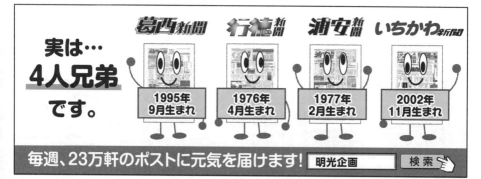

学校・教育機関

school

学校

〈小学校〉

宇喜田小学校
北葛西 5-13-1 ·················· 03-3689-1291

葛西小学校　中葛西 2-4-3 ···· 03-3680-9366

新田小学校　西葛西 8-16-1 ·· 03-3675-4681

清新第一小学校
清新町 1-4-19 ·················· 03-3878-1271

清新ふたば小学校
清新町 1-1-38 ·················· 03-3878-3621

第二葛西小学校
東葛西 6-33-1 ·················· 03-3689-0211

第三葛西小学校
北葛西 4-2-19 ·················· 03-3680-5111

第四葛西小学校
中葛西 8-8-1 ···················· 03-3688-1833

第五葛西小学校
北葛西 2-13-33 ················· 03-3689-6216

第六葛西小学校
西葛西 4-5-1 ···················· 03-3688-0485

第七葛西小学校
西葛西 7-8-1 ···················· 03-3688-4891

西葛西小学校
西葛西 3-9-44 ·················· 03-3686-7640

東葛西小学校
東葛西 8-23-1 ·················· 03-3686-2806

南葛西小学校
南葛西 5-10-1 ·················· 03-3675-0315

南葛西第二小学校
南葛西 7-5-9 ···················· 03-3686-1431

南葛西第三小学校
南葛西 5-2-1 ···················· 03-3878-3357

臨海小学校
臨海町 2-2-11 ·················· 03-5674-2761

〈中学校〉

葛西中学校　中葛西 2-4-3 ···· 03-3680-3486

葛西第二中学校
宇喜田町 1085 ················· 03-3680-5146

葛西第三中学校
中葛西 6-6-13 ·················· 03-3687-8021

清新第一中学校
清新町 1-5-14 ·················· 03-3878-1281

清新第二中学校
清新町 2-1-2 ···················· 03-3877-6631

西葛西中学校
西葛西 5-10-18 ················· 03-3686-7874

東葛西中学校
東葛西 6-40-1 ·················· 03-3675-4761

南葛西中学校
南葛西 5-12-1 ·················· 03-3675-0317

南葛西第二中学校
南葛西 5-3-1 ···················· 03-3878-3651

〈高等学校〉

都立葛西南高等学校
南葛西 1-11-1 ·················· 03-3687-4491

都立紅葉川高等学校
臨海町 2-1-1 ···················· 03-3878-3021

すくすくスクール

宇喜田小学校すくすくスクール
北葛西 5-13-1-1F ············· 070-6444-3819

葛西小学校すくすくスクール
中葛西 2-4-3-1F ············· 070-6444-3770

新田小学校すくすくスクール
西葛西 8-16-1-1F ············· 070-6444-3817

清新第一小学校すくすくスクール
清新町 1-4-19 校庭内別棟 · 070-6444-3820

清新ふたば小学校すくすくスクール
清新町 1-1-38-1F ············· 070-6444-3830

第二葛西小学校すくすくスクール
東葛西 6-33-1-1F ············· 070-6444-3779

第三葛西小学校すくすくスクール
北葛西 4-2-19-1F ‧‧‧‧‧‧‧‧‧‧‧‧ **070-6444-3781**
第四葛西小学校すくすくスクール
中葛西 8-8-1 体育館 1F ‧‧‧‧‧ **070-6444-3789**
第五葛西小学校すくすくスクール
北葛西 2-13-33-1F ‧‧‧‧‧‧‧‧‧ **070-6444-3790**
第六葛西小学校すくすくスクール
西葛西 4-5-1-3F ‧‧‧‧‧‧‧‧‧‧‧‧ **070-6444-3791**
第七葛西小学校すくすくスクール
西葛西 7-8-1-1F ‧‧‧‧‧‧‧‧‧‧‧‧ **070-6444-3799**
西葛西小学校すくすくスクール
西葛西 3-9-44-2F ‧‧‧‧‧‧‧‧‧ **070-6444-3816**
東葛西小学校すくすくスクール
東葛西 8-23-1 校庭内別棟 ‧‧‧ **070-6444-3835**
南葛西小学校すくすくスクール
南葛西 5-10-1-1F ‧‧‧‧‧‧‧‧‧‧‧ **070-6444-3803**
南葛西第二小学校すくすくスクール
南葛西 7-5-9 校庭内別棟 ‧‧‧ **070-6444-3804**
南葛西第三小学校すくすくスクール
南葛西 5-2-1-1F ‧‧‧‧‧‧‧‧‧‧‧‧ **070-6444-3811**
臨海小学校すくすくスクール
臨海町 2-2-11-1F ‧‧‧‧‧‧‧‧‧‧‧ **070-6444-3832**

学童保育

リックキッズ西葛西校（民間学童）🅗🅟
西葛西 3-15-15-2F ‧‧‧‧‧‧‧‧‧ **03-5677-1446**

放課後等デイサービス・児童発達支援

スマートキッズ 🅗🅟
プラス北葛西
北葛西 4-22-11-1 F ‧‧‧‧‧‧‧‧‧‧‧‧‧‧‧ **03-6458-5456**
内放課後等デイサービス
プラス西葛西
西葛西 6-22-16-2 F ‧‧‧‧‧‧‧‧‧‧‧ **03-6458-5456**
内放課後等デイサービス
ジュニア船堀
北葛西 4-5-7-1 F ‧‧‧‧‧‧‧‧‧‧‧‧‧ **03-6458-5456**
内放課後等デイサービス
日本重症心身障害児支援協会 多機能型ステーション望
中葛西 5-4-4-1 F ‧‧‧‧‧‧‧‧‧‧‧ **03-3675-3701**
内児童発達支援、放課後等デイサービス

ハッピーテラス 🅗🅟
葛西教室
中葛西 3-16-17-2F ‧‧‧‧‧‧‧‧‧‧‧‧‧ **03-6663-9622**
内放課後等デイサービス
西葛西教室
西葛西 7-3-10-5F ‧‧‧‧‧‧‧‧‧‧‧‧‧ **03-6663-8561**
内放課後等デイサービス
東葛西教室
東葛西 5-13-13-2F ‧‧‧‧‧‧‧‧‧‧‧‧‧ **03-6240-5441**
内放課後等デイサービス

幼稚園・幼児教育施設

区立船堀幼稚園
船堀 6-11-39 ‧‧‧‧‧‧‧‧‧‧‧‧‧‧‧‧‧ **03-3675-1131**
宇喜田幼稚園 🅗🅟
北葛西 4-3-13 ‧‧‧‧‧‧‧‧‧‧‧‧‧‧‧‧ **03-3688-6336**
江戸川幼稚園 🅗🅟
清新町 1-1-40 ‧‧‧‧‧‧‧‧‧‧‧‧‧‧ **03-3675-3374**
江戸川めぐみ幼稚園 🅗🅟
北葛西 2-25-15 ‧‧‧‧‧‧‧‧‧‧‧‧‧ **03-3688-7771**
キッズインターナショナル西葛西 🅗🅟
西葛西 3-6-7-1F ‧‧‧‧‧‧‧‧‧‧‧‧‧‧ **03-5679-5571**
杉の子育英幼稚園 🅗🅟
東葛西 4-27-3 ‧‧‧‧‧‧‧‧‧‧‧‧‧‧ **03-5696-5560**
聖いずみ幼稚園
南葛西 4-17-6 ‧‧‧‧‧‧‧‧‧‧‧‧‧‧ **03-3688-5550**
清新めぐみ幼稚園 🅗🅟
清新町 1-4-17 ‧‧‧‧‧‧‧‧‧‧‧‧‧‧ **03-3878-1201**
なぎさ幼稚園 🅗🅟
南葛西 7-2-54 ‧‧‧‧‧‧‧‧‧‧‧‧‧‧ **03-3675-3370**
ばとうばし幼稚園 🅗🅟
中葛西 4-16-11 ‧‧‧‧‧‧‧‧‧‧‧‧‧ **03-3689-4413**

子育て

電話番号、住所など間違い、および『葛西カタログ』に対するご意見・ご希望がありましたら、お手数ですがご一報を！　☎047-396-2211

認可保育園

区立宇喜田第二保育園
中葛西 4-9-5 ……………… **03-3687-9977**

区立宇喜田第二保育園分園
宇喜田町 175 ……………… **03-3680-9050**

区立小島保育園
西葛西 5-8-2 ……………… **03-3687-3915**

区立新田保育園
西葛西 8-2-1 ……………… **03-3688-4908**

区立清新第一保育園
清新町 1-3-2 ……………… **03-3878-1901**

区立清新第三保育園
清新町 2-8-4 ……………… **03-3878-1943**

区立東葛西保育園
東葛西 9-10-1 ……………… **03-3686-2771**

区立堀江保育園
南葛西 3-16-5 ……………… **03-3688-7415**

区立堀江第二保育園
南葛西 7-1-6 ……………… **03-3687-9535**

区立堀江第三保育園
南葛西 7-2-5 ……………… **03-3675-8860**

区立臨海第一保育園
臨海町 2-2-5 ……………… **03-3869-5478**

区立臨海第二保育園
臨海町 5-1-2 ……………… **03-3686-1772**

宇喜田おひさま保育園
北葛西 2-19-1 ……………… **03-3687-9559**

葛西おひさま保育園
東葛西 5-29-14 ……………… **03-5679-0130**

葛西第二おひさま保育園
中葛西 2-11-13 ……………… **03-3687-0130**

北葛西おひさま保育園
北葛西 4-3-23 ……………… **03-5659-5051**

新田おひさま保育園
西葛西 8-15-6 ……………… **03-3675-1588**

清新おひさま保育園
清新町 1-1-37 ……………… **03-5878-0167**

清新第二おひさま保育園
清新町 1-2-1-101 ……………… **03-3878-1922**

中葛西おひさま保育園
中葛西 6-17-15 ……………… **03-3689-0010**

西葛西おひさま保育園
西葛西 5-10-12 ……………… **03-3688-9892**

南葛西おひさま保育園
南葛西 5-18-1 ……………… **03-6808-5312**

葛西駅前さくら保育園
東葛西 5-1-3-2・3F ……………… **03-3878-0026**

葛西きらきら保育園
東葛西 5-7-19 ……………… **03-5676-6011**

グローバルキッズ南葛西園
南葛西 6-19-13-1F ……………… **03-3877-4581**

サクラナーサリー 🅷🅿
中葛西 3-15-6 ……………… **03-3686-9687**

白百合保育園　北葛西 4-3-9 **03-3877-8344**

太陽の子東葛西保育園
東葛西 7-28-15- 1F ……………… **03-6663-8235**

たんぽぽ保育園
東葛西 8-19-2 ……………… **03-5878-0290**

ちゃいれっく西葛西駅ビル保育園 🅷🅿
西葛西 6-7-1 西葛西メトロセンター A 棟 2-4
……………… **03-5667-9680**

西葛西ちとせ保育園
  西葛西 2-17-15 …………………… **03-5679-7200**
にじのいるか保育園南葛西
  南葛西 5- 7- 2- 1F …………………… **03-6240-5010**
フロンティアキッズ葛西 🄗
  東葛西 6-18-11 ………………… **03-3804-3055**
ふきのとう保育園
  中葛西 6-4-7 ………………… **03-3675-1876**
ほっぺるランド中葛西
  中葛西 1-1-15 ………………… **03-6456-0590**
ポピンズナーサリースクール中葛西
  中葛西 5-21-2 ………………… **03-6808-8102**

認定こども園

葛西めぐみこども園 🄗（2023.4.1 変更予定）
  北葛西 2-25-4 ………………… **03-5667-1170**
プレスクール仲よしこども園 🄗
  中葛西 4-12-15 ………………… **03-5659-0260**
プレスクール第2仲よしこども園 🄗
  中葛西 3-3-6-1F ………………… **03-3680-8636**

小規模保育所

おれんじハウス西葛西保育園
  西葛西 5-8-3 ………………… **03-6456-0412**
Kid's Patio かさい園
  東葛西 6-22-6 ………………… **03-3804-7722**
ほっぺるランド西葛西
  西葛西 2-22-45-1F ………………… **03-6808-0518**

認証保育所

子ばと保育園 🄗
  南葛西 3-24-11 ……………… **03-3686-9687**
仲よし保育園 🄗
  東葛西 8-5-8 ………………… **03-3675-3883**
みのり保育園 🄗
  中葛西 5-36-12-2F ………… **03-3688-2981**
          (P36 カラーページもご覧ください)
みんなの遊々保育園 🄗
  中葛西 4-2-1 ………………… **03-5659-3880**

認可外保育施設

◆は企業主導型保育施設 (地域枠あり)
イーグルインターナショナルスクール
  東葛西 6-4-7-1F …………… **03-3686-8681**
おれんじオハナ保育園
  西葛西 5-8-3 ………………… **03-6456-0412**
中葛西幼保園
  中葛西 1-31-9-1F…………… **03-3804-1333**
仲よし駅前保育園 🄗◆
  中葛西 3-35-1-2F ………… **03-3680-8497**

専門学校

東京医薬看護専門学校
  東葛西 6-5-12 ……………… **0120-06-1610**
東京俳優・映画＆放送専門学校 🄗
  西葛西 3-14-9 ……………… **0120-233-557**
東京コミュニケーションアート専門学校 🄗
  西葛西 5-3-1 ………………… **03-3688-6501**
東京スクール オブ ミュージック＆ダンス専門学校 🄗
  西葛西 3-14-8 ……………… **0120-532-304**
東京スポーツ・レクリエーション専門学校 🄗
  西葛西 7-13-12…………… **03-5696-9090**
                        …………… **0120-61-9090**
東京福祉専門学校 🄗
  西葛西 5-10-32 ……………… **03-3804-1515**
東京ベルエポック製菓調理専門学校 🄗
  中葛西 4-2-5 ………………… **0120-080-332**
東京ベルエポック美容専門学校 🄗
  西葛西 6-28-16 ……………… **0120-866-909**
東京メディカル・スポーツ専門学校 🄗
  西葛西 3-1-16 ……………… **0120-35-2930**
                    日本語学校は P185 へ

> 可能なかぎりの調査に基づいて作成しましたが、万
> 一掲載もれや締め切り後の変更などありましたらお
> 知らせください。   ☎047-396-2211

おいでよ、いっしょにごはん食べよ
えどがわっ子食堂ネットワーク

子ども食堂は、地域のあたたかい思いをたくさんの子どもたちに届けたい。そんな思いで立ち上げられた地域の食堂。それぞれの食堂が特色を持っていて、和やかな中食事を提供している。気軽に利用しよう。

※葛西地区(新川以南)のみ掲載(2023年2月末日現在)

◆かさいあったか子ども食堂
(中葛西3-33-6マルカハイツ1F)
▽毎月第1水曜日 17:30〜なくなり次第終了
▽費用 了ども(中学生まで) 無料
　　　　大人300円
☎03-3675-3056

◆キッズカフェひばり
(中葛西1-31-51ドエル葛西1-101)
▽毎週土曜日(3回に分けて開催)
　①12:00 ②12:30 ③13:00
▽費用 子ども100円
☎03-5878-1176

◆こどもカレースタンド
(北葛西4-1-49)
▽毎月第3月曜日 17:00〜(要予約)
▽費用 無料
☎03-6875-2800

◆南葛西子ども食堂
(南葛西6-13-12第二パークメゾン102)
▽毎週水曜日 17:00スタート 弁当配食
▽費用 無料
☎03-3877-0993
(㈱GOURIKIコーポレーション)

◆一緒がいいね ひなたぼっこ
(南葛西1-1-1-101南葛西住宅1階あったかハウス)
▽毎月第3日曜日 10:00〜14:00
▽費用 子ども200円 大人400円
☎03-3675-9670

◆ロングライフこどもレストラン
(中葛西5-22-14ロングライフ葛西)
▽月1回程度 17:00〜18:00 ※事前予約制
▽費用 無料
☎03-5962-9871

◆ペンギン子ども食堂
(南葛西1-1-1-101南葛西住宅1階あったかハウス)
▽毎月第2日曜日 10:30〜15:30
▽費用 子ども100円(高校生まで)
　　　　大人300円
☎090-7217-1543

◆nappaカレー食堂
(東葛西1-9-15江戸川ベースnappa)
▽開催日は問い合わせを
▽費用 子ども100円 大人300円
☎03-5605-8116

◆こども食堂 かさいこーぼー
(中葛西3-2-4 1階cobo内)
▽月1回日曜日 不定期10:00〜13:00
　※なくなり次第終了
▽費用 子ども(高校生まで) 無料
　　　　子ども同伴の大人300円
☎03-6808-5203

◆母笑(あーす)
(東葛西6-5-19 葛西スペース)
▽毎月第3日曜日 12:00〜14:30
▽費用 3歳〜15歳100円 大人300円
☎090-8563-1261

※新型コロナウイルス感染防止のため、お弁当配付に切り替えたり、開催を見合わせたりしている場合あり。事前に電話で確認を。

■問い合わせ えどがわっ子食堂ネットワーク ☎03-5662-5560

葛西ガイド

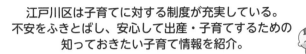

子育てお役立ち情報

江戸川区は子育てに対する制度が充実している。
不安をふきとばし、安心して出産・子育てするための
知っておきたい子育て情報を紹介。

子育て

妊娠・出産

　安心して出産を迎えるために、保健師等が妊娠・出産・子育てなどのさまざまな相談に応じている。医療機関で妊娠を確認されたら、まず健康サポートセンターで妊娠届を出そう。親子健康手帳（母子健康手帳）が交付され、保健師と面接して母と子の保健バッグ（妊婦健康診査受診票、各種制度・手当の案内等）が渡される。管轄の健康サポートセンターへ。

〈葛西健康サポートセンター〉
☎03-3688-0154
管轄：船堀／宇喜田町／北葛西／春江町5／江戸川5・6／中葛西1〜4／一之江町／二之江町／東葛西1〜3・5／東葛西4丁目14〜28番地、56番地、57番地／西瑞江5
〈清新町健康サポートセンター〉
☎03-3878-1221
管轄：清新町／西葛西／中葛西5〜8／臨海町1〜4
〈なぎさ健康サポートセンター〉
☎03-5675-2515
管轄：南葛西／臨海町5・6／東葛西4丁目1〜13番地、29〜55番地、58番地／東葛西6〜9

入院助産

▶健康サービス課母子保健係
　☎03-5661-2466
　出産費用を支払うことが経済的に困難な場合、指定病院での助産が受けられる制度。妊娠中に本人の申請が必要（いくつか条件あり）。

ぴよママ相談

▶健康サポートセンター
　妊娠中の出産や子育て等のさまざまな不安や悩みを軽減するため、妊娠届を提出した妊婦全員に、保健師等の専門職が相談にのってくれる。妊娠中に「ぴよママ相談」を受けると「ぴよママギフト」（こども夢商品券）ももらえる。
　妊婦本人が届出をした場合はその場で実施、家族、本人以外が届出をした場合は後日、妊娠届の控えと親子健康手帳（母子健康手帳）を持っていけば相談を受けられる。他自治体で妊娠届を提出し転入した場合も母子健康手帳持参のうえ、健康サポートセンターに行けば相談を受けられる。
対象：江戸川区に住所がある全ての妊婦
受付日：月〜金（土日、祝日、年末年始を除く）
受付時間：8：30〜16：30

ハローベビー教室

▶健康サポートセンター
　初めて赤ちゃんを迎える妊婦とそのパートナーが対象。保健師・助産師・栄養士・歯科衛生士による講習や、赤ちゃんのお世話体験実習などを行う。平日コース（2日制）と休日コース（1日制）いずれかの選択制で、開催月は各センターで異なる。事前に予約が必要。

赤ちゃんが家に来たら

まず、生後14日以内に「出生届」を葛西区民館内にある葛西事務所（☎03-3688-0431）に提出し、同時に「乳幼児医療証」の発行もしてもらおう。江戸川区は新米ママを支援する制度が充実。親や友だちが近くにいなくて不安なママも安心。

新生児訪問など

▶健康サポートセンター

区の子育て応援アプリ「ぴよナビえどがわ」から新生児訪問を申請すると、助産師または保健師が、産後の母親と赤ちゃんの自宅へ訪問し、赤ちゃんの発育や母親の体調の確認、授乳や育児に関する相談支援を行う。生後4か月未満まで。

新生児訪問を受けられない家庭には、地域の赤ちゃん訪問員が子育て支援に関する情報を持って訪問する（申請不要）。

その他にも妊産婦や乳幼児のいる家庭には、必要に応じて保健師が訪問し、相談を受けている。

児童手当

▶児童家庭課手当助成係 ☎03-5662-0082

中学校修了までの国内に居住する児童を養育している人に支給（所得制限あり）。児童1人あたりの支給額は、3歳未満は月額15000円、3歳以上小学校修了前までの第1子・第2子は月額10000円、第3子以降は月額15000円、中学生は月額10000円。所得制限限度額

以上かつ所得上限限度額未満の場合は一律月額5000円、所得上限限度額以上の場合は支給なし。生計中心者による申請が必要。申請月の翌月分から支給。

※申請は児童家庭課手当助成係へ郵送または区役所本庁舎2階4番窓口へ。電子申請も可。

※申請書はホームページからダウンロード。区役所各事務所の戸籍住民係で配布

※詳しくはQRコード®から区ホームページへ

乳児養育手当

▶児童家庭課手当助成係
☎03-5662-0082

0歳児を養育している家庭に支給（所得制限等あり）。手当額は月額13000円。区役所区民課・各事務所の庶務係へ申請を。郵送、電子申請も可。

※詳しくはQRコード®から区ホームページへ

子ども医療費助成

▶児童家庭課医療費助成係
☎03-5662-8578

乳幼児から中学3年生まで（令和5年4月からは高校3年生相当まで）の子どもの保険診療自己負担分および入院時の食事療養費を助成。保護者の所得制限はない。区役所児童家庭課医療費助成係・各事務所の保険年金係へ申請を。

※詳しくはQRコード®から区ホームページへ

子育て応援アプリ「ぴよナビえどがわ」（by母子モ）を登録しよう！	主な機能	【記録・管理】

子育て応援アプリ
「ぴよナビえどがわ」
(by母子モ)を登録しよう!

このアプリでは妊婦の健康状態や子どもの成長記録、予防接種のスケジュール管理ができ、新生児訪問の電子申請もできる。家族で情報を共有できる機能も。また地域の子育て情報や区からのお知らせがタイムリーに受け取れる。

主な機能

【記録・管理】
●妊娠中の体調・体重（グラフ化）
●胎児や子どもの成長記録（グラフ化）
●予防接種：標準接種日の自動表示、接種予定、実績管理
●健診情報：妊婦や子どもの健康診査データを記録
【情報提供・アドバイス】
●妊娠・出産・子育て情報　●子育て動画（沐浴・離乳食など）
●区からのお知らせ（プッシュ通知）
●周辺施設（病院、幼稚園・保育園、子育て施設など）
【育児日記：できたよ記念日】
●子どもの成長を、写真と一緒に記録
【申請】●新生児訪問

養育医療

▶健康サポートセンター

出生体重2000g以下または一定の症状を有する未熟児で、指定医療機関の医師が入院養育を必要と認めた世帯には所得に応じ、医療費の一部または全額を公費負担する。

乳幼児の健康診査

▶健康サポートセンター

健診の案内は実施時期にあわせて郵送される。

◆3～4か月頃
　乳児健康診査 →健康サポートセンター
　※3か月に達する月の下旬に封書で通知
◆6か月および9か月頃
　6～7か月児および9～10か月児健康診査 →指定の医療機関
　※「乳児健康診査」の際、受診票が渡される
◆1歳2か月頃
　1歳児歯科相談（歯ッピー教室）→健康サポートセンター
　※1歳1か月に達する月の下旬に、ハガキで通知。歯科医師による健診ではない

◆1歳6か月頃
　1歳6か月児健康診査 →指定の医療機関
　※1歳5か月に達する月の下旬に受診票を送付
◆1歳7か月頃
　1歳6か月児歯科健康診査 →健康サポートセンター
　※1歳5か月に達する月の下旬に、封書で通知
◆2歳1か月頃
　2歳児歯科相談（歯ウツー教室）→健康サポートセンター
　※2歳に達する月の下旬に、ハガキで通知。歯科医師による健診ではない
◆2歳7か月頃
　2歳6か月児歯科健康診査 →健康サポートセンター
　※2歳5か月に達する月の下旬に、ハガキで通知
◆3歳1か月頃
　3歳児健康診査 →健康サポートセンター
　※3歳に達する月の下旬に、封書で通知
★予防接種の問い合わせは、健康サービス課健康サービス係（☎ 03-5661-2473）、各健康サポートセンターへ

江戸川区家事・育児支援事業「えどがわママパパ応援隊」

家事・育児支援事業「えどがわママパパ応援隊」は3歳未満の子どもや多胎の妊婦がいる家庭に家事支援サービスを提供することで、子どもとの大切な時間を笑顔で過ごせるよう応援する事業。

- -

●問い合わせ・申し込み
　㈱パソナライフケア（委託先）
　☎ 0120-060-366
　（AM9～PM5土日祝除く）
　https://www.pasona-lc.
　co.jp/edogawaku-
　mamapapa/　詳細は下記まで
●担当部署　江戸川区児童相談所
「はあとポート」相談課事業係
　☎ 03-5678-1810

■対象者　区在住の3歳未満の子ども、または多胎の妊婦がいる家庭（一部保育要件あり）
■利用時間　20～240時間（対象児の年齢やきょうだい構成により異なる）
■利用料金　500円／時間（一部減額制度あり）
　※0歳児で保育サービス（認可保育所、認定こども園、認証保育所、保育ママ、地域型保育施設、企業主導型保育施設※一時預かりは除く）を利用していない家庭は年間14時間まで無料
■利用内容　食事の支度・片付け、衣服の洗濯、部屋の清掃、生活用品の買物、きょうだいの世話、育児の介助、検診や買物などの同行
■利用方法　電話かネットから申し込むと3営業日以内に電話かメールで連絡がくる。初回の支援内容と訪問の日程を確認する

子育て

学校へあがるまで

より子育てしやすい環境に！
子ども・子育て支援新制度の手引き

全ての子育て家庭を支援するため制定された「子ども・子育て支援法」に基づき、質の高い幼児期の教育・保育を提供し、子育てひろばや一時預かりなどの子育て支援の充実を図る「子ども・子育て支援新制度」が平成27年4月からスタートした。新制度を理解して子どもや家庭に合った園を探そう。制度や施設の詳細は区のホームページを参照。

子ども・子育て支援新制度

0～2歳児の保育の場を増やし、待機児童を減らすことが期待されている新制度。既存の認可保育園や私立幼稚園※を利用するほかに、幼稚園と保育所の機能や特長をひとつにした「認定こども園」や、小規模保育事業、事業所内保育事業等からなる「地域型保育事業」がある。新制度対象施設を利用するためには、区から「保育の必要性の認定」を受ける必要がある。

※新制度へ移行する園と移行しない園があるので、入園を希望する私立幼稚園に問い合わせを

「保育の必要性の認定」の申請について

認定区分によって、新制度対象の利用できる施設や申請方法が異なる。詳細は区のホームページを参照。

★子ども・子育て支援新制度の問い合わせ先はP81を

■新制度対象施設利用申請方法

認定区分	対象年齢	保育の必要性	利用できる主な施設	利用申請方法
1号認定	3～5歳	なし	新制度に移行した私立幼稚園認定こども園（幼稚園部分）※	私立幼稚園等に入園申し込み・内定後認定申請→入園
2号認定	3～5歳	あり	認可保育園認定こども園（保育園部分）※	区に認定の申請と入園申し込み、区分決定後認定、利用調整、通知、面接・健康診断→入園
3号認定	0～2歳	あり	認可保育園、認定こども園（保育園部分）※、地域型保育事業	区に認定の申請と入園申し込み、区分決定後認定、利用調整、通知、面接・健康診断→入園

※認定こども園希望の申請方法は認定区分に準じる

江戸川区の子育てハウツー本 えどがわ子育てガイド

区の子育て支援事業や関連施設など、子育てに役立つ情報が満載のガイドブック。子育てひろば（各共育プラザ・健康サポートセンターほか）や区役所2F保育課・児童家庭課の窓口、区役所3F子育て支援課などで閲覧できるほか、WEBでも公開されている。【区公式HP　トップページ＞子育て・教育＞子育て＞えどがわ子育てガイド】で検索しよう。

◇問い合わせ　子育て支援課計画係　☎ 03-5662-0659

新制度対象園

区立・私立　認可保育園

　区内には区立33園、私立114園の認可保育園がある（2023年4月1日）。居住地域に近い園に限らず、希望の保育園に申し込むことができる。申し込みは通年受け付け。私立の場合、保育時間や保育方針は園により異なる。

認定こども園

　幼稚園と保育園の機能や特長を併せ持つ施設で、区内には6園ある（2023年4月1日）。

新制度に移行した私立幼稚園

　新制度に移行した園は一部なので、詳しくは各幼稚園へ問い合わせを。

小規模保育所

　0～2歳児を対象に、少人数（定員6～19人）で家庭的保育に近い雰囲気のもと、きめ細かな保育を行う。入園の申し込み手続きや利用者負担額（保育料）は認可保育園と同様。詳細は保育課保育係（☎ 03-5662-0066）または施設に問い合わせを。

入園申し込み
（保育園・認定こども園等の場合）

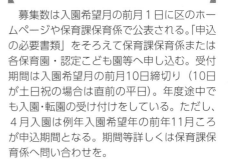

　募集数は入園希望月の前月1日に区のホームページや保育課保育係で公表される。「申込の必要書類」をそろえて保育課保育係または各保育園・認定こども園等へ申し込む。受付期間は入園希望月の前月10日締切り（10日が土日祝の場合は直前の平日）。年度途中でも入園・転園の受け付けをしている。ただし、4月入園は例年入園希望年の前年11月ころが申込期間となる。期間等詳しくは保育課保育係へ問い合わせを。

◆受付期間〈例〉
■2023年8月入園希望
　2023年6月12日（月）～7月10日（月）
■2023年9月入園希望
　2023年7月11日（火）～8月10日（木）
※詳しくは区のホームページ、または江戸川区発行令和5年度版認可保育施設「入園のご案内」を

■幼児教育・保育の無償化　手続きおよび対象

対象施設・事業	手続き	0～2歳（住民税非課税世帯）	3～5歳
私立幼稚園 （新制度移行園以外）	必要	—	最大月額3.1万円まで無償* 入園時期に合わせて 満3歳から対象
私立幼稚園（新制度移行園）、 区立幼稚園	不要	—	無償* 入園時期に合わせて 満3歳から対象
幼稚園の預かり保育	必要	最大月額1.63万円まで無償	最大月額1.13万円まで無償
認可保育園等（注1）	不要	無償*延長保育は対象外	無償*延長保育は対象外
保育ママ	必要	無償*雑費は対象外	—
認可外保育施設（注2）、 認証保育所（注3）、一時預かり事業、病児保育事業、ファミリーサポート事業	必要	最大月額4.2万円まで無償	最大月額3.7万円まで無償

注1　小規模・事業所内・認定こども園を含む　　注2　国が定める基準を満たしている施設を対象
注3　0～2歳児対象に保育料の負担軽減補助あり別途あり
※就学前の障害児の発達支援を利用する子どもについても、3～5歳までの利用料が無償化

【 幼児教育・保育の無償化 】

2019年10月から、幼稚園、保育所、認定こども園などの3〜5歳児クラスの利用料無償化がスタートしている。また0〜2歳児クラスの子どもについては、住民税非課税世帯を対象に無償。認可外保育設備なども一定額まで無償になる。利用するサービスにより、手続きや無償化の対象となる利用料・上限額が異なる。詳しくはP77の表を。

【 認定を受ければ必ず入園できるの？ 】

認定を受ければ先着順や希望通りに入園できるというわけではなく、認定とは別に保育の必要性に応じて区が利用調整を行い、入園の可否を決定する。
※新制度対象幼稚園は認定の手順が異なる
★申請方法はP76を

【 入園できなかった場合は？ 】

申し込みの最初の月と希望園を変更した月のみ文書で通知される。年度内は名簿に登録され、毎月利用調整し、入園内定した場合のみ通知される。

保育施設入園（転園）申込書の有効期限は、申込日から年度末（今年度は2024年3月入園分）まで。
※来年度（2024年4月）以降も入園を希望する場合は、再度申し込みが必要

ベビーシッター利用支援事業（一時預かり利用支援）令和4年度

▶㈱パソナライフケア（区委託事業者）
☎0120-060-366

未就学児の子どもがいる家庭が、リフレッシュなどで東京都の認定したベビーシッター事業者を利用した場合、利用料の一部を補助する。※保育サービスに係る利用料のみ補助対象。入会金、交通費などの料金は対象外

対象：未就学児（0〜6歳）を養育している家庭
補助額の上限：
年度内で最初の16時間までの利用分…全額補助（保育サービスに係る費用のみ）
16時間を超える利用分…日中の利用（午前7時〜午後10時）1時間2500円、夜間の利用（午後10時〜翌朝7時）1時間3500円
利用時間の上限…児童一人当たり144時間まで（ふたご・みつごなどの多胎児は年間288時間まで）
※利用にあたっては区HPの記載内容を必ず確認を

発達相談・支援センター　平井4-1-29（小松川区民館隣）

発達障害は見た目に分かりにくく、特徴のあらわれ方もさまざま。少しでも気になることがあれば、気軽に相談を。

また、科学的根拠のあるプログラムを用いて、個別療育や集団療育などの児童発達支援・障害児相談支援・保育所等訪問支援を実施。

①相談　月〜金　8時30分〜17時　※面談は予約制
　18歳以上：発達障害相談センター
　　　　　☎03-5875-5401
　18歳未満：発達相談室「なないろ」
　　　　　☎03-5875-5101
対象者：発達が気になる本人とその家族および支援者
②療育　月〜金　9時30分〜16時30分　※要面談
　児童発達支援センター　☎03-5875-5321
対象者：1歳6か月〜就学前の心身の発達、遅れが気になる子ども

認定を受けなくても利用できる施設は？

新制度に移行しない私立幼稚園・幼稚園類似施設・区立幼稚園・認証保育所・認可外施設＊・保育ママは「保育の必要性の認定」を受けずに利用できる。利用希望の場合は、各施設に直接利用申し込みを（保育ママを除く）。

※企業主導型保育所は認定が必要

＊幼児教育・保育無償化により認定が必要になることがある

幼稚園

▶区立：学務課学事係　☎03-5662-1624

区内にある区立幼稚園は船堀幼稚園のみ。

公立・私立共に区のホームページに一覧を掲載。

《区立》

4歳・5歳児対象の2年保育。次年度入園募集は毎年11月ころに行う。年度途中の入園は随時船堀幼稚園で受け付け。

船堀幼稚園では、一時的な時間外保育の「ショートサポート保育」を実施している（有償）。一定の要件を満たした場合、補助の対象になる。

《私立》

区では私立幼稚園に通う園児の保護者を対象に補助金を交付している。区外に通園する場合も補助対象となる。

入園料補助金…80000円限度（入園時のみ）

※入園情報は江戸川区私立幼稚園協会のホームページ（http://www.eshiyo.com）で

※入園手続きは例年10月15日より各園が願書を配布。11月1日より入園受け付け、および決定

認証保育所

▶子育て支援課施設利用給付係
☎03-5662-1012

都の認証により区の助成を受けて運営されている保育施設。保護者が直接契約で入所できる。主に駅前など利便性の高い場所に開所され、長時間保育を実施しているところも。申し込みなどは各認証保育所へ。区のホームページに一覧が掲載されている。

また、保育の必要性がある世帯等を対象に、保育料の負担軽減補助を行っている。詳しくは区のホームページを。

保育ママ

▶保育課保育ママ係　☎03-5662-0072

生後9週目から1歳未満（4月1日が基準日）の健康な乳児を、保育ママの自宅で、家庭的な環境と愛情の中で預かってくれる。保育時間は8時半から17時まで（時間外保育は要相談）。働くママにはありがたい制度。費用は月額14000円のほかに雑費がかかる。時間外は別途。

えどがわ子育て応援サイト

🔗 https://www.city.edogawa.tokyo.jp/
kosodate/kosodate_ouen/index.html

子育て中のパパ・ママの"知りたい、聞きたい"子育て情報がこのサイトに集約されている。イベントをはじめ、保育計画や仲間づくりまで、困ったときに役に立つ情報が満載。子育てに関する区の各種制度や施設紹介などをカテゴリー別にわかりやすく表示している。お気に入りに登録してぜひ利用しよう。

子育て

子育て・母親交流（子育てひろば）

就学前の乳幼児と保護者を対象に、自由に遊びながら友だちづくりをし、子育て情報の交換・悩み相談などができる場所が多く設置されている。「子育てひろば」は区内に20カ所あり、さまざまな機関に設けられている。

船堀子育てひろば
　船堀 1-3-1　☎ 03-3877-2549
　　月～土 9:00 ～ 16:30（日・祝日は休館）
中葛西子育てひろば
　中葛西 1-2-8 宇喜田ホームズ内
　☎ 03-3804-8168 月～金 9:00 ～ 17:00
　（祝日・年末年始は休館）
堀江子育てひろば
　南葛西 3-16-8　☎ 03-3688-7416
　　月～日 10:00 ～ 16:00（年末年始は休館）
臨海子育てひろば
　臨海 5-1-2　☎ 03-3686-2340
　　月～日 10:00 ～ 16:00（年末年始は休館）
共育プラザ葛西子育てひろば
　宇喜田町 175　☎ 03-3688-8611
　　月～日 9:00 ～ 17:00（年末年始は休館）
共育プラザ南小岩子育てひろば
　☎ 03-3673-2206
　　月～日 9:00 ～ 17:00（年末年始は休館）
共育プラザ一之江子育てひろば
　☎ 03-3652-5911
　　月～日 9:00 ～ 17:00（年末年始は休館）
共育プラザ小岩子育てひろば
　☎ 03-3672-0604
　　月～日 9:00 ～ 17:00（年末年始は休館）

共育プラザ南篠崎子育てひろば
　☎ 03-3678-8241
　　月～日 9:00 ～ 17:00（年末年始は休館）
共育プラザ平井子育てひろば
　☎ 03-3618-4031
　　月～日 9:00 ～ 17:00（年末年始は休館）
共育プラザ中央子育てひろば
　☎ 03-5662-7661
　　月～日 9:00 ～ 17:00（年末年始は休館）
子育てひろば（清新町健康サポートセンター）
　☎ 080-7940-3683 月～金 9:00 ～ 16:00
子育てひろば（葛西健康サポートセンター）
　☎ 03-3688-0154 月～金 9:00 ～ 16:00
子育てひろば（なぎさ健康サポートセンター）
　☎ 03-5675-2515 月～金 9:00 ～ 16:00
子育てひろば（小岩健康サポートセンター）
　☎ 03-3658-3171 月～金 9:00 ～ 16:00
子育てひろば（東部健康サポートセンター）
　☎ 03-3678-6441 月～金 9:00 ～ 16:00
子育てひろば（鹿骨健康サポートセンター）
　☎ 080-9084-6779 月～金 9:00 ～ 16:00
子育てひろば（小松川健康サポートセンター）
　☎ 03-3683-5531 月～金 9:00 ～ 16:00
はあとポート子育てひろば（江戸川区児童相談所内）
　☎ 03-5678-1810 月～金 9:00 ～ 12:00
ベーテルひろば（NPO 法人）
　☎ 03-3686-8350
　　月・火・水・金 10:00 ～ 16:00
　　土 11:00 ～ 16:00
　　＊子育て相談、一時預かりあり

児童虐待SOS

子どもに対する虐待は子どもの人格形成に重大な影響を与えるだけでなく、生命を危険にさらす可能性もある。解決には、行政機関と地域住民の連携・協力が大切。虐待と感じたら連絡を。

・江戸川区児童相談所　☎03-5678-1810　・全国共通ダイヤル　☎189

＊区のホームページで「児童虐待防止ガイド」を紹介している

小・中学校

入学

▶学務課学事係　☎03-5662-1624

　入学する年の1月中旬、教育委員会から「就学通知書」が送られてくる。届かないときや私立に通うとき、住所変更したときなどは、区の教育委員会に申し出を。

転校

▶学務課学事係　☎03-5662-1624

　転入・転居の際に発行される「転入学通知書」、それまで通っていた学校が発行した「在学証明書」「教科用図書給与証明書」を指定の学校に持参。

就学援助費

▶学務課学事係　☎03-5662-1624

　国公立等の小学校または中学校でかかる費用に困っている人へ学校生活で必要な費用の一部を援助している。

すくすくスクール

▶教育推進課　すくすくスクール係
　☎03-5662-8132

　小学校の放課後や学校休業日に、校庭・体育館などの施設を利用して、児童がのびのびと自由な活動ができる事業。学校・地域・保護者と連携し、遊びや学び・多くの人とのふれあいを通じて、コミュニケーション力を高め、豊かな心と自ら考え行動する力を育む。

・**対象**…区内在住の小学生（通学している区立小学校で登録。私立小学校などに通学している児童は住まいのある学区域内の区立小学校で登録）
・**登録**…「すくすく登録」と「学童クラブ登録」
・**費用**…補償制度費用（年額500円）
　　　　　学童クラブ登録は育成料（月4000円）
学童クラブ延長登録は延長育成料（月1000円）
学童クラブ登録の希望者に補食提供（月1260円）
※減免制度あり
・**活動時間**…平日：放課後～17:00
　　　　　　　土曜・学校休業日：8:30～17:00
※学童クラブ登録の場合、平日（学校休業日を含む）は18:00まで
学童クラブ延長登録の場合、平日（学校休業日を含む）は19:00まで
※日曜・祝日・年末年始は休み

子育て

問い合わせ先

●子ども・子育て支援新制度
　→ 子育て支援課計画係　　　　☎ 03-5662-0659
●私立幼稚園・認定こども園（幼稚園部分）・幼稚園類似施設・認証保育所
　→ 子育て支援課推進係　　　　☎ 03-5662-1001
●認可保育園・認定こども園（保育園部分）等の入園申し込み
　→ 保育課保育係　　　　　　　☎ 03-5662-0066
●区立幼稚園 → 学務課学事係　　☎ 03-5662-1624
●保育ママ → 保育課保育ママ係　☎ 03-5662-0072

子育てのお手伝いの「頼みたい」と「したい」をつなぎます

江戸川区 ファミリーサポート

ファミリーサポートは、子育てのサポートを必要とする人（依頼会員）と子育てのお手伝いができる人（協力会員）、それぞれの会員同士の信頼関係に基づき助け合う、ボランティア活動の会員組織。

＜援助活動の内容＞

■援助できること

・ 保育園、幼稚園、すくすくスクールなどへの送迎と預かり
・ 保護者が用事があるときの一時預かりなど

■援助できないこと

・ 子どもが病気のとき
・ 洗濯、掃除などの家事援助
・ 宿泊を伴う活動など

＜援助報酬＞

■基本援助時間：月～土8：00～19：00
子ども1人1時間につき800円

■基本時間以外、日・祝・年末年始
子ども1人1時間につき900円

＜会員資格・登録＞

■依頼会員

江戸川区に在住または在勤の人で、援助が必要な子どもを養育している人は入会できる。

依頼会員になるには、毎月第3水曜13:30～（1時間）の説明会に参加。またはHPの動画視聴後、郵送にて入会も可。詳細は問い合わせを。
※世帯に1人の登録
※第1子出産前の登録は不可

■協力会員

江戸川区に在住で、心身ともに健康で安全に適切な援助活動が行える人が入会できる。特別な資格は必要ない。

協力会員になるには、センターが実施する説明会、基礎研修会を受講する必要がある。研修会日程等、詳細は問い合わせを。

【ファミリー・サポート・センター】
中央3-4-18（児童相談所「はあとポート」内）
☎03-5662-0364　📠03-6231-4378
受付時間：月～金9：00～17：00
※祝日・年末年始を除く

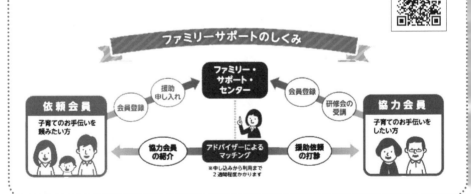

ファミリーサポートのしくみ

子育て

健康

病院・医院

★本文中赤色になっているのは「葛西カタログ2023-24」協賛店です
★ⒻはFAX番号、Ⓣ&Ⓕは電話番号とFAX番号、ⒽⓅはホームページのあるお店

病院へ行く

hospital

内：内科	整：整形外科
小：小児科	形：形成外科
呼：呼吸器科	皮：皮膚科
呼内：呼吸器内科	泌：泌尿器科
胃：胃腸科	肛：肛門科
消：消化器科	産婦：産婦人科
消内：消化器内科	産：産科
循：循環器科	婦：婦人科
循内：循環器内科	眼：眼科
脳：脳神経内科	耳：耳鼻咽喉科
腎内：腎臓内科	放：放射線科
糖内：糖尿病内科	麻酔：麻酔科
精：精神科	歯：歯科
神：神経科	矯正：矯正歯科
神内：神経内科	口外：歯科口腔外科
心内：心療内科	アレ：アレルギー科
外：外科	リウ：リウマチ科
消外：消化器外科	リハ：リハビリテーション科
脳外：脳神経外科	ペイン：ペインクリニック
心外：心臓血管外科	ドック：人間ドック
乳外：乳腺外科	

    ·

葛西昌医会病院 🏥

東葛西 6-30-3 ·················· **03-5696-1611**

（脳外・循内・心外・消内・消外・内・神内・整・
形・糖内・呼内・腎内・泌・麻・ドック・企業健診）

月～土／受 8:00 ～ 12:00 (初診 11:00 まで)

診 9:00 ～

月～金／受 13:00 ～ 16:00 (初診 15:00 まで)

診 14:00 ～　　　　休土午後・日・祝・年末年始

感染症等の状況により、診療時間などの内容に変更
が生じる場合があります。
医療機関受診前に最新の情報を電話またはホーム
ページ等で確認してください。

東京臨海病院 🏥　臨海町 1-4-2 **03-5605-8811**

（内・循内・消内・呼内・呼外・神内・リウ・糖内・
腎内・緩和ケア内・精・小・外・乳外・整・形・
脳外・心外・皮・泌・産・婦・眼・耳・放・放射
線治療・救急・麻酔）

受初診・再診 8:00 ～ 11:00

再診(予約)13:00 ～ 16:00

土(第 2・4)8:00 ～ 10:30

※土曜日は原則として予約不可　※健康医学セン
ター併設(人間ドック・健康診断・特定健診／要予約)

　　休第 1・3・5 土・日・祝・年末年始 (12/29 ～ 1/3)

森山記念病院 🏥

北葛西 4-3-1 ····················· **03-5679-1211**

（脳外・外・消外・整・循内・心外・神内・消内・腎内・
内・泌・耳・大腸肛門外・麻酔・リハ・歯・口外・
化学療法・透析・救急・糖尿病内分泌・トリガー
ポイント・膠原病リウマチ・睡眠時無呼吸・頭痛）

診月～金 8:30 ～ 11:30 (受付 7:30 ～ 11:00)

14:30 ～ 17:30 (受付 13:45 ～ 16:30)

土 8:30 ～ 11:30 (受付 7:30 ～ 11:00)

※脳ドック・健康診断／要予約

※救急 24 時間 365 日

　　　　休土午後・日・祝・12/30 ～ 1/3

森山脳神経センター病院 🏥

西葛西 7-12-7 ···················· **03-3675-1211**

（脳外・リハ・眼・腎内・循内・内・大腸肛門外・
透析・回復期リハ・手のふるえ）

診月～土 9:00 ～ 12:00 (受付 8:15 ～ 11:30)

　　　　休月～土午後・日・祝・12/30 ～ 1/3

休日急病診療

西瑞江 5-1-6 江戸川区医師会地域医療支援センター内

················ (開設時間内) **03-5667-7775**

(内・小)　診日・祝・年末年始 9:00 ～ 17:00

夜間急病診療

西瑞江 5-1-6 江戸川区医師会地域医療支援センター内

················ (開設時間内) **03-5667-7775**

(内・小)　診 21:00 ～翌 6:00

休日歯科応急診療　東小岩 4-8-6 歯科医師会館内

······ (開設時間内) Ⓣ&Ⓕ **03-3672-8215**

(歯)

診日・祝・年末年始 9:00 ～ 17:00 (受付 30 分前
まで)　※電話で申し込みのうえ受診

★詳しい情報は P99 へ

医 院

内科・小児科

青木クリニック
宇喜田町 1039-1-1F ……… **03-5878-3063**
（内・胃・外）
診月・火・水・金 9:00 〜 12:00　15:00 〜 18:30
土 9:00 〜 12:00　　　　　　　　　休木・日・祝

麻生小児科医院 🅗🅟
西葛西 6-9-12-2F …………… **03-5659-5220**
（小）　診月〜金 9:00〜12:30　14:00 〜 17:30
土 9:00〜12:30
乳幼児健診・予防接種／月〜水 14:00 〜 15:00
※予約制　専門外来／木午後　　休土午後・日・祝

安藤内科医院 🅗🅟
東葛西 6-15-16 ……………… **03-3689-7309**
（内・胃）診月〜土 9:00 〜 13:00
月・火・水・金 14:00 〜 18:00
　　　　　　　　休木午後・土午後・日・祝

医療法人社団清正会　飯塚内科医院
中葛西 3-16-6 ……………… **03-3688-0395**
（内・呼内）受月・火・水・金・土 8:40 〜 11:30
月・火・水・金 14:50 〜 18:00　土 14:50 〜 17:00
　　　　　　　　　　　　　　　休木・日・祝

いがらし内科医院
東葛西 5-46-11 ……………… **03-3680-9771**
診 9:30 〜 12:00　15:30 〜 17:00
　　　　　　　　休木午後・土午後・日・祝

江戸川クリニック
西葛西 3-8-3 ………………… **03-3687-8933**
（内・精・心内）
診火 9:00 〜 12:30　15:00 〜 18:00
水 9:00 〜 12:30　金 15:00 〜 18:00
土 9:00 〜 12:30　14:00 〜 17:00
　　　　　休水午後・金午前・月・木・日・祝

えんどう医院
西葛西 3-19-5 ……………… **03-3675-0330**
（内・胃・外・消・肛・放）
診月〜土 9:00 〜 11:30
月・火・木・金 15:30 〜 17:00
（受付 8:30 〜 11:30　15:30 〜 17:00）
※診療は変更あり。問い合わせを
　　　　　　　　休水午後・土午後・日・祝

医療法人社団　由寿会　おかはら胃腸クリニック 🅗🅟
東葛西 6-1-17-1F ……………… **03-5659-2155**
（胃腸内・外）
診月〜金 9:00 〜 12:30　15:00 〜 19:00
土 9:00 〜 14:00　　　　　　　　休木・日・祝
　　　　（P24 カラー・健康特集もご覧ください）

おがはら循環器・内科 🅗🅟
西葛西 3-15-5-1F ……………… **03-3680-2525**
（内・循内・呼内・消内）
診月・火・水・金・土 9:00 〜 12:30　15:00 〜 18:30
※受付時間は診療終了 30 分前まで　休木・日・祝

〈次ページへつづく〉

健康

85

内科・小児科〈前頁から〉

尾花循環器クリニック 🅷🅿
西葛西 5-4-12 ………………**03-5878-0878**
（循内・血管外・内）
診 9:00 ~ 12:30　14:30 ~ 18:00（土 14:00 まで）
休木・日・祝

葛西小児科 🅗
東葛西 6-23-17 ………………**03-5675-2501**
（小）
診 月・火・木・金 9:00 ~ 12:00　16:00 ~ 18:00
土 9:00 ~ 12:00
乳児健診・予防接種／月・火・木・金　※予約制
休土午後・水・日・祝

かさい糖クリニック 🅗
東葛西 6-2-9-7F ………………**03-5659-7616**
（糖尿）　診 10:00 ~ 13:00　15:30 ~ 19:00
木 15:30 ~ 19:00
土 10:00 ~ 13:00　14:30 ~ 17:00
※完全予約制　　　　休木午前・火・日・祝

葛西内科クリニック 🅗
東葛西 5-1-4 …………………**03-3687-5755**
（内・小・皮・胃・循・呼・日帰りドック・糖尿病・
高血圧・甲状腺外来）
受 9:00 ~ 12:00　16:00 ~ 18:30（土 12:00 まで）
休木・日・祝

葛西内科皮膚科クリニック 🅗
中葛西 3-16-17-1F …………**03-5679-8211**
診 月~金 9:00 ~ 12:30　14:00 ~ 18:00
土・日 9:00 ~ 12:30　　　　　休水・祝

葛西みなみ診療所 🅗
南葛西 2-12-1-2F ………………**03-5679-7144**
（内）
診 月~土 9:00 ~ 12:30（受付 8:30 ~）
木 10:00 ~ 12:30　金 14:00 ~ 16:30
月・火・木 14:00 ~ 16:30（予約制）
火・木 18:00 ~ 19:30（受付 17:30 ~）　休日・祝

かとう内科クリニック 🅗
西葛西 6-24-7-2F ……………**03-5679-2317**
（内・消内・肝臓内）
受 9:00 ~ 12:00　15:00 ~ 18:00
休水午後・土午後・木・日・祝

かまかみ医院　南葛西 2-8-9 …**03-3686-5141**
（内・小・皮）
診 月~金 9:00 ~ 12:00　16:00 ~ 18:00
土 9:00 ~ 12:00　　　　　休木・日・祝

キャップスクリニック北葛西 🅗
北葛西 5-15-2 …………………**03-4579-0040**
（内・小）
診 9:00 ~ 13:00　15:00 ~ 20:00　年中無休

キャップスこどもクリニック西葛西 🅗
西葛西 6-12-1-1F …………**03-4579-9217**
（小）　診 9:00 ~ 13:00　15:00 ~ 21:00
年中無休

慶生会クリニック
東葛西 6-2-7-4F ………………**03-3689-7323**
（内）　受 9:15 ~ 12:45　14:00 ~ 17:30
休土・日・祝

酒井内科・神経内科クリニック 🅗
西葛西 6-15-20-2F……………**03-6808-2807**
（内・神内）
診 9:00 ~ 12:00　14:00 ~ 18:00
土 9:00 ~ 13:00　　　　　休金・日・祝

佐藤医院　中葛西 1-4-16 ……**03-3688-7460**
（内・胃・小）
診 月~金 9:00 ~ 12:00　15:30 ~ 18:30
土 9:00 ~ 12:00　　　　　休土午後・水・日・祝

柴山泌尿器科・内科クリニック 🅗
東葛西 6-1-17-2F ……………**03-5675-7223**
（泌・内）
受 月・火・木・金 9:00 ~ 12:30　15:00 ~ 18:30
土 9:00 ~ 12:30　　　　　休土午後・水・日・祝

しゅんしゅんキッズクリニック
西葛西 6-6-1-1F-B ……………**03-5658-3601**
（小・アレ）
診 9:30 ～ 12:30　15:00 ～ 18:00
土 9:30 ～ 12:30　　　　休土午後・木・日・祝

新葛西クリニック
西葛西 6-19-8 ………………**03-3675-2511**
（内・透析）
診月～金 9:00 ～ 17:00（火・木 11:00 ～）
土 9:00 ～ 12:00　　　　　　　休水・日・祝

清新南クリニック
清新町 1-1-6-1F ……………**03-3877-8665**
（内・小）
受月・火・水・金 9:00 ～ 12:15　14:15 ～ 17:15
土 9:00 ～ 12:15　　　　休土午後・木・日・祝

たべ内科クリニック
北葛西 1-3-25 ………………**03-6456-0862**
（内・呼内・アレ）
診 9:00 ～ 12:30　15:30 ～ 19:00
※診療終了 30 分前からは発熱外来
　　　　　　　　休木午後・土午後・日・祝

中鉢内科・呼吸器内科クリニック
西葛西 6-13-7-3F ……………**03-3687-1161**
（内・呼内）
診月・水・木・金 9:00 ～ 12:00　14:00 ～ 18:00
土・日 9:00 ～ 13:00
　　　　　休第 2・3・5 日曜と第 3 土曜・火・祝

辻医院　東葛西 3-3-6 …………**03-3680-2029**
（内）
診月・火・水・金 9:00 ～ 12:00　15:00 ～ 18:00
土 9:00 ～ 12:00　※受付は 10 分前まで
　　　　　　　　　　　休土午後・木・日・祝

なかにし小児科クリニック
西葛西 5-1-8-1F ………………**03-3675-6678**
（小）
診月・火・木・金 9:00 ～ 12:00　15:00 ～ 18:00
土 9:00 ～ 12:00　14:00 ～ 16:00
乳児健診／月・火 14:00 ～ 15:00
予防接種／木・金 14:00 ～ 15:00　休水・日・祝

なぎさ診療所
南葛西 7-2-2 号棟 …………**03-3675-2801**
（内・小・胃）
診月・火・木・金 9:30 ～ 12:30　15:00 ～ 18:30
土 9:30 ～ 13:00　※予防接種は要予約
※当日来院前に電話を　　　　　休水・日・祝

西葛西駅前総合クリニック
西葛西 3-15-13-3F …………**03-5679-7851**
（内・心内・小・皮）
診月・火・木・金 9:00 ～ 13:00　15:00 ～ 18:30
土 9:00 ～ 11:30　13:00 ～ 15:00　休水・日・祝

西葛西クリニック
西葛西 4-2-75 ………………**03-3686-5555**
（内・皮）
診 9:00 ～ 12:00　15:00 ～ 18:00
※受付は 15 分前まで　　休土午後・水・日・祝

西葛西三丁目診療所
西葛西 3-11-8-1F ……………**03-3869-1465**
（内・精）
診月～金 9:00 ～ 12:00　13:00 ～ 17:00
　　　　　　　　　　　　　　　　休土・日・祝

タムスわんぱくクリニック西葛西駅前
西葛西 3-15-13-2F …………**03-5679-7681**
（小・アレ）
診月～金 9:00 ～ 13:00　14:30 ～ 18:30
土 9:00 ～ 12:00　13:00 ～ 15:00
健診（要予約）・予防接種／
月～金 14:30 ～ 15:30　　　　　　　休日・祝

博愛ホーム診療所
西葛西 8-1-1 ……………………**03-3675-1208**
（内）

〈次ページへつづく〉

内科・小児科〈前頁から〉

ひかりクリニック 🅗🅟
西葛西 6-13-7-3F ・・・・・・・・・・・・ **03-3878-9800**
(小・アレ・呼)
受月・火・木・金 8:50 ～ 11:50　13:50 ～ 17:50
水・土 8:50 ～ 11:50　　　　　　　　　**休**日・祝

弘邦医院
中葛西 3-37-18-3F ・・・・・・・・・・・・ **03-3686-8651**
(内・呼・胃・アレ)
診月～金 9:15 ～ 12:00　18:15 ～ 19:30
土 9:15 ～ 12:00
　　　　休土午後・日・祝、午後不定休あり

星田小児クリニック 🅗🅟
中葛西 2-3-10 ・・・・・・・・・・・・ **03-3680-2028**
(小)
診月 9:30 ～ 12:30　15:00 ～ 18:00
火・木・金 9:30 ～ 12:30　16:30 ～ 18:00
水・土 9:30 ～ 12:30
乳児健診・予防接種／火・木・金 15:00 ～ 16:30
　　　　休水午後・土午後・日・祝

まつおクリニック 🅗🅟
東葛西 2-9-10-3F ・・・・・・・・・・・・ **03-5667-4181**
(内・呼・アレ)
診 9:00 ～ 12:00　14:30 ～ 18:00(月 20:00 まで)
　　　　休土午後・木・日・祝

まなべファミリークリニック 🅗🅟
南葛西 6-12-7-1F ・・・・・・・・・・・・ **03-3869-1525**
(内・小)
診月～土 9:00 ～ 12:30　14:30 ～ 17:30
土 14:30 ～ 16:30　※水曜は午前中のみ
　　　　休水午後・日・祝

宮澤クリニック 🅗🅟
西葛西 6-18-3-1F ・・・・・・・・・・・・ **03-3878-0826**
(内・小・皮・整・リハ)
診月・火・木・金 9:00 ～ 12:00　15:00 ～ 18:30
土 9:00 ～ 12:30　14:00 ～ 17:00
発熱外来／ 12:00 ～ 14:00(平日のみ)
　　　　休水・日・祝

医療法人社団結草会　みやのこどもクリニック
　南葛西 2-18-27 ……………… **03-3869-4133**
(小・アレ・皮)
診月～金 8:30 ～ 12:00 (11:30)
15:00 ～ 18:15 (17:30)
土 8:30 ～ 12:00 (11:30)
※( )内は予約終了時間
※完全予約制　　　　　休土午後・日・祝

明育小児科
　東葛西 2-3-16 ……………… **03-3686-0359**
(小・アレ)
診月～金 9:00 ～ 12:00　15:00 ～ 18:30
土 9:00 ～ 12:30　　　　休土午後・木・日・祝

森内科クリニック
　東葛西 4-7-6 ……………… **03-3869-3411**
(内)
診月・火・木・金 9:00 ～ 12:00　15:00 ～ 18:00
水・土 9:00 ～ 12:00　休水午後・土午後・日・祝

矢島循環器・内科
　中葛西 5-38-10 ……………… **03-5667-2525**
(循・内・呼・消・糖尿病)
受月・火・水・金・土 9:00 ～ 12:00　15:00 ～ 18:00
　　　　　　　　　　　　　　休木・日・祝

山下内科／糖尿病クリニック
　西葛西 6-15-3-4F ……………… **03-5679-8282**
(内・糖尿病)
受月・水・木・金 10:00 ～ 12:00　15:00 ～ 17:00
土 10:00 ～ 12:00　※最終受付は 30 分前まで
　　　　　　　　　　休土午後・火・日・祝

山本小児クリニック
　中葛西 3-11-20 ……………… **03-3688-8600**
(小)
診月～土 8:30 ～ 12:30
月・火・木・金 14:30 ～ 18:00
乳児健診／火 14:30 ～ 16:00
　　　　　　　　　休水午後・土午後・日・祝

吉利医院
　南葛西 3-24-12 ……………… **03-3675-2771**
(内・消・皮・泌)
診月 7:00 ～ 12:00
火～土 9:00 ～ 12:50　14:00 ～ 18:00
　　　　　　　　　　　　休月午後・日・祝

医療法人社団淳風会　渡内科・胃腸科
　西葛西 6-9-12-2F ……………… **03-5667-1653**
(内・胃)
診月～金 9:00 ～ 12:30　15:00 ～ 18:30
土 9:00 ～ 12:30　　休木午後・土午後・日・祝
〈次ページへつづく〉

健康

内科・小児科〈前頁から〉

医聖よろずクリニック ⒣
市川市相之川 1-8-1 ‥‥‥‥‥ **047-358-3070**

(内・小・皮・アレ・在宅)

診月～金 9:00 ～ 18:00　土 9:00 ～ 12:00　**休**日・祝

医療法人社団 **医聖よろずクリニック**
☎ **047-358-3070**　よろず 市川 検索

行徳フラワー通りクリニック ⒣
市川市行徳駅前 1-26-12-2F・3F
‥‥‥‥‥‥‥‥‥‥ **047-306-9307**

(内・リウ・整・呼・アレ・循・リハ)

診月～金 9:00 ～ 12:00　15:00 ～ 21:00

土・日・祝 9:00 ～ 12:00

※健康診断・予防接種／予約不要

わたなべ糖内科クリニック ⒣
市川市行徳駅前 1-26-4-1F　‥ **047-306-7570**

(糖内)

診 9:00 ～ 12:00　15:00 ～ 18:00　※予約制

休土午後・木・日・祝

糖尿病内科
わたなべ
日本糖尿病学会認定・糖尿病専門医、研修指導医
院長　渡邉賢治
糖内科クリニック

診療時間	月	火	水	木	金	土
9:00～12:00	●	●	●	／	●	●
15:00～18:00	●	●	●	／	●	／

休診日
木曜・土曜午後・日曜・祝日
当院は完全予約制です
電話連絡の上ご来院ください
行徳駅前1-26-4 アルマトーレ1F
TEL 047-306-7570
https://watanabe-dm.com/

泌尿器科

柴山泌尿器科・内科クリニック ⒣
東葛西 6-1-17-2F　‥‥‥‥‥ **03-5675-7223**

(泌・内)

受月・火・木・金 9:00 ～ 12:30　15:00 ～ 18:30

土 9:00 ～ 12:30　　　　**休**土午後・水・日・祝

(P24 カラー・健康特集もご覧ください)

柴山泌尿器科・内科クリニック

| 診療科目 | 泌尿器科・内科 | | | | | |

受付時間	月	火	水	木	金	土
9:00～12:30	○	○	休	○	○	○
15:00～18:30	○	○	休	○	○	休

詳細はHPをご覧ください

お気軽にご相談ください
江戸川区東葛西6-1-17
第6カネ長ビル2F
☎ **03-5675-7223**

東京メトロ東西線「葛西駅」2分

91

外科・形成外科・整形外科

医療法人社団昭扇会　扇内整形外科 ⒣
西葛西 5-4-6-1F ……………… **03-5658-1501**
(整・リウ・リハ)
診月～金 9:00 ~ 12:30 (初診受付 12:00 まで)
土 9:00 ~ 12:00 (初診受付 11:30 まで)
月・火・水・金 15:00 ~ 18:00
休木午後・土午後・第 3 木・日・祝

葛西整形外科内科
南葛西 3-22-9 ……………… **03-3688-3131**
(整)
受 9:00～12:30　15:30～18:00(初診17:45まで)
物理療法／ 9:00 ~ 13:00　15:30 ~ 18:30
休日・祝

医療法人社団こくわ会　片岡整形・形成外科
西葛西 6-9-12-2F ……………… **03-5667-1623**
(整・形・リハ)
診 9:00 ~ 12:30　15:00 ~ 17:30
木・土 9:00 ~ 12:30　休木午後・土午後・日・祝

整形外科久保医院 ⒣
東葛西 2-9-10-2F ………… **03-5879-5544**
(整)　診 9:00 ~ 12:00　15:00 ~ 18:00
休土午後・木・日・祝

佐藤整形外科 ⒣
中葛西 5-41-16 ……………… **03-5658-5711**
(整・リハ)
診月・火・木・金 9:00 ~ 12:30　15:00 ~ 18:30
水・土 9:00 ~ 12:30　休水午後・土午後・日・祝

清新外科クリニック ⒣
清新町 1-4-5-1F ……………… **03-3675-4707**
(外・リハ・小・内・消)
診月・火・木・金 9:00 ~ 12:00　13:00 ~ 17:00
水・土 9:00 ~ 12:00　休水午後・土午後・日・祝

西葛西南口整形外科リウマチ科 ⒣
西葛西 6-6-12 ……………… **03-5675-3191**
診月～水・金 8:30 ~ 12:30　15:00 ~ 18:00
土 8:30 ~ 12:30　休木・日・祝

南葛西整形外科・リウマチ科 ⒣
南葛西 6-12-7 ……………… **03-6808-6868**
(整・リウ)　診月～土 9:00 ~ 12:30
月・火・水・金 15:00 ~ 18:30
休木午後・土午後・日・祝

宮澤クリニック ⒣
西葛西 6-18-3-1F ………… **03-3878-0826**
(内・小・皮・整・リハ)
診月・火・木・金 9:00 ~ 12:00　15:00 ~ 18:30
土 9:00 ~ 12:30　14:00 ~ 17:00
発熱外来／ 12:00 ~ 14:00 (平日のみ)
休水・日・祝

行徳フラワー通りクリニック ⒣
市川市行徳駅前 1-26-12-2F・3F
……………………… **047-306-9307**
(内・リウ・整・呼・皮・アレ・循・リハ)
診月～金 9:00 ~ 12:00　15:00 ~ 21:00
土・日・祝 9:00 ~ 12:00
※健康診断・予防接種／予約不要

皮膚科

明石皮膚科　西葛西 6-9-15 … **03-3675-3355**
診 9:00 ~ 12:15　14:45 ~ 18:45
休土午後・木・日・祝

あきこ皮膚科クリニック
北葛西 4-1-45-2F ………… **03-5658-8799**
診月 15:00 ~ 18:00
火・金 9:30 ~ 12:30　15:00 ~ 18:00
土 9:30 ~ 13:00　※受付は 30 分前から
休月午前・土午後・水・木・日・祝

あさくら皮膚科 ⒣
中葛西 5-36-12-2F ………… **03-3689-5188**
診月・火・木・金 9:00 ~ 12:30　15:00 ~ 18:30
土 9:00 ~ 12:30　休土午後・水・日・祝

石井皮膚科　東葛西 6-1-17-3F **03-5878-6336**
診月 14:30 ~ 19:00
火・金 9:00 ~ 13:00　14:30 ~ 19:00
土 9:00 ~ 13:00
　　　　　　　　休月午前・土午後・水・木・日・祝

葛西内科皮膚科クリニック
中葛西 3-16-17-1F …………… **03-5679-8211**
診月 ~ 金 9:00 ~ 12:30　14:00 ~ 18:00
土・日 9:00 ~ 12:30　　　　　　　休水・祝

葛西皮膚科クリニック
中葛西 5-32-8 ……………… **03-3688-8550**
診 9:00 ~ 12:00　15:00 ~ 18:00
　　　　　　　休土午後・火・木・日・祝

葛西明香皮膚科
東葛西 2-9-10-1F ………… **03-5679-7565**
診 9:00 ~ 12:00　15:00 ~ 18:30
※火午後は予約制　　　休土午後・木・日・祝

西葛西駅前皮フ科
西葛西 6-10-14-2F ………… **03-3688-5300**
受 9:00 ~ 12:30　15:00 ~ 18:30
土 9:00 ~ 12:30　休金午後・土午後・火・日・祝

細谷皮膚科クリニック
中葛西 3-37-1-2F ………… **03-5674-1230**
診月 ~ 金 10:00 ~ 13:00　14:30 ~ 19:30
土・日 10:30 ~ 13:00　14:00 ~ 17:00　休水・祝
（P25 カラー・健康特集もご覧ください）

さくら皮フ科スキンケアクリニック
市川市行徳駅前 1-26-12-4F　**047-397-7777**
（皮・アレ）
診月 ~ 金 9:00 ~ 12:00　15:00 ~ 19:00
土・日 9:00 ~ 12:00　　　　　　　休祝

健康

電話番号、住所など間違い、および『葛西カタログ』
に対するご意見・ご希望がありましたら、お手数
ですがご一報を！　　　　　☎047-396-2211

93

耳鼻咽喉科

医療法人社団いつお会　かさい駅前耳鼻咽喉科 🏥
中葛西 5-36-12-1F ·············· **03-5659-1878**
診月・火・水・金 10:00 ～ 13:00　15:00 ～ 19:00
土 10:00 ～ 14:00　　　　**休**土午後・木・日・祝

さの耳鼻科　東葛西 6-1-17-3F **03-5675-6155**
診月・火・木・金 10:00 ～ 13:00　15:00 ～ 19:00
土 10:00 ～ 13:00　　　　**休**土午後・水・日・祝

敷井耳鼻咽喉科クリニック
南葛西 6-15-14-1F ·············· **03-5676-4787**
診月～金 10:00 ～ 12:45　15:00 ～ 18:30
土 10:00 ～ 12:45　　　　**休**土午後・木・日・祝

しんでん耳鼻咽喉科医院
西葛西 8-12-17-1F ·············· **03-6411-4133**
診月～金 9:00 ～ 12:00　15:00 ～ 18:15
土 9:00 ～ 12:00
※新患受付は 11:50・18:00 まで
　　　　　　　　　　　　休土午後・木・日・祝

タムス耳鼻科クリニック西葛西駅前
西葛西 3-15-13-1F ·············· **03-6808-8220**
(耳・アレ)
診月～金 9:00 ～ 13:00　14:30 ～ 18:30
土 9:00 ～ 12:00　13:00 ～ 15:00　　　　**休**祝

たんぽぽ・水野耳鼻咽喉科医院 🏥
北葛西 4-1-45-2F ·············· **03-3804-8711**
診 9:30 ～ 12:30　15:00 ～ 18:00(土 17:00 まで)
　　　　　　　　　　　　　　休木・日・祝

二木・深谷耳鼻咽喉科医院 🏥
東葛西 5-13-9 ·················· **03-3877-4133**
診月～金 9:00 ～ 12:00　15:00 ～ 18:00
土 9:00 ～ 12:00　　　　**休**第 5 土・木・日・祝

はら耳鼻咽喉科 🏥
東葛西 6-11-3 ·················· **03-3680-0304**
診火・木 9:30 ～ 12:30　16:00 ～ 18:30
水・金 9:30 ～ 12:30　16:00 ～ 18:30
20:00 ～ 21:30
土 9:30 ～ 12:00　14:00 ～ 16:00
日 9:30 ～ 12:00　　　　**休**月・祝不定期

モトヤ耳鼻咽喉科
中葛西 2-4-31 ·················· **03-5659-3387**
診 9:00 ～ 12:00　14:00 ～ 18:00
土 9:00 ～ 13:00　　　　　　**休**木・日・祝

眼科

あおば眼科 🏥
中葛西 5-32-7 ·················· **03-3688-3688**
診月・火・水・金 9:00 ～ 12:30　14:30 ～ 18:30
土 9:00 ～ 12:30　14:00 ～ 16:00　**休**木・日・祝

葛西かもめ眼科 🏥
東葛西 2-9-10-4F ·············· **03-6423-8288**
診 9:30 ～ 12:30　14:00 ～ 17:00
　　　　　　　　　　休土午後・木・日・祝

葛西眼科医院
西葛西 6-10-13-2F ·············· **03-3687-7710**
受 8:40 ～ 12:30　14:00 ～ 17:15
　　　　　　　　休木午後・土午後・日・祝

たかま眼科クリニック 🏥
西葛西 6-9-12-2F ·············· **03-5675-7165**
診月・水・金 9:00 ～ 13:00　15:00 ～ 17:30
火 9:00 ～ 13:00　14:00 ～ 16:30
木 9:00 ～ 13:00　土 9:00 ～ 12:30
　　　　　　　　休木午後・土午後・日・祝

丹呉眼科 🏥
アリオ葛西 2F ·················· **03-3686-2611**
診 10:00 ～ 12:30　14:30 ～ 18:30
※土・日・祝は 17:30 まで　　　　　　**休**木

西葛西・井上眼科病院 🏥
西葛西 3-12-14 ·············· **03-5605-2100**
診一般・専門眼科／
月～土 9:00 ～ 11:30　14:00 ～ 16:30
小児眼科／月・水・金 14:00 ～ 16:30
火・木・土 9:00 ～ 11:30　14:00 ～ 16:30
コンタクトレンズ外来／月～金 14:00 ～ 18:30
土 10:30 ～ 13:00　15:00 ～ 18:30
　　　　　　　　　　休日・祝・年末年始

東葛西眼科
東葛西 6-2-9-4F ·················· **03-5605-2641**
診 10:00 ～ 13:00　15:30 ～ 18:30
　　　　　　　　休木午前・土午後・日・祝
→コンタクトレンズは P132 へ

可能なかぎりの調査に基づいて作成しましたが、万
一掲載もれや締め切り後の変更などありましたらお
知らせください。　　　　　☎047-396-2211

神経科・精神科

いとうメンタルクリニック
西葛西 6-16-4-6F ･････････ **03-6663-4567**
（心内・精）
診火・木・金 9:00 〜 13:00　15:00 〜 18:00
水・土 9:00 〜 13:00　※予約制
休水午後・土午後・月・日・祝

言語治療

言語・学習指導室葛西ことばのテーブル
西葛西 5-1-3-3F ･･･････････ **03-3687-3158**
対言語障害・発達障害のある小児・成人

産科・婦人科

葛西産婦人科
東葛西 6-8-6 ･･････････････ **03-3686-0311**
診 9:00 〜 11:50　14:00 〜 16:00
土 9:00 〜 11:50　　　　　休土午後・木・日・祝

きりんウィメンズクリニック葛西
中葛西 5-2-41 ･･･････････ **03-5605-4103**
（予防接種・乳児健診）･･･････ **03-3680-1152**
（婦・産・小）
受 9:00 〜 11:00　14:00 〜 18:00(土 16:00 まで)
日・祝 9:00 〜 11:00　　　　休お盆・年末年始

三枝産婦人科医院
西葛西 3-18-1 ･･････････････ **03-3680-3003**
診月・水・金 9:00 〜 12:00　15:00 〜 18:00
火・土 9:00 〜 12:00
乳児健診／ 14:00 〜 16:00　　　　休木・日・祝

健康

かさい topics

2022年4月より

江戸川区「若年性認知症伴走型
支援事業（相談支援窓口）」開始

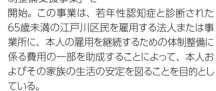

　若年性認知症は、65歳未満で発症した認知症のことで、働き盛りのため本人だけでなく配偶者や子どもなど家族への影響が大きい。そうした人たちを支援するため、区では令和4年度より「若年性認知症相談支援窓口」をなぎさ和楽苑に設置した。窓口の利用者は、配偶者や子どもであることもあり、仕事や学業の合間をみて相談に行かなければならない場合もある。そのため、なるべく利用しやすいよう、メールやオンラインで受け付けるなど環境を整えている。相談内容は、病気や仕事のこと、経済的な心配、障害者福祉施策についてなど多岐にわたるため、各関係機関との連携を図り対応している。

　就労支援にも力を入れ、在職中の発症であれば企業側と調整しつつ、継続して仕事ができるよう模索し、寄り添った支援を行っていく。相談員は、支援者として本人の就業先へ出向くなどして、企業側へ働きやすい環境作りに向けたアドバイスなども行っている。

　また区では、この相談支援窓口とともに「若年

性認知症就労継続体制整備支援事業」を開始。この事業は、若年性認知症と診断された65歳未満の江戸川区民を雇用する法人または事業所に、本人の雇用を継続するための体制整備に係る費用の一部を助成することによって、本人およびその家族の生活の安定を図ることを目的としている。

　若年性認知症の人とその家族に向けて、さまざまな側面から「伴走型」の支援を今後も展開していく。

〈若年性認知症相談支援窓口〉
●西葛西8-1-1（西葛西熟年相談室なぎさ和楽苑内）
●開設日時　月〜土（日・祝・年末年始は休み）
　　　　　　AM9:00 〜 PM6:00
●受付　　　電話、来所、FAX、メールなど
●問い合わせ　TEL.03-3675-1236
　　　　　　　FAX.03-3675-6567
jyakunenninntisyou@tokyoeiwakai.or.jp

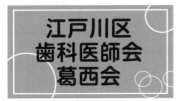
**江戸川区
歯科医師会
葛西会**

歯科医師会に入会している
安心・安全な
"街の歯医者さん"

　歯の健康を維持して一生自分の歯で食べるということは、なかなか難しいものです。虫歯だけでなく、今の時代には歯槽のうろうや顎関節症など現代病と称される病気もあるほか、健康で白く、といった美的視点も欠かせません。歯に関する悩みはきちんと歯科医師会に所属している歯医者さんに任せたいものです。その点、この地域に『葛西会』というプロの歯科医の団体があることは、ひとつの安心材料ですね。

（歯科医師会への問い合わせは　☎3672-1456）

江戸川区歯科医師会葛西会会員エリアマップ

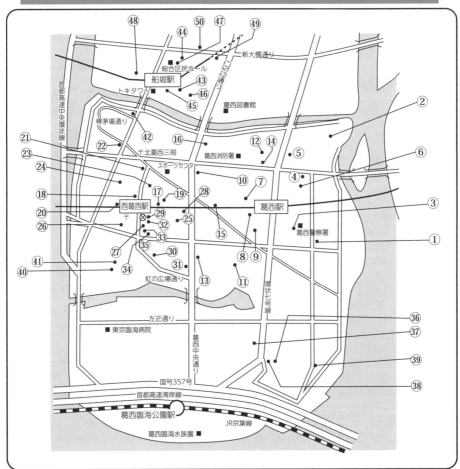

江戸川区歯科医師会葛西会会員

1	東葛西	あきやま歯科	東葛西4-1-4-1F ☎3869-3306	
2		有坂歯科医院	東葛西1-44-12 ☎3687-7053	
3		こまざわ歯科	東葛西6-25-3-1F ☎3675-8211	
4		しらみず歯科	東葛西5-43-3 ☎3804-2686	
5		竹内歯科診療所	東葛西2-9-10 ☎6808-3313	
6		吉野歯科医院	東葛西5-48-5 ☎3680-0763	
7	中葛西	芦澤歯科診療所	中葛西3-33-11-3F ☎3688-0687	
8		岡本歯科クリニック	中葛西5-34-7 ☎3869-8211	
9		香川歯科医院	中葛西5-36-10 ☎3689-0108	
10		葛西歯科	中葛西4-8-15 ☎3688-6339	
11		加藤歯科医院	中葛西6-20-24 ☎3689-1296	
12		甲田歯科医院	中葛西2-2-19 ☎3680-2019	
13		小林歯科	中葛西6-2-1 ☎3687-4181	
14		たなか歯科医院	中葛西2-1-31 ☎3686-6607	
15		中葛西歯科・矯正歯科	中葛西5-13-5-2F ☎3680-9111	
16		フルカワ歯科医院	中葛西1-15-6 ☎3878-7988	
17	西葛西（駅北口）	タナカ歯科	西葛西5-6-21 0120-42-6480	
18		田村矯正歯科	西葛西3-15-9-6F ☎5674-6220	
19		西葛西歯科医院	西葛西5-11-4-2F ☎3675-0602	
20		西葛西スマイル歯科クリニック	メトロセンター西葛西A棟2F ☎3675-4182	
21		服部歯科医院	西葛西3-22-1-1F ☎3689-6471	
22		ほしば歯科医院	西葛西1-13-7 ☎3686-4657	
23		むろおか歯科医院	西葛西5-2-10-2F ☎5658-0345	
24		森島歯科医院	西葛西3-6-3-1F ☎5658-8241	
25		金沢歯科	西葛西6-24-8-1F ☎3675-8181	
26	⇩	かなまる歯科クリニック	西葛西6-9-12-2F ☎5667-4184	
27	⇩	児玉歯科医院	西葛西6-13-7-3F ☎3686-8241	
28	西葛西（駅南口）	鈴木歯科医院	西葛西6-23-13-1F ☎3675-2210	
29		駅前歯科〈西葛西〉	西葛西6-15-2-3、4F ☎3675-8418	
30		なかの歯科クリニック	西葛西7-6-2 ☎5674-8211	
31		ハタ・デンタルクリニック	西葛西8-18-5 ☎3804-8881	
32		広瀬矯正歯科	西葛西6-16-4-4F ☎3687-5116	
33		やまもと歯科	西葛西6-17-3-2F ☎5605-3870	
34		わかば歯科医院	西葛西6-12-7 ☎5674-4312	
35		ぱらん歯科クリニック	西葛西7-3-2-2F ☎6339-1140	
36	南葛西	上田歯科医院	南葛西5-9-10 ☎5658-6448	
37		田中歯科医院	南葛西3-24-19 ☎5675-1848	
38		ドルフィンファミリー歯科	南葛西4-1-23-1F ☎5675-1848	
39		なぎさニュータウン歯科医院	南葛西7-1-7-7号棟1F ☎0120-047-325	
40	清新町	清新南歯科	清新町1-1-6-1F ☎3689-6699	
41		パトリア歯科クリニック	清新町1-3-6-2F ☎6661-3986	
42	北葛西	さかうえ歯科医院	北葛西1-21-14 ☎3804-1555	
43	船堀	あきしげ歯科医院	船堀4-7-18-2F ☎3804-0418	
44		アクアリオ小児歯科医院	船堀4-5-16-1F ☎6663-6028	
45		今井矯正歯科	船堀3-7-1 ☎3878-3100	
46		田中歯科クリニック	船堀5-2-23 ☎3687-8148	
47		ふくら歯科医院	船堀4-6-6-2F ☎3680-0088	
48		船堀歯科	船堀1-8-22-1F ☎3687-7070	
49	一之江	すえよし歯科クリニック	一之江町2990-2 ☎5674-7668	
50	松江	つくし歯科医院	松江5-20-15-1F ☎3680-0084	

健康

歯医者へ行く
dental clinic

歯科医師会

歯科医師会葛西会は P96、P97 へ

歯科

あい歯科クリニック HP
東葛西 6-6-1-2F ·················· **03-5667-6758**
診月〜金 9:30 〜 13:00　14:30 〜 19:00
土 9:30 〜 12:30　14:00 〜 17:00
日 9:00 〜 12:30
※最終受付は診療時間の 30 分前まで　休水・祝

あきやま歯科医院
東葛西 4-1-4-1F ················· **03-3869-3306**
診 9:30 〜 12:30　15:00 〜 18:00
休土午後・木・日・祝

芦澤歯科診療所 HP
中葛西 3-33-11-3F ············· **03-3688-0687**

有坂歯科医院
東葛西 1-44-12 ················· **03-3687-7053**
診 9:00 〜 12:00　15:00 〜 19:00
休木午前・土午後・日・祝

石原歯科 HP
西葛西 6-14 メトロセンター西葛西 D 棟
·················· **03-3869-8841**
診月・火・水・金 15:00 〜 20:00
土・日 10:30 〜 13:30
休月午前・火午前・水午前・金午前・木・祝

いとう歯科医院
東葛西 5-27-1 ················· **03-5676-8148**
診月・火・水・金 10:00 〜 13:00
14:30 〜 20:00（火 19:00 まで）
土 9:00 〜 13:00　14:30 〜 16:00　休木・日・祝

感染症等の状況により、診療時間などの内容に変更
が生じる場合があります。
医療機関受診前に最新の情報を電話またはホーム
ページ等で確認してください。

上田歯科医院 HP
南葛西 5-9-10 ················· **03-5658-6448**
診 9:15 〜 13:30　14:30 〜 19:00　休木・日・祝

うちだ歯科・小児歯科医院
清新町 1-3-6 パトリア 2F ····· **03-6663-8077**
診 10:00 〜 13:00　15:00 〜 19:00
※診療時間変動あり　※予約制、急患随時対応
休水・祝
（カラー・裏表紙もご覧ください）

駅前歯科クリニック（西葛西）
西葛西 6-15-2-3F ············· **03-3675-8418**
診 10:00 〜 12:00　14:30 〜 20:00
土 10:00 〜 12:00　休日・祝

大西デンタルオフィス HP
東葛西 6-2-8-3F ············· **03-5674-6878**
診 10:00 〜 12:30　15:00 〜 19:00
土 14:30 〜 18:00
※小児・矯正・審美　休木・日・祝

オカトミ歯科
南葛西 1-13-9-2F ············· **03-5674-8011**
診 10:00 〜 13:00　15:00 〜 20:00
土・日 10:00 〜 13:00　14:30 〜 19:00　休祝

岡本歯科クリニック HP
中葛西 5-34-7-3F ············· **03-3869-8211**
診 10:00 〜 13:00　14:30 〜 19:00 休木・日・祝

医療法人社団　香川歯科医院
中葛西 5-36-10 ················· **03-3689-0108**
診月・火・水・金 9:30 〜 11:00　13:00 〜 19:00
木 9:30 〜 11:00　13:00 〜 16:00　休土・日・祝

葛西ジェム矯正歯科
中葛西 5-41-12-6F ············· **03-6676-4650**
診月・火・水・金 10:30 〜 20:00
土 9:30 〜 18:00　休木・日・祝

葛西歯科
中葛西 4-8-15 ················· **03-3688-6339**
診 10:00 〜 12:00　14:00 〜 18:00 休土・日・祝

葛西ハート歯科クリニック HP
中葛西 5-41-16-2F ············· **03-5659-7888**
診月〜金 9:30 〜 13:00　14:30 〜 20:00
土 9:30 〜 13:00　14:00 〜 18:00
日 9:00 〜 13:00　14:00 〜 17:00　休祝

葛西東歯科医院 HP
東葛西 6-2-14-2F ············· **03-5667-8181**
診月〜金 9:30 〜 13:00　14:00 〜 21:00
土・日 9:30 〜 13:00　14:00 〜 18:00　休祝

葛西ひまわり歯科 🅟

西葛西 1-15-9-2F ・・・・・・・・・・・・ **03-3687-8020**

診月・水・金 10:00 ～ 13:00　14:30 ～ 19:00

木 10:00 ～ 13:00　14:00 ～ 18:00

土 10:00 ～ 13:00　14:00 ～ 17:00

日 9:00 ～ 13:00　　　　　　　　　休火・祝

葛西ベイサイド歯科医院 🅟

南葛西 5-3-6-1F ・・・・・・・・・・・・ **03-3689-4500**

診月・火・水・金 10:00 ～ 13:00　14:30 ～ 20:00

土 10:00 ～ 13:00　14:30 ～ 18:00 休木・日・祝

葛西南歯科医院 🅟

南葛西 4-11-10 ・・・・・・・・・・・・ **03-3869-1182**

診月～金 9:00 ～ 13:00　14:00 ～ 21:00

土 9:00 ～ 13:00　14:00 ～ 18:00　　　休日・祝

加藤歯科医院

中葛西 6-20-24 ・・・・・・・・・・・・ **03-3689-1296**

受火・水・木・金 9:00 ～ 11:30　14:30 ～ 18:30

土 9:00 ～ 12:00　　　　　休土午後・月・日・祝

金沢歯科　西葛西 6-24-8-1F・・・ **03-3675-8181**

診月～水 10:00 ～ 13:30　15:00 ～ 19:00

金・土 10:00 ～ 13:00　14:00 ～ 17:00

　　　　　　　　　　　　　　　　休木・日・祝

かなまる歯科クリニック 🅟

西葛西 6-9-12-2F ・・・・・・・・・・・・ **03-5667-4184**

診月～金 9:00 ～ 13:00　15:00 ～ 19:00

土 9:00 ～ 13:00　※予約制　　休土午後・日・祝

川瀬歯科医院

中葛西 5-42-3-3F ・・・・・・・・・・・・ **03-5674-6788**

診月・水・金 9:30 ～ 13:00　14:00 ～ 17:00

火 9:30 ～ 13:00　14:00 ～ 19:00

土 9:30 ～ 13:00　14:00 ～ 16:00　休木・日・祝

医療法人社団　柊匠会　木村歯科医院

西葛西 7-20-8 ・・・・・・・・・・・・ **03-5658-6487**

診 8:30 ～ 13:00　14:00 ～ 18:00　休木・日・祝

クレア歯科医院 🅟

東葛西 6-2-9-6F ・・・・・・・・・・・・ **03-3877-1855**

診月～金 9:30 ～ 13:30　15:00 ～ 19:00

土 9:30 ～ 13:00　14:30 ～ 18:00

日 9:30 ～ 13:00　　　　　　　　　休木・祝

（P25 カラー・健康特集もご覧ください）

〈次ページへつづく〉

健康

✚ 健康保険証等を忘れずに…

夜間・休日の急病で困ったときは…

詳細は、江戸川区公式ホームページまたは「広報えどがわ」で。

夜間急病診療

☎ **03 - 5667 - 7775** （開設時間内）

西瑞江 5-1-6（江戸川区医師会地域医療支援センター 1F）

■診療時間　PM9 ～翌朝 AM6（毎日）

■診療科目　内科、小児科の急患

休日急病診療

☎ **03 - 5667 - 7775** （開設時間内）

西瑞江 5-1-6（江戸川区医師会地域医療支援センター 1F）

■診療時間　AM9 ～ PM5（日・祝、年末年始）

■診療科目　内科、小児科の急患

休日歯科応急診療

☎ &FAX **03 - 3672 - 8215** （要予約）

東小岩 4-8-6（江戸川区歯科医師会館内）

■診療時間　AM9 ～ PM5（日・祝、年末年始）

■受付時間　AM9 ～ PM4:30

休日夜間診療に関する問い合わせ先

■江戸川区医師会休日診療テレホンセンター
日祝、年末年始 AM9 ～ PM5／
　　　☎ &FAX. **03 - 5667 - 7557**

■東京消防庁救急相談センター　☎ #7119
　　24 時間／☎ **03 - 3212 - 2323**

■東京都保健医療情報センター「ひまわり」
　　24 時間／☎ **03 - 5272 - 0303**
　　　　　　　FAX. **03 - 5285 - 8080**

◎応急処置のため、最小限の薬の処方です
◎夜間のかけ間違いには特に注意を
◎新型コロナウイルス感染症拡大防止のため、受診する前
　に当番医療機関へ電話で相談を

歯科 〈前頁から〉

慶生会歯科クリニック HP
　東葛西 6-2-7-3F ················ **03-3688-6181**
　受月・金 9:30 ~ 12:30　14:00 ~ 17:30
　18:30 ~ 20:30
　火・水・木・土 9:30 ~ 12:30　14:00 ~ 17:30
　　　　　　　　　　　　　　　　休日・祝

甲田歯科医院 HP
　中葛西 2-2-19 ···················· **03-3680-2019**
　診月・水・木 9:00 ~ 12:30　14:00 ~ 19:30
　火・金・土 9:00 ~ 12:30　14:00 ~ 17:30
　　　　　　　　　　　　　　　　休日・祝

児玉歯科医院 HP
　西葛西 6-13-7-3F ·············· **03-3686-8241**
　診月~金 9:30 ~ 12:30　14:30 ~ 18:30
　土 9:30 ~ 13:00　　　　　　　　**休日・祝**

小林歯科　中葛西 6-2-1 ········ **03-3687-4181**
　診 9:30 ~ 13:00　14:30 ~ 19:30(土 16:00 まで)
　　　　　　　　　　　　　　　　休日・祝

こまざわ歯科
　東葛西 6-25-3-1F ·············· **03-3675-8211**
　診 9:30 ~ 12:30　14:30 ~ 19:00(土 17:00 まで)
　　　　　　　　　　　　　　　休木・日・祝

さかうえ歯科医院
　北葛西 1-21-14 ················· **03-3804-1555**
　診 9:30 ~ 13:00　14:30 ~ 18:00　**休木・日・祝**

さとう歯科クリニック
　中葛西 3-35-4-1F ·············· **03-6808-4618**
　診月~水・金 10:00 ~ 13:00　15:00 ~ 20:30
　土 10:00 ~ 13:00　15:00 ~ 18:00
　　　　　　　　　　　　　　　休木・日・祝

しらみず歯科 HP
　東葛西 5-43-3 ·················· **03-3804-2686**
　診月~水・金 9:00 ~ 13:00　14:30 ~ 19:00
　木 9:00 ~ 13:00　14:00 ~ 18:30
　土 9:00 ~ 13:00　14:30 ~ 17:00　　**休日・祝**

鈴木歯科医院
　西葛西 6-23-13-1F ·············· **03-3675-2210**
　診 9:00 ~ 13:00　14:30 ~ 20:00　**休木・祝**

医療法人社団ティースガーデン
スマイルデンタルクリニック HP
　西葛西 3-22-21-1F ·············· **03-3804-1675**
　診詳細は HP を

清新南歯科 🅗
　清新町 1-1-6-1F ················· **03-3689-6699**
　診月・水・金 9:30 〜 13:00　15:00 〜 19:00
　火・木・土 9:30 〜 13:00
　※往診・手術／火午後・土午後　休木午後・日・祝
関口歯科医院 🅗
　北葛西 2-4-4 ···················· **03-5696-6661**
　診 9:30 〜 13:00　15:00 〜 19:00　休木・日・祝
せき歯科医院 🅗
　東葛西 5-13-13-2F ············· **03-3869-6480**
　診月〜金 10:00 〜 13:00　14:30 〜 20:00
　土 9:30 〜 13:00　14:00 〜 18:00　休水・日・祝
竹内歯科診療所 🅗
　東葛西 2-9-10-5F ············· **03-6808-3313**
　診月〜土 9:30 〜 13:00　14:30 〜 18:30
　※土 18:00 まで　※予約制　　　休日・祝
武田歯科医院 🅗
　中葛西 5-19-17 メトロセンター葛西第 1
　···························· **03-5605-3555**
　診月〜金 9:00 〜 13:00　14:30 〜 18:00
　土・日 9:00 〜 13:00　14:30 〜 17:00　　休祝
タナカ歯科 🅗
　西葛西 5-6-21 ·················· **0120-42-6480**
　診月〜土 9:00 〜 18:00　日 9:00 〜 17:00
　　　　　　　　　　　　　　休第 1・3・5 日・祝
たなか歯科医院
　中葛西 2-1-31 ·················· **03-3686-6607**
　診 10:00 〜 13:00　14:30 〜 19:30
　（土・祝 18:00 まで）　　　　　　休日
田中歯科医院
　南葛西 3-24-19 ················· **03-5658-1818**
　診 10:00 〜 12:30　15:00 〜 19:30
　（土 18:00 まで）　　　　　　休木・日・祝

田部歯科医院　北葛西 1-10-3 **03-3687-0118**
　診 9:30 〜 12:30　14:00 〜 18:30
　（土 17:00 まで）　　　　　　休水・日・祝
田村矯正歯科 🅗
　西葛西 3-15-9-6F ············· **03-5674-6220**
　診月・水 10:00 〜 12:00　14:00 〜 18:30
　火・金 14:00 〜 18:30
　土 9:30 〜 12:30　14:00 〜 17:30
　　　　　　休火午前・金午前・木・日・祝
たろう歯科医院 🅗
　西葛西 6-29-20-1F ············· **03-5658-0418**
　診月〜土 9:30 〜 13:00　14:30 〜 20:30
　木 9:30 〜 13:00　　　　休木午後・日・祝

〈次ページへつづく〉

健康

歯科〈前頁から〉

ドルフィンファミリー歯科
南葛西 4-1-23-1F ……………… **03-5675-1848**
診 10:00 ～ 13:00　14:30 ～ 18:30(土 17:30 まで)
休日・祝

中葛西歯科 HP
中葛西 5-13-5 ……………… **03-3680-9111**
診 9:30 ～ 12:30　14:30 ～ 21:00(土 18:00 まで)
休木・日・祝

医療法人社団 ホワイトティース なかの歯科クリニック HP
西葛西 7-6-2 ……………… **03-5674-8211**
診 9:00 ～ 12:30　14:00 ～ 19:30(土 17:00 まで)
※木曜は矯正のみ (予約診療)　　休日・祝

なぎさニュータウン歯科医院 HP
南葛西 7-1-7 7 号棟 1F ……… **0120-047-325**
診月・水・木 10:00 ～ 13:00　14:30 ～ 19:00
火・金 10:00 ～ 13:00　14:00 ～ 20:00
土 10:00 ～ 13:00　14:00 ～ 16:00　休日・祝

西葛西クララ歯科医院 HP
西葛西 3-14-20-1F ……………… **03-3686-7277**
診 10:00 ～ 13:30　15:00 ～ 19:30　休水・日

西葛西クララ歯科・矯正歯科　江戸川区球場側院 HP
西葛西 7-3-8-1F ……………… **03-6808-8768**
診 9:30 ～ 13:00　14:00 ～ 18:30　休水・日・祝

西葛西歯科医院
西葛西 5-11-4-2F ……………… **03-3675-0602**
診 9:30 ～ 13:00　14:30 ～ 19:00
土 9:30 ～ 13:00　　　　　休土午後・木・日・祝

西葛西歯科室
西葛西 6-16-4-3F ……………… **03-5667-2821**
診 10:00 ～ 13:00　14:30 ～ 18:30
土・日・祝 10:00 ～ 13:00　14:30 ～ 17:30
休月・火・年末年始

西葛西杉井歯科クリニック HP
西葛西 5-8-3-1F ……………… **03-3878-6480**
診月・火・木・金 9:30 ～ 18:30
土 9:30 ～ 18:00
日 9:30 ～ 13:00　14:00 ～ 18:00　休水・祝

西葛西スマイル歯科クリニック
西葛西 6-7-1 西葛西メトロ 2F **03-3675-4182**
受 10:00 ～ 13:00　14:30 ～ 20:00
土・祝 9:30 ～ 15:00　　　　　　休日

西葛西ファミリー歯科 HP
イオン葛西店 4F ……………… **03-5679-8240**
診月～金 10:00 ～ 13:00　14:30 ～ 20:00
土・日 10:00 ～ 13:00　14:30 ～ 18:00
※受付は 30 分前まで　休イオン休業日・木・祝

西葛西マリーナ歯科医院 HP
西葛西 8-15-12-05 ……………… **03-3877-1110**
診 10:00 ～ 13:00　14:30 ～ 18:30(日 17:30 まで)
休土・祝

ハタ・デンタルクリニック HP
西葛西 8-18-5 ……………… **03-3804-8881**
診月～金 8:30 ～ 12:00　15:00 ～ 20:00
土 8:30 ～ 12:00　14:00 ～ 17:00
※第 3 木曜午後矯正診療　　休水・日・祝

服部歯科医院
西葛西 3-22-1-1F ……………… **03-3689-6471**
診 9:30 ～ 12:00　14:00 ～ 17:30　休木・日・祝

パトリア歯科クリニック HP
清新町 1-3-6-2F ……………… **03-6661-3986**
診 10:00 ～ 12:30　14:00 ～ 19:15
※最終受付は 30 分前まで　　　　　休祝

原田歯科医院
中葛西 3-28-3-1F ……………… **03-5659-6818**
受 9:30 ～ 12:00　14:00 ～ 19:00(土 17:00 まで)
休日・祝

ぱらん歯科クリニック HP
西葛西 7-3-2-2F ……………… **03-6339-1140**
診月・木・金 9:30 ～ 13:00　14:30 ～ 19:30
火 18:00 ～ 22:00
土・日 9:00 ～ 12:30　13:30 ～ 17:30　休水・祝

広瀬矯正歯科 HP
西葛西 6-16-4-4F ……………… **03-3687-5116**
診 11:00 ～ 19:00　　　　　　休木・日・祝

福井歯科
中葛西 8-23-16-1F ……………… **03-5679-9095**
診 9:30 ～ 12:30　14:30 ～ 18:30　休木・日・祝

フルカワ歯科医院
中葛西 1-15-6 ……………… **03-3878-7988**
診 9:30 ～ 11:30　14:00 ～ 18:00(土 17:00 まで)
休木・日・祝

ほしば歯科医院 HP
西葛西 1-13-7 ……………… **03-3686-4657**
診 10:00 ～ 13:00　14:30 ～ 19:30(土 17:30 まで)
休木・日・祝

まさき歯科クリニック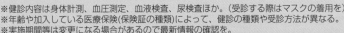

西葛西 6-13-12-2F ················ **03-6808-6696**

診月・火・木・金 9:30 ～ 13:30　15:00 ～ 19:00

土・日 9:30 ～ 13:00　14:30 ～ 18:00　**休**水・祝

みやした歯科クリニック

西葛西 6-16-7-6F ················ **03-3675-1182**

むろおか歯科医院

西葛西 5-2-10-2F ················ **0120-660418**

診 10:00 ～ 13:00　15:00 ～ 20:00

※最終受付19:30　土10:00 ～ 13:00　**休**木・日・祝

森島歯科医院

西葛西 3-6-3-1F ················ **03-5658-8241**

診月～金 9:30 ～ 12:30　14:00 ～ 19:30

土 9:30 ～ 13:00　14:00 ～ 17:30　**休**日・祝

モンキッズデンタル

中葛西 1-31-9-2F ················ **03-5878-0151**

診月～日 9:30 ～ 13:00　14:00 ～ 18:00

※土・日は 17:00 まで　**休**火・祝・年末年始

医療法人社団真清会　やまもと歯科

西葛西 6-17-3-2F ················ **03-5605-3870**

診月～金 10:00 ～ 13:00　15:00 ～ 20:00

土 9:30 ～ 13:00　14:30 ～ 18:00　**休**木・日・祝

吉野歯科医院

東葛西 5-48-5 ················ **03-3680-0763**

診 9:40 ～ 12:00　14:30 ～ 19:00

土 8:40 ～ 12:00　**休**木・日・祝

リバーサイド歯科クリニック

アリオ葛西店 2F ················ **03-5675-6874**

診 10:00 ～ 19:00

休木・アリオ休業日・年末年始・お盆

わかば歯科医院

西葛西 6-12-7 ················ **03-5674-4312**

診 9:30 ～ 12:30　14:30 ～ 18:00

土 9:00 ～ 11:30　13:00 ～ 17:00　**休**日・祝

医療法人社団　若草会	☎03	一	般
わかば歯科医院	5674	小	児
	4312	矯	正

あきしげ歯科医院

船堀 4-7-18-2F ················ **03-3804-0418**

診 10:00 ～ 13:00　14:00 ～ 19:00

土 10:00 ～ 13:00　**休**土午後・水・日・祝

〈次ページへつづく〉

健康

自分の健康を守ろう！ 江戸川区の健診 【無料】

※健診内容は身体計測、血圧測定、血液検査、尿検査ほか。（受診する際はマスクの着用を）
※年齢や加入している医療保険（保険証の種類）によって、健診の種類や受診方法が異なる。
※実施期間等は変更になる場合があるので最新情報の確認を。

40 ～ 74歳の方「国保健診（特定健診・特定保健指導）」

対象：40～74歳で江戸川区国民健康保険に加入している方
※その他の医療保険に加入している方は各保険者（保険証の発行機関）に問い合わせを。

40～64歳の方	65～74歳の方
時期：4～3月 　　　（対象者には前年度3月上旬に受診券を送付） 会場：医療検査センター（タワーホール船堀6階）	時期：8～11月第2土（予定）※対象者には7月下旬に受診券を封書で送付 会場：区内指定医療機関

※健診の結果、生活習慣病の発症リスクが高い方には「特定保健指導」を案内するので必ず利用しよう

40歳未満の方「区民健診」	75歳以上の方「長寿健診」
対象：40歳未満の区民（他に健診の機会がない方） 時期：4～3月（予定） 会場：医療検査センター（タワーホール船堀6階） 　　　区内指定医療機関 　　　※詳細は区ホームページ等に掲載	対象：75歳以上の区民（65歳以上で後期高齢者医療制度に加入している方も含む） 時期：8～11月第2土（予定）※対象者には7月下旬に受診券を封書で送付 会場：区内指定医療機関

問い合わせ／健康推進課健診係　☎03-5662-0623

歯科〈前頁から〉

アクアリオ小児歯科医院
　船堀 4-5-16-1F ················ **03-6663-6028**
　診 10:00 ～ 12:30　14:30 ～ 18:30
　土 10:00 ～ 13:00　　　**休**土午後・日・祝

今井矯正歯科
　船堀 3-7-1 ··················· **03-3878-3100**
　診 10:00 ～ 12:30　14:00 ～ 18:30(日 17:00 まで)
　休月・木・日（第 2 日曜・第 4 月曜は診療、ただし
　第 4 月曜が祝日の場合第 3 月曜か第 5 月曜に診療）

すえよし歯科クリニック
　一之江町 2990-2 ············· **03-5674-7648**
　診 月・火・水・金・土 9:00 ～ 13:00
　14:30 ～ 18:30（土は受付 15:30 まで）
　　　　　　　　　　休木・日・祝

田中歯科クリニック
　船堀 5-2-23 ················· **03-3687-8148**
　診 月～金 9:30～12:30　14:00～19:00
　　　　　　　　　　休土・日・祝

つくし歯科
　松江 5-20-15-1F ············ **03-3680-0084**
　診 10:00～12:30　14:30～19:00(土 18:00 まで)
　　　　　　　　　　　休日・祝

ふくら歯科医院
　船堀 4-6-6-2F ··············· **03-3680-0088**
　診 10:00～13:00　14:30～19:00(土 17:00 まで)
　　　　　　　　　　休木・日・祝

船堀歯科医院
　船堀 1-8-22-1F ············· **0120-380418**
　診 10:00 ～ 12:00　14:30 ～ 20:30　**休**日・祝

オーラルケア浦安歯科・小児歯科・矯正歯科
　浦安市東野 3-4-1-2F ········· **047-354-0025**
　診 月～土 9:30 ～ 13:30　14:30 ～ 18:30
　日・祝 9:30 ～ 13:30　14:30 ～ 18:00
　　　　　　　　休月曜以外の祝日
　　　（カラー・裏表紙もご覧ください）

接骨・整骨

体をほぐす　整える
orthopedic clinic

アール整骨院
　中葛西 5-34-7-2F ············ **03-5675-2339**
　受 月～金 9:00 ～ 19:00　土 9:00 ～ 17:00
　　　　　　　　　　　休日・祝

あさひろ鍼灸整骨院
　西葛西 3-6-13-1F ············ **03-3688-6486**
　診 月～金 9:30 ～ 13:00　15:00 ～ 19:30
　土・祝 9:00 ～ 13:00　15:00 ～ 19:00
　日 9:00 ～ 12:30　15:00 ～ 18:30　**休**第 4・5 日

飯塚接骨院
　中葛西 5-19-4 ·············· **03-3688-3935**
　診 9:00 ～ 10:30　17:40 ～ 20:00
　土 9:00 ～ 15:00　　　　　　**休**不定休

いけだ接骨院
　東葛西 6-24-15 ············· **03-3877-1213**
　診 月～金 8:00 ～ 12:30　15:00 ～ 20:00
　土 8:00 ～ 12:30　　　　　　**休**日・祝

いわた鍼灸整骨院
　西葛西メトロ ·············· **03-5605-2515**
岩田接骨院　中葛西 8-1-5 ····· **03-3877-7675**
　診 8:00 ～ 12:00　15:00 ～ 21:00　**休**日・祝

いわだて接骨院
　西葛西 8-13-3 ·············· **03-3869-4452**
　受 9:00 ～ 12:00　15:00 ～ 19:00
　土 9:00 ～ 14:00　　　　　　**休**日・祝

うきた　おれんじ整骨院
　中葛西 4-8-15-1F ··········· **03-6311-1665**
　受 月～金 9:00 ～ 20:00　土 9:00 ～ 15:00
　　　　　　　　　　　休日・祝

おおくぼ整骨院
　西葛西 5-5-10-1F ············ **03-6663-9709**
　診 9:00 ～ 13:00　16:00 ～ 20:00
　土 9:00 ～ 13:00　※予約制　　　**休**日・祝

おおぞら針灸・整骨院 HP
中葛西 4-7-1-1F ･･････････････ **03-6663-9539**
診月～土 9:00 ~ 12:30　15:00 ~ 19:30
日・祝 9:00 ~ 14:00　　　　　　　**休水**

葛西駅前中央整骨院 HP
中葛西 3-37-8 ････････････････ **03-3877-0721**
診 9:00 ~ 12:00　15:00 ~ 20:00
土 9:00 ~ 12:00　14:00 ~ 17:00　　**休日・祝**

葛西整骨院 HP
南葛西 4-3-10 ･･････････････ **03-5878-1345**
診月・火・木・金 9:00 ~ 12:30　15:00 ~ 20:00
土・日・祝 9:00 ~ 12:30　15:00 ~ 18:00　**休水**

葛西中央整骨院
中葛西 2-27-9 ･･････････････ **03-5696-2337**
受 8:30 ~ 14:00　15:30 ~ 20:00　**休木・日・祝**

葛西橋整骨院 HP
西葛西 1-11-6 ･･････････････ **03-3687-6604**
診月～金 8:30 ~ 12:30　15:00 ~ 19:00
土 9:00 ~ 13:00　　　　　　　**休日・祝**

葛西南整骨院 HP
南葛西 3-10-12-1F ･･････････ **03-5878-1482**
診月～金 9:30 ~ 12:00　14:30 ~ 20:00
土・日・祝 9:30 ~ 12:00　13:30 ~ 17:00　**休木**

くまがい接骨院
南葛西 5-7-6-1F ･･････････････ **03-3689-7699**
診月～金 8:30 ~ 12:00　15:00 ~ 20:00
土 8:30 ~ 14:00　　　　　　　**休日・祝**

ごとう接骨院
中葛西 1-42-22 ･･････････････ **03-3680-6366**
診月～金 8:30 ~ 12:00　15:00 ~ 19:00
土 8:30 ~ 14:00　　　　　　　**休日・祝**

こもだ整骨院 HP
中葛西 4-1-8-1F ･･････････････ **03-6753-5736**
診 9:00 ~ 13:00　15:00 ~ 20:00
　　　　　　　　休木午後・日・祝

桜井接骨院
南葛西 3-14-13 ･･････････････ **03-3689-9671**

CA 鍼灸整骨院 HP
東葛西 5-15-17-1F ･･････････ **03-5659-1515**
診 10:00 ~ 13:00　15:00 ~ 20:00
土・日 10:00 ~ 13:00　15:00 ~ 17:00
※祝日は問い合わせを

CMC 西葛西整骨院 HP
西葛西 5-3-4 ･･････････････････ **03-5675-2410**
診 9:00 ~ 12:00　15:00 ~ 20:00
土・祝 9:00 ~ 12:00　14:00 ~ 17:00
※祝日は要予約　　　　　　　**休日**

すがさわ整骨院 HP
東葛西 6-14-14-1F ･･････････ **03-6456-0896**
診月～金 9:00 ~ 12:30　15:00 ~ 20:30
土 9:00 ~ 14:00
※火・木・土は予約制　　　　**休日・祝**

杉田整骨院　東葛西 1-3-16 ･･･ **03-3689-2010**
診 8:00 ~ 12:00　15:00 ~ 19:00
土 8:00 ~ 12:00　　　　**休水午後・日・祝**

スミレはりきゅう整骨院 HP
西葛西 6-22-13-1F ･･････････ **03-6456-0189**
受月～金 9:30 ~ 12:30　15:00 ~ 20:00
土・祝 9:30 ~ 17:00　　　　　　**休日**

ゼロスポ鍼灸・整骨院 HP
西葛西 3-22-6-1F 小島町 2 丁目団地内
･･････････････････････････ **03-5674-0088**
受 9:00 ~ 12:30　15:00 ~ 20:00

たがみ整骨院　中葛西 6-7-3 ･･･ **03-5676-3912**
診月～金 9:00 ~ 12:00　15:00 ~ 20:00
土 9:00 ~ 13:00　　　　　　　**休日・祝**

タナカ整骨院 HP
西葛西 3-13-2 ･･････････････ **03-3687-6103**
受月 ~ 金 9:00 ~ 12:00　15:00 ~ 19:00
土 9:00 ~ 14:00　　　　　　　**休日・祝**
（P25 カラー・健康特集もご覧ください）

東京整骨院・施療院　南葛西 HP
南葛西 2-1-1-1F ･･････････ **03-6808-0432**
診 9:00 ~ 12:00　15:00 ~ 20:00
土 9:00 ~ 12:00　※土 12:00 ~ 15:00 予約診療
　　　　　　　　　　　　　　休日・祝

桃李鍼灸整骨院 HP
中葛西 6-21-10 ･･････････････ **03-6671-0488**
受月～金 9:30 ~ 12:30　14:30 ~ 20:30
土 9:30 ~ 12:30　14:30 ~ 18:30　**休日・祝**

なぎさキャピタル鍼灸整骨院 HP
南葛西 7-1-7　7 号棟 -1F ･･････ **03-3877-2565**
診 9:00 ~ 12:30　15:00 ~ 20:00　年中無休

なめき接骨院
西葛西 5-10-14-1F ･･････････ **03-5696-2844**
診 7:00 ~ 12:30　15:00 ~ 20:00
土・祝 7:00 ~ 15:00　　　　　　**休日**

〈次ページへつづく〉

健康

西葛西駅前あさひろ鍼灸整骨院 HP
西葛西 6-15-20-1F ⋯⋯⋯⋯⋯ **03-3688-0688**
診月～金 10:00 ～ 13:00　15:00 ～ 20:00
土・祝 9:00 ～ 13:00　15:00 ～ 19:00　　休日

西葛西オアシス整骨院 HP
西葛西 6-13-14-2F ⋯⋯⋯⋯⋯ **03-6456-0750**
受 9:00 ～ 13:00　15:00 ～ 20:30
土・日 9:00 ～ 17:00　　　　休祝

西葛西さくら整骨院
西葛西 3-16-12 ⋯⋯⋯⋯⋯⋯ **03-3680-7115**
診月～金 9:00 ～ 12:00　15:00 ～ 20:00
土・祝 9:00 ～ 12:00　14:00 ～ 17:00　　休日

西葛西中央整骨院 HP
西葛西 6-22-3-1F ⋯⋯⋯⋯⋯ **03-5696-4578**
診 9:00 ～ 12:00　15:00 ～ 20:00
土・祝 9:00 ～ 12:00　14:00 ～ 17:00　　休日

野崎整骨院
東葛西 5-11-11 ⋯⋯⋯⋯⋯ **03-3680-1398**

はぎわら整骨院 HP
中葛西 3-11-15-1F ⋯⋯⋯⋯⋯ **03-5667-7776**
診 9:00 ～ 19:00　土・祝 8:30 ～ 13:00　　休日

VIE-LY　ビレイ女性専用整骨院 HP
西葛西 6-27-6-1F ⋯⋯⋯⋯⋯ **03-6808-0913**
受月～金 9:00 ～ 18:00　土・日 9:00 ～ 17:00
　　　　　　　　　　休祝・不定休もあり

ほほえみ整骨院
中葛西 2-9-22 ⋯⋯⋯⋯⋯⋯ **03-3687-0799**

ポラリス整骨院 HP
清新町 1-3-6 パトリア 2F ⋯⋯ **03-3877-6116**
診 10:00 ～ 12:30　15:00 ～ 20:00
土・日・祝 10:00 ～ 12:30　15:00 ～ 18:00
　　　　　　　　　　　休なし

まごころ接骨院 HP
中葛西 4-1-23-1F ⋯⋯⋯⋯⋯ **03-3869-6680**
診月～金 9:00 ～ 12:00　15:00 ～ 19:00
土 9:00 ～ 13:00　　　　休日・祝

まつやま接骨院 HP
中葛西 4-19-17 ⋯⋯⋯⋯⋯⋯ **03-3877-7157**
診 9:30 ～ 12:00　15:30 ～ 19:00
※予約制　　　　　　　休日・祝

まんぼう鍼灸整骨院
中葛西 8-23-6 ⋯⋯⋯⋯⋯⋯ **03-3869-0336**
診 10:00 ～ 20:30　土 9:00 ～ 19:30　　休日

南葛西整骨院
南葛西 6-15-1 ⋯⋯⋯⋯⋯⋯ **03-3675-4970**
診月～金 9:00 ～ 12:30　15:00 ～ 19:30
土 9:00 ～ 13:00　　　　休日・祝

もてぎ接骨院
中葛西 3-29-7 ⋯⋯⋯⋯⋯⋯ **03-3804-7083**
診月～土 9:00 ～ 12:00　15:00 ～ 21:00
　　　　　　　　　　休日・祝

森整骨院 HP
中葛西 3-30-11-1F ⋯⋯⋯⋯⋯ **03-3878-1026**
受 9:00 ～ 13:00　15:30 ～ 20:00
土 9:00 ～ 14:00　　　　休日・祝

山中整骨院 HP
南葛西 1-10-5 ⋯⋯⋯⋯⋯⋯ **03-3877-1454**
診月～金 9:30 ～ 12:00　15:30 ～ 19:30
土 9:30 ～ 13:00　　　　休日・祝

リフレ鍼灸整骨院 HP
中葛西 3-18-24-1F ⋯⋯⋯⋯⋯ **03-5667-5411**
診月・火・水・金 10:00 ～ 12:00　15:00 ～ 20:00
土・日・祝 10:00 ～ 13:00　15:00 ～ 19:00
　　　　　　　　　　　　休木

感染症等の状況により、診療時間などの内容に変更
が生じる場合があります。
医療機関受診前に最新の情報を電話またはホーム
ページ等で確認してください。

はり・灸・指圧・マッサージ

あすか鍼灸院
東葛西 6-5-3-5F ················ **03-3877-9041**
診 10:00 ～ 12:00　13:30 ～ 16:30　　休木・祝

アロムはりきゅう治療院 ⓗⓟ
中葛西 3-23-21-1F ············· **03-6240-5800**
診 13:00 ～ 21:00（日曜受付 17:00 まで）
休水・祝

大畑鍼灸治療院 ⓗⓟ
中葛西 1-13-17 ·················· **03-5676-4976**
受月・火・木・金・土 9:00 ～ 11:00
14:30 ～ 17:00（土 16:00 まで）　　休水・日・祝

おさめ治療院
中葛西 5-32-2 ··················· **0120-110522**
診 9:30 ～ 17:00　　　　　　　　　　　休水

葛西　稲葉鍼灸治療院 ⓗⓟ
中葛西 3-15-14-2F ············· **03-3686-9105**
診月～金 10:00 ～ 20:00
土・日・祝 10:00 ～ 18:00　　　休不定休

葛西はりきゅう漢方治療室 ⓗⓟ
中葛西 5-32-5-5F ············· **03-3878-0705**
診 10:00 ～ 19:00　　　　　　　　休木・日

かなもり鍼灸治療院 ⓗⓟ
西葛西 3-2-11-1F ············· **03-6456-0657**
診月～金 9:00 ～ 21:00
土・日・祝 9:00 ～ 19:00　　　休水・第 2・4 日

カミヤ治療院 ⓗⓟ
西葛西 6-18-8-1F ·············· **03-3877-9053**
診 9:30 ～ 12:00　14:00 ～ 19:00（土 16:00 まで）
休日・祝

訪問医療マッサージ
KEiROW（ケイロウ）葛西ステーション ⓗⓟ
南葛西 6-13-12-3F ············· **0120-558-322**

鍼師祥寿院 ⓗⓟ
東葛西 6-5-4-4F ················ **03-5679-2780**
診 9:00 ～ 19:00　※完全予約制　　休不定休

仁鍼灸治療院 ⓗⓟ
東葛西 6-6-5-1F ············· **03-5658-8688**
受月～金 9:30 ～ 12:30　14:00 ～ 17:30
土・日 9:30 ～ 16:30　　　休火午後・水・祝

スッキリハウス誠和治療院 ⓗⓟ
東葛西 2-1-6 ··················· **03-3804-2930**
診 10:00 ～ 20:00　　　　　　　　　　　休金

鍼灸院爽快館　西葛西店
西葛西 5-4-6-1F ············· **03-5674-3130**
診 10:00 ～ 19:00（最終受付 18:00）　※予約制
休月・金・年末年始

高橋治療院 ⓗⓟ
西葛西 7-14-3 ·················· **03-3686-0102**
診 9:00 ～ 18:00　※予約制　往診可

望鍼灸治療院 ⓗⓟ
中葛西 3-19-1-1F ············· **03-3675-1328**
診 9:00 ～ 13:00　14:00 ～ 18:00　　休木・祝

BNB 鍼灸・指圧・マッサージ院　Brand New Body ⓗⓟ
西葛西 6-8-11-3F ············· **03-6456-0915**
受 10:00 ～ 21:00　土 10:00 ～ 19:00
休木・日・祝

各種療法 🛏
manipulation, cairo

整体・カイロプラクティック

アスケル東京 ⓗⓟ
西葛西 3-11-8-1F ············· **03-6659-8066**
診 10:00 ～ 18:00　※予約制　　休不定休

いりかわカイロプラクティック ⓗⓟ
南葛西 1-3-17-11F ············ **03-5676-2587**
受 11:00 ～ 19:00　※予約制　休日・祝（不定休）

江戸川ケイシーカイロプラクティック西葛西整体院 ⓗⓟ
西葛西 6-22-19-1F ············ **03-5676-0138**
営 10:00 ～ 12:30　14:30 ～ 19:30
※要予約　　　　　　　　　　　　　休日・祝

中国整体　快復堂
東葛西 6-1-10-2F ············· **03-3869-3363**
診 10:00 ～ 22:00　　　　　　　　休 1/1 ～ 2

施術院　葛西オステオパシールーム ⓗⓟ
東葛西 6-1-10-4F ············· **03-6909-5102**
受月～土 10:30 ～ 20:00　日 10:30 ～ 17:00
※予約制　　　　　　　休不定休（要確認）
〈次ページへつづく〉

健康

整体・カイロプラクティック〈前頁から〉

葛西整体院 🅗
中葛西 3-14-1 ················· **03-5676-1677**
受 10:00 ～ 20:00（時間外は問い合わせを）
土・日・祝 10:00 ～ 16:00　　　　休不定休

葛西ボディケアセンター 🅗
臨海町 2-4-2 ······················ **03-5658-8189**

中国気功康復院
西葛西 3-15-8-4F ········· **03-3686-6221**
診 10:00 ～ 20:00　※予約制　　休 1/1 ～ 3

JITAN BODY 整体院　葛西 🅗
中葛西 8-21-18-1F ········· **03-6808-1244**

ストレッチ専門店トレーナーズ 🅗
西葛西 5-7-1-2F ············· **03-6808-7581**
営月～土 10:00 ～ 22:00（最終受付 21:20）
日・祝 10:00 ～ 20:00（最終受付 19:20）
　　　　　　　　　　　　　　休第 3 金

TEI-ZAN 操体医科学研究所 🅗
西葛西 2-22-38 ··············· **03-3675-8108**
施術時間月～金 9:00 ～ 19:00（最終受付 18:00）
土 9:00 ～ 18:00（最終受付 17:00）
※完全予約制

はくしんどう整体院
中葛西 2-2-1 ··············· **03-3878-6478**
診火・水・金 10:00 ～ 20:00　土 10:00 ～ 17:00
木・日 10:00 ～ 14:00　　　　休月・祝

百年整体葛西院 🅗
中葛西 3-1-13-1F ··········· **03-6663-8399**
受 9:00 ～ 20:00　※完全予約制　　休不定休

二川カイロプラクティック
中葛西 5-35-8-2F ············ **03-5605-3101**
診月～金 9:00 ～ 20:00　土 9:00 ～ 18:00
日・祝 10:00 ～ 18:00　　　　年中無休

治療庵　楽道 🅗
西葛西 6-15-12-2F ··········· **080-6735-3594**
診 10:00 ～ 21:00　　　　　年中無休

薬を買う
pharmacy

薬局・薬店

アイセイ薬局南葛西店
南葛西 6-17-1-1F ············ **03-3869-2432**

アイ調剤薬局
西葛西 3-19-2 ················· **03-5674-1336**

あけぼの薬局
　北葛西店
　北葛西 4-1-22-1F ·········· **03-5667-0580**
　西葛西店　西葛西 7-20-2 ··· **03-5659-7266**
　西葛西北口店
　西葛西 5-1-2-1F ············ **03-5674-4189**

ウエルシア薬局江戸川中葛西店
中葛西 6-8-11 ················· **03-5679-7817**

小島（オジマ）薬局
東葛西 5-30-8 ················· **03-3686-4714**

ファーマシィ薬局　かさい中央
東葛西 6-27-11-1F ············ **03-5676-5775**

クオール薬局西葛西店 🅗
西葛西 6-12-1-1F ············ **03-5679-6389**

くすりの福太郎
　北葛西店　北葛西 3-5-5 ····· **03-5667-6510**
　西葛西店　西葛西 6-21-9 ··· **03-5679-6788**

クリスタル薬局 🅗
西葛西 4-2-34-1F ············· **03-6456-0581**

サン薬局　東葛西 5-13-9 ···· **03-3686-0338**

アドステータス三和薬局パトリア店
清新町 1-3-6 ··················· **03-3675-8103**

三和薬局
　サンサンファーマシー
　西葛西 6-5-12 ················· **03-6240-5851**
　三和調剤薬局うきた店
　宇喜田町 167-2 ··············· **03-5878-1796**
　三和調剤薬局西葛西店
　西葛西 6-24-7 ················· **03-6663-9670**

シオン薬局
西葛西 6-13-7-3F ············· **03-3804-1155**

電話番号、住所など間違い、および『葛西カタログ』に対するご意見・ご希望がありましたら、お手数ですがご一報を！　☎047-396-2211

漢方薬　誠心堂　西葛西店
　西葛西 5-4-6-1F ················ **03-5878-8940**
セイワ薬局
　南葛西 2-16-7 ················· **03-5667-2877**
セイワ薬局西葛西店
　西葛西 6-15-20 ················ **03-5878-7855**
つくし薬局南葛西店
　南葛西 3-24-9 ················· **03-3877-8014**
ツルハドラッグ
　葛西駅前店
　東葛西 6-5-4 ················· **03-5696-2826**
　南葛西店
　南葛西 4-11-5 ················· **03-5679-6675**
東京中央薬局　　東葛西 6-27-15 B号室
　　　　Ⓕ 03-3687-1160 ··· **03-3687-1150**
トマト薬局
　中葛西 3-11-23 ··············· **03-5696-6065**
ドラッグストアいわい西葛西サンパティオ店
　西葛西 3-15-5-1F ············· **03-3877-3531**
日本調剤
　葛西薬局
　東葛西 6-2-10-1F ············· **03-5679-8012**
　西葛西駅前薬局
　西葛西 6-7-2 西葛西メトロ 3 番街
　················· **03-5667-5447**
ハル薬局
　南葛西 4-3-10 ················· **03-3686-5709**
薬局ビーエヌファーマシー
　駅前店　西葛西 6-13-7 ····· **03-3686-0331**
　6 丁目店　西葛西 6-6-1 ····· **03-3688-9026**

藤井薬局　中葛西 4-20-3 ····· **03-3688-1148**
petit madoca 南葛西店
　南葛西 5-7-4 ················· **03-3877-5253**
薬マツモトキヨシ
　葛西駅前店
　中葛西 3-37-16 ················ **03-6808-8201**
　西葛西駅前店
　西葛西 6-16-1 ················· **03-5696-2552**
美都薬局　中葛西 6-10-9 ····· **03-3688-2150**
ミルキー薬局
　東葛西 6-1-17-1F ············· **03-3877-1193**

ミルキー薬局
処方箋フリー FAX
0120-98-0107
https://tokyo-republic.com
休／水午後・土午後・日

吉岡薬局　南葛西 7-1-7-1F ··· **03-3687-0048**
ロビン薬局
　宇喜田町 1039-1-1F ·········· **03-6808-1166**
わかば薬局　西葛西 5-1-8 ····· **03-5674-9360**

健康

介護

elder care

〈サービスの種類（主に居宅サービス）〉
居宅介護支援：居宅介護支援（ケアプランの作成）
訪問介護：訪問介護（ホームヘルプ）
入浴：訪問入浴介護　**訪問看護**：訪問看護
訪問リハビリ：訪問リハビリテーション
通所介護：通所介護（デイサービス）
通所リハビリ：通所リハビリテーション（デイケア）
福祉用具：福祉用具の貸与
短期入所生活：短期入所生活介護（ショートステイ）
短期入所療養：短期入所療養介護（医療型ショートステイ）

介護サービス

あさがおリハ南葛西 🆎
南葛西 7-1-7 ‥‥‥‥‥‥‥‥‥ **03-5878-0480**
内通所介護

アサヒサンクリーン㈱江戸川営業所 🆎
中葛西 7-25-3-1F ‥‥‥‥‥ **050-3317-6907**
内入浴

あっぷる訪問看護ステーション葛西
東葛西 5-14-6-7F ‥‥‥‥‥ **03-5676-8199**
内居宅介護支援・訪問看護

イオンスマイル葛西SC店
イオン葛西店 4F ‥‥‥‥‥ **03-5878-3091**
内通所介護

楠目会　老人保健施設　くすのきの里 🆎
西葛西 6-19-8 ‥‥‥‥‥‥‥‥ **03-3675-2518**
内通所リハビリ・短期入所療養

介護老人保健施設こでまり 🆎
北葛西 2-5-21 ‥‥‥‥‥‥‥‥ **03-5658-9115**
内通所リハビリ・短期入所療養

介護サポートコンパス
東葛西 6-29-17 ‥‥‥‥‥‥ **03-3688-6887**
内通所介護

さくらSPA　中葛西店
中葛西 4-20-20-1F ‥‥‥‥‥ **03-6808-3903**
内通所介護

小規模多機能サービス　葛西みなみ 🆎
南葛西 2-12-1-3F ‥‥‥‥‥ **03-5679-7142**
内小規模多機能型居宅介護

城東訪問看護ステーション
西葛西 3-22-15 ‥‥‥‥‥‥ **03-5676-5011**
内訪問看護・リハビリ

しんみケアーセンター
西葛西 6-15-20-3F ‥‥‥‥ **03-5667-6750**
内居宅介護支援
西葛西 6-15-20-4F ‥‥‥‥ **03-3878-0345**
内訪問介護

暖心苑 🆎　北葛西 4-3-16 ‥‥‥ **03-3877-0100**
内居宅介護支援・通所介護・短期入所生活・認知
症対応型通所介護

介護支援つぐみ 🆎
清新町 2-2-20-1F ‥‥‥‥‥ **03-6456-0972**
内居宅介護支援

訪問看護ステーションつぐみ 🆎
清新町 2-2-20-1F ‥‥‥‥‥ **03-6456-0972**
内訪問看護・訪問リハビリ

デイサービスセンター東葛西
東葛西 5-9-19 ‥‥‥‥‥‥‥ **03-5667-6331**
内通所介護

デイサービスとも
中葛西 5-19-4 ‥‥‥‥‥‥‥ **03-3688-3935**
内通所介護　※機能訓練あり

テルウェル東日本　江戸川介護センタ 🆎
東葛西 2-5-1-2F ‥‥‥‥‥ **03-5667-4615**
内訪問介護

テルウェル東日本　東京中央ケアプランセンタ 🆎
東葛西 2-5-1-3F ‥‥‥‥‥ **03-3877-5100**
内居宅介護支援

ともケアセンター 🆎
中葛西 3-3-3 ‥‥‥‥‥‥‥ **03-5676-5221**
内居宅介護支援・訪問介護・福祉用具・福祉用具
販売　※障害者支援あり

社会福祉法人東京栄和会　なぎさ和楽苑 🆎
西葛西 8-1-1 ‥‥‥‥‥‥‥ **03-3675-1201**
内居宅介護支援・訪問介護・通所介護・短期入所
生活・認知症対応型通所介護・訪問看護・福祉用具・
配食サービス

リハビリデイサービス　nagomi 葛西店 🆎
南葛西 6-32-11 ‥‥‥‥‥‥ **03-6808-4928**
内通所介護

虹の会介護ステーション・虹の会デイサービス ㏋
南葛西 7-2-3 ……………… **03-3686-4477**
内居宅介護支援・訪問介護・通所介護

カルチャーデイ　虹の空 ㏋
南葛西 6-13-12-1F ……… **03-3686-4477**
内通所型サービス（緩和型）

ノイエすみれケアセンター
中葛西 8-23-5-2F　………… **03-5679-1780**
内居宅介護支援

ハートケア
中葛西 3-8-18-3F　………… **03-6663-8684**
内訪問介護

パナソニックエイジフリーショップ葛西店 ㏋
中葛西 8-11-5-1F　………… **03-5878-3031**
内福祉用具・レンタル・販売・住宅改修・補聴器

介護老人保健施設ひまわり ㏋
東葛西 8-19-16 ……………… **03-5658-5111**
内通所リハビリ・短期入所療養

訪問看護ステーションひまわり ㏋
東葛西 8-19-16……… **03-6808-5012**
内訪問看護・訪問リハビリ

ケアサービスひまわり(居宅介護支援事業所) ㏋
東葛西 5-1-4-3F …………… **03-6808-5013**
内居宅介護支援

フォービスライフ西葛西 ㏋　北葛西 4-1-1-2F
……… Ⓕ 03-3869-1271… **03-3869-1260**
内訪問介護

ふくらはぎ健康法トライ葛西 ㏋
北葛西 3-6-3 ………………… **03-6808-9723**
内通所介護

医療法人社団新虎の門会　訪問看護ステーションまごころ ㏋
東葛西 4-52-5-1F　………… **03-5676-5531**
内訪問看護

特別養護老人ホーム　みどりの郷福楽園 ㏋
臨海町 1-4-4………………… **03-5659-4122**
内通所介護・短期入所生活

居宅介護支援事業所　みどりの郷福楽園
南葛西 4-21-3 ……………… **03-5659-3838**
内居宅介護支援

社会福祉法人　みなみ江戸川ケアセンター ㏋
南葛西 6-2-28 ……………… **03-5676-0373**
内通所介護・短期入所生活

㈱みなみ北葛西ケアセンター ㏋
北葛西 2-23-14 …………… **03-3686-3730**
内居宅介護支援・訪問介護・通所介護

ライフアンドケア㈱いきいき介護サービス
中葛西 7-17-19-1F ………… **03-5679-6321**
内居宅介護支援・訪問介護

ライブラリ葛西　デイサービスセンター ㏋
中葛西 6-17-9 ……………… **03-3869-0968**

Rakue 葛西 ㏋
西葛西 3-14-3-2F　………… **03-4283-2745**
内訪問介護

ラック葛西 ㏋
中葛西 4-9-18-2F …………… **03-5674-7151**
内居宅介護支援・訪問介護

ふれあいプラザ　ラビット ㏋
西葛西 3-22-15 …………… **03-5675-3677**
内居宅介護支援・訪問介護・福祉用具

レコードブック葛西 ㏋
中葛西 6-11-11 …………… **03-5667-8383**
内地域密着型通所介護

福祉機器

㈱フツラ ㏋　中葛西 7-19-3　**03-3688-3771**

グループホーム

きらら
北葛西　北葛西 3-5-30 …… **03-5659-6835**
西葛西　西葛西 1-3-9 ……… **03-5675-3788**
南葛西　南葛西 4-3-19 …… **03-5679-3788**
ゆう希苑かさい ㏋
東葛西 2-28-9 …………… **03-3877-0661**

特別養護老人ホーム（介護老人福祉施設）

特別養護老人ホームアゼリー江戸川 ㏋
本一色 2-13-25 …………… **03-5607-0482**
特別養護老人ホーム癒しの里西小松川 ㏋
西小松川町 1-21 …………… **03-3654-7650**
特別養護老人ホームウエル江戸川 ㏋
平井 7-13-32 ……………… **03-3617-1112**
特別養護老人ホーム江戸川光照苑 ㏋
北小岩 5-7-2 ……………… **03-5668-0051**
特別養護老人ホームきく ㏋
鹿骨 3-16-6 ……………… **03-3677-3030**
特別養護老人ホーム小岩ホーム ㏋
南小岩 5-11-10 …………… **03-5694-0101**

〈次ページへつづく〉

健康

特別養護老人ホーム（介護老人福祉施設）〈前頁から〉

特別養護老人ホーム清心苑 ⓗⓟ
西一之江 4-9-24 ……………… **03-3655-5963**

特別養護老人ホーム泰山 ⓗⓟ
北小岩 5-34-10 ……………… **03-5622-1165**

特別養護老人ホームタムスさくらの杜江戸川 ⓗⓟ
東小松川 1-5-4 ……………… **03-5607-3366**

特別養護老人ホームタムスさくらの杜春江 ⓗⓟ
春江町 5-4-2 ……………… **03-5879-3260**

特別養護老人ホームタムスさくらの杜南葛西 ⓗⓟ
南葛西 3-10-21 ……………… **03-6456-0691**

特別養護老人ホーム暖心苑 ⓗⓟ
北葛西 4-3-16 ……………… **03-3877-0100**

特別養護老人ホームなぎさ和楽苑 ⓗⓟ
西葛西 8-1-1 ……………… **03-3675-1201**

特別養護老人ホーム古川親水苑 ⓗⓟ
江戸川 5-4-2 ……………… **03-5667-1211**

瑞江特別養護老人ホーム ⓗⓟ
瑞江 1-3-12 ……………… **03-3679-3759**

特別養護老人ホームみどりの郷福楽園 ⓗⓟ
臨海町 1-4-4 ……………… **03-5659-4122**

特別養護老人ホーム第二みどりの郷 ⓗⓟ
江戸川 2-29-5 ……………… **03-5664-2029**

特別養護老人ホーム第三みどりの郷
東小松川 1-13-2 ……………… **03-3655-8177**

特別養護老人ホームやすらぎの里北小岩 ⓗⓟ
北小岩 1-21-12 ……………… **03-5876-8310**

特別養護老人ホームリバーサイドグリーン ⓗⓟ
江戸川 1-11-3 ……………… **03-3677-4611**

特別養護老人ホームわとなーる ⓗⓟ
鹿骨 1-3-8 ……………… **03-6804-8722**

特別養護老人ホームわとなーる葛西 ⓗⓟ
東葛西 7-19-8 ……………… **03-6808-5700**

介護老人保健施設

楠目会　老人保健施設　くすのきの里 ⓗⓟ
西葛西 6-19-8 ……………… **03-3675-2518**

介護老人保健施設こでまり ⓗⓟ
北葛西 2-5-21 ……………… **03-5658-9115**

介護老人保健施設ひまわり ⓗⓟ
東葛西 8-19-16 ……………… **03-5658-5111**

介護医療院

介護医療院松寿会病院 ⓗⓟ
中葛西 5-33-15 ……………… **03-3689-5451**

養護老人ホーム

江東園 ⓗⓟ　江戸川 1-11-3 …… **03-3677-4611**
長安寮　篠崎町 4-5-9 ……………… **03-5664-2960**

軽費老人ホーム

都市型軽費老人ホーム JOY なぎさ ⓗⓟ
西葛西 8-1-1 ……………… **03-3675-1201**

都市型軽費老人ホームわとなーる葛西 ⓗⓟ
東葛西 7-19-8 ……………… **03-6808-6123**

有料老人ホーム

イリーゼかさい ⓗⓟ
中葛西 1-44-11 ……………… **0120-122943**

えど川　明生苑 ⓗⓟ
東葛西 7-13-8 ……………… **03-5696-7080**

そんぽの家　葛西
東葛西 5-33-7 ……………… **03-5679-5161**

プレザンメゾン葛西 (旧たのしい家　葛西) ⓗⓟ
東葛西 3-8-2 ……………… **03-5679-6721**

ナーシングホーム江戸川 ⓗⓟ
東葛西 6-42-17 ……………… **03-5696-4311**

ライフコミューン西葛西 ⓗⓟ
西葛西 4-3-26 ……………… **0120-886090**

リアンレーヴ ⓗⓟ
行船行園　北葛西 4-1-13 … **0120-886090**
西葛西　西葛西 5-5-8 ……… **0120-886090**

ロングライフ葛西 ⓗⓟ
中葛西 5-22-14 ……………… **03-3680-9472**

地域包括支援センターは P63・P114 へ
介護保険は P115 へ

いつまでもこの街で暮らしたい

熟年者を支えるサービス

年をとっても住み慣れたこの街で暮らしたい。
できるだけ介護を必要としない状態でいるために、
また体が弱ってきたり、ひとり暮らしになっても
安心して老後を送れるように、
行政のサービスやサポート体制を知っておこう。

いつまでもイキイキ

体を動かす・学ぶ

くすのきクラブ

60歳以上の区内在住の熟年者が健康づくりや仲間づくりを目的に集まった団体。現在約196のクラブ（総会員数約1万5000人）が「教養の向上」、「健康の保持」、「レクリエーション」、「ボランティア活動」を4本柱に地域で元気に楽しく活動している。また、さわやか体育祭、リズム運動大会、熟年文化祭、輪投げ大会などイベントにも積極的に参加、地域を越えた交流を図っている。

▶福祉部福祉推進課　☎03-5662-0039

リズム運動

「くすのきクラブ」の活動の一つ。

区内在住の60歳以上を対象に、区内の区民施設や町会会館などで行っているマンボやルンバ、ワルツなどの社交ダンスをベースとした軽運動で江戸川区独自の運動。だれでも簡単に覚えられ、40年以上にわたって熟年者にとても親しまれている。例年10月にはリズム運動大会も実施。現在区内約200会場でくすのきクラブを中心に1万人以上が参加している。また、未経験者を対象に、初心者教室を通年で開催。募集は年1回（1月）で、「広報えどがわ」に掲載（定員に達しなかった場合、3月に追加募集）。

▶福祉部福祉推進課　☎03-5662-0039

くすのきカルチャー教室

熟年者が、趣味を生かし、教養を高めながら仲間づくりをすることで、生き生きとした毎日を送ることができるように開講している教室。区内に6カ所あるカルチャーセンターで書、文学・語学、絵画・手工芸、音楽・踊り、茶道・園芸など多様な科目の教室を開講。対象は区内在住の人（定員を超えた場合60歳以上の人優先）。

▶葛西くすのきカルチャーセンター
　（宇喜田町191）　☎03-3686-5898
　＊江戸川総合人生大学はP191を

113

働 く

（公社）江戸川区シルバー人材センター

☎03-3652-5091

「高年齢者等の雇用の安定等に関する法律」に基づき、江戸川区や国、東京都からの支援を受けて運営されている公益社団法人で、区内に居住する健康で、働く意欲のあるおおむね60歳以上の人による自主的な会員組織。企業や家庭、公共団体などからさまざまな仕事を引き受けて地域の経験豊かな高齢者に仕事を提供する団体であり、働くことを通じて高齢者の生きがいと健康づくりをすすめている。「会員による自主的・主体的な運営」「共働・共助のもとで働く」を理念としていて、会員一人ひとりが豊かな経験と知識を生かし、お互いに協力し合い、仕事を開拓し、働いている。依頼された仕事はセンターが責任もって請け負い、会員に提供。仕事は基本的に、会員が自主的に事務局に赴くか、会員専用ページで希望の仕事を探す。請負契約の仕事の場合は仕事の実績に応じて「配分金」が支払われ、派遣契約の場合は「賃金」が支払われる。

▶熟年人材センター葛西分室
（宇喜田町191）　☎03-3686-5341
（葛西くすのきカルチャーセンター内）

介護・健康・生活について 相談する

相談窓口

◎熟年相談室（地域包括支援センター）

熟年者や介護者のための総合的な相談窓口として、主任ケアマネジャー・社会福祉士・保健師など専門職が介護や認知症などのあらゆる相談を受け支援する。要介護認定申請の受け付けも行う。※必要に応じて訪問も
▽月～土　9：00 ～ 18：00（祝休日を除く）
・中央熟年相談室江戸川区医師会
（中央4-24-14）　☎03-5607-5591
・北葛西熟年相談室暖心苑
（北葛西4-3-16）　☎03-3877-0181

・西葛西熟年相談室なぎさ和楽苑
（西葛西8-1-1）　☎03-3675-1236
・東葛西熟年相談室なぎさ和楽苑
（東葛西7-12-6）　☎03-3877-8690
・南葛西熟年相談室みどりの郷福楽園
（南葛西4-21-3）　☎03-5659-5353
・臨海町（分室）熟年相談室みどりの郷福楽園
（臨海町1-4-4）　☎03-5659-4122

◎区の相談窓口

▽月～金　8：30 ～ 17：00
介護保険課相談係（江戸川区役所内）
☎03-5662-0061
健康サポートセンター
・清新町（清新町1-3-11）☎03-3878-1221
・葛西（中葛西3-10-1）☎03-3688-0154
・なぎさ（南葛西7-1-27）☎03-5675-2515

◎24時間介護電話相談

（なぎさ和楽苑内）　☎03-3675-7676

◎介護ホットライン　☎03-5662-0400

（月～金　8：30 ～ 17：00）
介護によるストレスや介護疲れ、介護の悩みを相談。

福祉サービス相談

◎江戸川区社会福祉協議会安心生活センター
（グリーンパレス1F）

▶成年後見制度利用相談
☎ 03-5662-7690　☎ 03-5662-7696
▶一般相談（安心生活サポート・おひとり様支援・入院時サポート）
☎ 03-3653-6275　☎ 03-5662-7214
〈共通〉FAX03-5662-7689
▽月～金　8：30 ～ 17：00（要電話予約）
（祝休日を除く）
認知症状や物忘れのある熟年者・知的障害者などの福祉サービスの利用手続きの支援や成年後見制度の利用、福祉サービスに関する苦情の相談。また親族のいないひとり暮らしの人の緊急連絡先となって見守り、支援を行う。

シニアガイド

介護保険

福祉部介護保険課
- ▶給付係 ☎03-5662-0309
- ▶認定係 ☎03-5662-0843
- ▶保険料係☎03-5662-0827

介護保険制度とは 介護が必要になっても熟年者が地域で安心して暮らせることを目指すとともに、いつまでも自立した生活を送れるように、熟年者の介護を社会全体で支える制度。40歳以上の人が被保険者(保険加入者)となり保険料を負担、介護が必要と認定されたとき、費用の一部（原則1〜3割）を負担することで心身の状況に応じた介護サービスを受けることができる。

▽**対象** 江戸川区に住む65歳以上の人と40〜64歳で医療保険(健康保険)加入者

要介護・要支援認定の申請

　介護が必要になったら、近くの熟年相談室(地域包括支援センター)または区の相談窓口で、「要介護」「要支援」認定の申請をする。ただし、40〜64歳未満の人は国の定めた16の特定疾病が原因の場合に限る。医療保険の被保険者証も提示。申請の手続きは、原則として本人、家族が行う。家族が来られない場合、ケアマネジャーや介護保険施設も代行できる。

〈**電子申請**〉政府が運営するオンラインサービス、「マイナポータル」内の「ぴったりサービス」による電子申請サービスが利用できる。

シニアガイド

介護保険

申請からサービスを受けるまで

①**申請** 介護が必要になった本人または家族が、近くの熟年相談室(地域包括支援センター)、健康サポートセンターなど区の相談・受付窓口で「要介護・要支援認定」の申請をする。

②**訪問調査と主治医の意見書** 区の担当職員や区が委託した調査員が自宅を訪問し、心身の状態や日中の生活・家族・居住環境などについて、聞き取り調査をする。質問調査は、
　　①視力・聴力などについて、②歩行や立ち上がりがどの程度できるか、③入浴や排泄、食事で介助が必要か、④着脱、洗顔など身のまわりのことで介助が必要か、⑤ひどい物忘れ、徘徊などの行動があるかなど74項目。

　また、江戸川区の依頼により、かかりつけの医師が病気や心身の状態に関する書類「主治医の意見書」を作成する(本人が提出する必要はない)。

③**審査・認定通知** 訪問調査と主治医の意見書をもとにコンピュータで、どの程度介護の手間がかかるか推計する。(一次判定)

　一次判定の結果と訪問調査の特記事項、主治医の意見書などをもとに、保健・医療・福祉の専門家で構成する「介護認定審査会」で審査し、介護が必要な度合い(要介護度)に応じ、非該当(自立)、要支援1・2、要介護1

〜5の区分に判定する。(二次判定)

　介護が必要な度合い(要介護度)に応じて、利用できるサービスや月々の利用限度額などが異なる。結果の通知は申請から原則30日以内に届く。

④**利用できるサービス** 「要支援」や「要介護」と認定を受けたら介護保険のサービスが利用できる。また、「要支援」や基本チェックリストにより事業対象者と判断された人は、介護予防・生活支援サービスが利用できる。

⑤**ケアプランの作成** 在宅で介護サービスを利用するときは、「ケアプラン」を作成し、その計画に基づきサービスを利用する。「要支援」の人は熟年相談室へ、「要介護」の人は居宅介護支援事業所にケアプラン作成を依頼。居宅介護支援事業所が決まっていない人は熟年相談室へ相談を。

⑥**介護サービスの利用** ケアプランに基づき、サービス提供事業者と契約を結び介護サービスを利用する。原則として、介護サービス費用の1〜3割を自己負担。なお、1〜3割の自己負担が高額になった人や所得の低い人には負担の軽減措置を設けている。

⑦**更新・変更申請** 要介護認定・要支援認定には有効期間がある。引き続きサービスを利用する場合には更新の申請が必要。また、認定の有効期間内でも著しく心身の状況が変化した場合は、認定の見直しを申請できる。

介護保険で利用できるサービス

サービスを受けられるのは —
- **要介護1〜5の人**→介護サービスが利用できる。
- **要支援1・2の人**→介護予防サービス（各介護サービス名の前に「介護予防」が付く）が利用できる。サービス内容は介護予防に資するもの。

居宅サービス　自宅を中心に利用するサービス

◇**在宅で受けるサービス**

- 訪問介護（ホームヘルプサービス）
- 訪問入浴介護・介護予防訪問入浴介護〈以下（予防あり）で示す〉
- 訪問看護（予防あり）　・訪問リハビリテーション（予防あり）
- 居宅療養管理指導(医師等による訪問診療)(予防あり) 医師、歯科医師、薬剤師、管理栄養士などが訪問し、療養上の管理や指導をする。

◇**日帰りで施設などに通って受けるサービス**

- 通所介護（デイサービス）
- 通所リハビリテーション(デイケア)(予防あり)老人保健施設や病院・診療所で、リハビリテーションなどを日帰りで受ける。

◇**一時的に施設などに入所して受けるサービス**

- 短期入所生活介護(ショートステイ)(予防あり)
- 短期入所療養介護(ショートステイ)(予防あり)

◇**在宅介護の環境を整えるサービス**

福祉用具貸与 （予防あり）	車いすなど13種類の福祉用具の貸与を受ける。月々の利用限度額内で、かかった費用の1〜3割を自己負担。※要介護度によって受けられないものあり
福祉用具購入 （予防あり）	腰掛便座、自動排せつ処理装置の交換可能部品、排泄予測支援機器（2022.4〜）、入浴補助用具、簡易浴槽、移動用リフトつり具部分の6種類の福祉用具を、都道府県の指定を受けた事業者から購入した場合、購入費の9〜7割を支給する。年間10万円まで。
住宅改修 （予防あり）	事前申請をしたうえで、下記の住宅改修を行った場合、費用の9〜7割を支給する。 ①手すりの取り付け ②段差や傾斜の解消（付帯する工事として転落防止柵の設置） ③滑りにくい床材・移動しやすい床材への変更 ④開き戸から引き戸等への扉の取り換え、扉の撤去 ⑤和式から洋式への便器の取り換え ⑥その他これらの各工事に付帯して必要な工事 ※利用限度額は1住宅につき20万円まで（原則1回限り）

その他のサービス

- 特定施設入居者生活介護（予防あり）
　有料老人ホームなどで、食事、入浴などの介護や機能訓練などを受ける。
- 居宅介護支援・介護予防支援
　ケアマネジャーがケアプランを作成するほか、安心して介護サービスを利用できるよう支援する。

※施設などを利用するサービスは、利用料のほか食費・居住費がかかる

シニアガイド

地域密着型サービス

地域の特性に応じた柔軟な体制で提供されるサービス。
利用は江戸川区住民のみ。

24時間対応の訪問サービス	・**定期巡回・随時対応型訪問介護看護**　日中・夜間を通じて「訪問介護」と「訪問看護」が密接に連携し、定期巡回や緊急時などの通報により随時訪問する。
夜間のサービス	・**夜間対応型訪問介護**　夜間にホームヘルパーが定期巡回や、緊急時などの通報により訪問する。
複合的なサービス	・**小規模多機能型居宅介護（予防あり）**　小規模な住居型の施設への「通い」を中心に「訪問」や「宿泊」を組み合わせたサービスが受けられる。 ・**看護小規模多機能型居宅介護**＊ ＊葛西にこのサービスを提供する事業所はない。（2023年3月現在）
日帰りのサービス	・**地域密着型通所介護**　定員18人以下の施設で、食事や入浴などの介護サービスや機能訓練を日帰りで受ける。
認知症の人向けのサービス	・**認知症対応型通所介護（予防あり）**　認知症の熟年者が施設に通い、食事、入浴などの介護や支援、機能訓練を日帰りで受ける。 ・**認知症対応型共同生活介護（グループホーム）（予防あり）**　認知症の熟年者が、5～9人で共同生活を送りながら日常生活上の支援や介護、機能訓練を受ける。
小規模施設サービス	・**地域密着型介護老人福祉施設入所者生活介護**　常に介護が必要で自宅では介護ができない人を対象に、定員29人以下の特別養護老人ホームで食事、入浴などの介護や健康管理を受けられる。※要介護3以上の人が対象（例外あり） ・**地域密着型特定施設入居者生活介護**　定員29人以下の介護専用の有料老人ホームなどで食事、入浴などの介護や機能訓練が受けられる。

※施設などを利用するサービスは、利用料のほか食費・居住費がかかる
※要介護度により利用できないサービスあり

施設サービス

入所は利用者が直接施設に申し込み契約を結ぶ。※「要支援1・2」の人は利用できない。※利用料のほか、食費・居住費や日常生活費などがかかる

施設に入所して受けるサービス	介護老人福祉施設（特別養護老人ホーム）	常に介護が必要で、自宅では介護が困難な人が入所して、入浴や食事などの介護や機能訓練、健康管理などを受ける。 ※原則として要介護3以上の人（例外あり）
	介護老人保健施設	病状が安定し、リハビリに重点を置いたケアが必要な人が入所。自宅への復帰を目標に、医学的管理のもとにおける介護や看護、機能訓練などを受ける。
	介護医療院	主に長期にわたり療養が必要な人が対象。医療と介護（日常生活上の世話）を一体的に受ける。
	介護療養型医療施設	急性期の治療が終わり、病状は安定しているが長期間にわたり療養が必要な人が入院する介護体制の整った医療施設。医療や看護、機能訓練などを受ける。

【原則として介護サービスにかかった費用の1～3割を利用料として負担する。要介護度ごとに利用できるサービスの限度額が設定されている】

認知症について

認知症は誰もがかかる可能性のある身近な脳の病気。認知症になっても本人がよりよい生活を続けていけるよう支援するには、認知症についてよく知り、医療・介護・福祉のサービスを上手に活用し、地域ぐるみで連携していくことが大切。

◎認知症の検診
◇認知症あんしん検診

長寿健康診査、国保健診および福祉健康診査のフレイル予防に関する質問票の結果により、65・67・69・71・73・75・77・79・81・83歳の区民を対象に無料で実施。

検診の実施方法は、江戸川区から対象者に受診券が郵送されてくるので、掲載されている検診実施医療機関に電話で申し込み検査を受ける。

◎認知症の相談は
◇認知症ホットライン

中央熟年相談室　江戸川区医師会
専用電話　☎03-3652-2300
（月～土9：00～18：00）
FAX03-5607-5593

もの忘れがひどくなった、医療機関を探している、認知症への対応・介護の仕方がわからないなどで悩んでいる人、気になることがあれば、気軽に相談を。精神保健福祉士等が対応。

◇若年性認知症相談支援窓口

西葛西熟年相談室なぎさ和楽苑（西葛西8-1-1）
☎03-3675-1236
（月～土9：00～18：00）
FAX03-3675-6567
メール：jyakunenninntisyou@tokyoeiwakai.or.jp

65歳未満で認知症を発症した場合、「若年性認知症」と診断される。悩みを本人や家族だけで抱え込まず気軽に相談を。

◇もの忘れ相談医

認知症やもの忘れなどの相談を受けられる地域の医療機関。江戸川区医師会HPを。

◇熟年相談室（地域包括支援センター）→P114を

◎認知症支援
◇認知症支援コーディネーター

西瑞江熟年相談室　江戸川区医師会一之江
☎03-5667-7676
（月～土9：00～18：00）

認知症の医療・介護・生活支援等の情報に精通した、地域の認知症の専門家である認知症支援コーディネーターを配置、早期発見・診断・対応を進める。医療機関の受診が困難な認知症が疑われる人または認知症の人を訪問、必要な医療や介護サービスにつなげる。

◇認知症初期集中支援チーム

認知症サポート医、認知症支援コーディネーター、認知症地域支援推進員などの医療や介護の専門職で構成するチーム。本人や家族、地域の人、ケアマネジャーなどから相談を受けて、家庭訪問を行い、病院受診や介護保険サービスの利用など本人・家族を含めた支援を集中的に行う。

「認知症行方不明者情報」を配信

「えどがわメールニュース」・「江戸川区LINE公式アカウント」で行方が分からなくなった認知症の人の、行方不明情報を配信している。多くの人に周知することで早期発見に役立てる。ぜひ活用を。（日本語・英語・韓国語・中国語・ベトナム語・ネパール語から選べる）
▶介護保険課相談係☎03-5662-0061

■登録の方法はHPを
■情報収集したい場合

認知症の家族が行方不明になってしまったら、①まず最寄りの警察署で行方不明者届を提出したのち、②介護保険課相談係へ身体的特徴や行方不明時の状況などを記載する「メール・LINE配信申請書」を提出。申請者の本人確認書類と行方不明者の最近の写真が必要。

区は申請を受けると、個人情報を除いた行方不明者の身長や髪型、服装などの特徴や写真（希望者のみ）が掲載された専用リンク先を登録者へ配信。

介護予防

介護が必要な状態にならないためには、健康を維持することが大切。いつまでもイキイキと自分らしく生きることを実現するための手立てが介護予防だ。高齢になって元気がなくなる原因には病気と老化がある。これを予防するには、中高年からの生活習慣病予防と老化予防の実践が欠かせない。

介護予防の相談

◎健診で、生活機能の低下の疑いが見られる→熟年相談室（地域包括支援センター）へ
◎健診の結果や、運動・食事・口腔ケアについて、もの忘れや認知症の相談→健康サポートセンターへ

介護予防の実践

自分に合った方法で、取り組んでみよう。

社会参加
役割を持つ、自分の力を発揮する
仕事・ボランティア・趣味・自治会町会お手伝い・認知症サポーター・介護サポーター・リズム運動・カルチャー等々。気持ちに張りができて、閉じこもり・認知症予防にもなる。

運　動
できれば週に1回はみんなで運動
運動は、足腰の筋肉を保つだけでなく、骨粗しょう症の予防・ストレスの解消や認知症の予防（有酸素運動が効果的）にも役立つ。1人でコツコツ、みんなで楽しく。

食　事
たんぱく質をしっかり摂取・週1回は誰かとおしゃべりしながら楽しく食事
低栄養を予防するためにできれば動物性たんぱく質（牛肉・豚肉）がおすすめ。緑黄色野菜・カルシウムも忘れずに。料理することも認知症予防の1つ。

口　腔
口の筋肉を鍛える、口の中をきれいに保つ、唾液を出す
会話や食事をするのに、顔・口・首の筋肉が活躍する。この筋肉が衰えると、噛む力・飲み込む力が低下する。食事量にも影響し、低栄養につながる。噛むことは認知症予防にもなる。

楽しく健康に年を重ねるために「介護予防教室」

各熟年相談室では、「介護予防教室」を開催。日常できる健康づくりについて、また普段気になっていることや知りたいこと、食事・運動・口腔ケア・脳トレなど認知症予防に関する情報が学べる多様な内容。会場は区民館など公共施設。申し込み・問い合わせは各熟年相談室まで（予約制・先着順）。
●テーマ例「頭と体を動かして認知症予防！」
　　　　　「口腔ケアと介護予防」etc.

誤嚥性肺炎を予防するためにも

■口腔を清潔に健康に保つことが大変重要
近年、認知症・糖尿病・誤嚥性肺炎予防にも、口腔の手入れが重要といわれるようになってきた。口腔の健康が、全身の健康を守ることにつながり、介護予防につながる。

■口の衰えを感じたら
口の周りの筋肉が衰えたり唾液の量が少なくなり噛む・飲み込む・唾液のバランスが崩れると、食べたものがうまく食道に行かず、気管に入ってしまってむせることがある。食事がうまく取れず低栄養になることもある。

口の周りの筋肉を鍛えると、気管に食物などが入ることが減り、誤嚥性肺炎を予防できる。また、口のなかを清潔に保つことで、寝ている間に唾液が気管に入っても誤嚥性肺炎になることを予防することができる。入院や低栄養をきっかけに寝たきりにならないよう、口腔ケア・口の筋力トレーニング（健口体操）にチャレンジしよう。

シニアガイド

介護予防・日常生活 支援総合事業（新しい総合事業）

▶介護保険課事業者調整係
☎03-5662-0032

介護予防・生活支援サービス事業

　利用者のニーズに応えられるよう、生活支援などのさまざまなサービスを提供することを目的としており、介護サービス事業者だけでなく、ボランティア、ＮＰＯなどによる多様な支援が受けられる。サービスの利用については、熟年相談室に相談を。

▽**対象**　①要支援1・2の人
　　　　②基本チェックリストにより生活機能の低下が見られ、介護予防・生活支援サービス事業対象となった人
▽**費用**　サービス内容に応じて、区が単価や利用者負担を設定

〈事業例〉
○**訪問型サービス**／掃除、洗濯等の日常生活上の支援。区の指定した事業者などによるサービス
○**通所型サービス**／機能訓練や集いの場など通所型のサービス。区の指定した事業者などによるサービス
○**介護予防ケアマネジメント**／総合事業によるサービスが適切に提供できるよう、ケアプランの作成

一般介護予防事業

　各種事業に参加する人を増やすとともに、通いの場が増えていくような地域づくりを進める。リハビリの専門職等が住民主体の通いの場などに関わることで、介護予防の人材を育て活動内容を充実させる。
▽**対象**　65歳以上のすべての人
〈一般介護予防の内容例〉
○**にこにこ運動教室**　くつろぎの家やなごみの家で行っている、音楽や脳トレを取り入れた運動教室。
○**口腔ケア健診（江戸川歯〈は〉つらつチェック）**
　　飲み込む力、噛む力などを測定し、誤嚥性肺炎や低栄養の重症化を予防する健診。区内指定歯科医療機関で毎年1回受けられる。

○**熟年介護サポーター**　区主催の研修を受講した熟年介護サポーターが、区内の介護施設などで、ボランティアとして活動。活動には時間に応じてポイントが付与される（要介護認定を受けていない人が対象）。
○**介護予防パンフレット発行**　熟年相談室・公共施設・薬局などに置かれている（HPからダウンロード可）
○**介護予防教室・介護者交流会**

熟年者の健康のために

熟年者の健康に…健康診査

▶健康推進課健診係　☎03-5662-0623
◇**長寿健診**
▽**対象**　75歳以上の区民。または65歳以上で後期高齢者医療制度に加入している区民。
※7月下旬に受診券が送付されてくる。区内指定医療機関で受診できる。

熟年者の健康・相談

▶申し込み・問い合わせ　各健康サポートセンター
＊健康サポートセンターはP124を
◇**健康長寿塾**（熟年者のための出前健康講座）
　熟年者を対象に、健康で長生きするための実践方法を知る講座。日常の健康生活・口腔ケア・栄養・運動・認知症予防についてのアドバイスや実習を行うため、講師を派遣する。講師は、保健師・栄養士・歯科衛生士・理学療法士・作業療法士など。
▽**対象**　おおむね、60歳以上の区民で構成される団体・グループの人
◇**介護保険・生活支援サービス**
　熟年者の介護や健康に関する相談、介護保険・生活支援サービスの受付や、保健師・栄養士などの専門スタッフによる、食事やリハビリ・介護予防などに関する相談ができる。
◇**物忘れ相談**
　物忘れなど気になる症状があり、「認知症ではないか」と悩んでいる場合、専門医が個別に相談を受ける。

◇地域ミニデイサービス

　閉じこもりがちなお年寄りが元気な生活を送れるよう、町会の会館などで楽しい時間を過ごす『地域ミニデイサービス活動』の輪が広がっている。月に1～2回、お茶を飲みながら思い出話をしたり、軽い運動で体を動かしたり、季節の行事を楽しみながら、お年寄りがボランティアと和気あいあいと過ごしている。参加したい人、ボランティアとして活動したい人は連絡を。

●フレイルを予防して健康長寿を目指そう

　フレイルとは、年をとって心身の活力（筋力、認知機能、社会とのつながりなど）が低下した状態（虚弱）。健康と要介護の間の状態で、兆候を早期に発見し、日常生活を見直すなどの正しい対処で、進行を抑制したり、健康な状態に戻したりできる。

▶健康部（江戸川保健所）健康サービス課

暮らしの情報

生活の支援サービス
▶福祉部福祉推進課　☎03-5662-0314

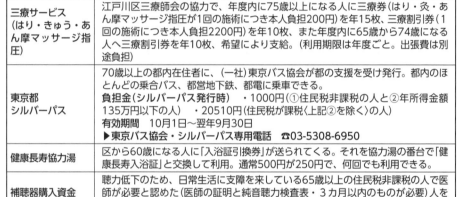

三療サービス（はり・きゅう・あん摩マッサージ指圧）	江戸川区三療師会の協力で、年度内に75歳以上になる人に三療券（はり・灸・あん摩マッサージ指圧が1回の施術につき本人負担200円）を年15枚、三療割引券（1回の施術につき本人負担2200円）を年10枚、また年度内に65歳から74歳になる人へ三療割引券を年10枚、希望により支給。（利用期限は年度ごと。出張費は別途負担）
東京都シルバーパス	70歳以上の都内在住者に、（一社）東京バス協会が都の支援を受け発行。都内のほとんどの乗合バス、都営地下鉄、都電に乗車できる。 負担金（シルバーパス発行時）　・1000円（①住民税非課税の人と②年所得金額135万円以下の人）　・20510円（住民税が課税〈上記②を除く〉の人） 有効期間　10月1日〜翌年9月30日 ▶東京バス協会・シルバーパス専用電話　☎03-5308-6950
健康長寿協力湯	区から60歳になる人に「入浴証引換券」が送られてくる。それを協力湯の番台で「健康長寿入浴証」と交換して利用。通常500円が250円で、何回でも利用できる。
補聴器購入資金の助成	聴力低下のため、日常生活に支障を来している65歳以上の住民税非課税の人で医師が必要と認めた（医師の証明と純音聴力検査表・3カ月以内のものが必要）人を対象に、購入した本体価格に応じて35000円までを助成（1人1回のみ）。※購入前に申請が必要。聴覚障害による身体障害者手帳所持者は除く
ふれあい訪問員	60歳以上でひとり暮らしや熟年者だけの世帯の人（日中独居を含む）を定期的（月1回程度）に訪問して話し相手になることで孤独感を解消している。ふれあい訪問員はボランティア。外出できない人、大勢でのコミュニケーションが苦手な人、ぜひ申し込みを。
ジュニア訪問員	中学生ボランティアが近所の熟年者世帯を訪問。元気と笑顔を届けるとともに、世代間交流と見守り・見守られる関係を築き「地域共生社会」の実現を目指す。

地域支援ネットワーク

民間緊急通報システム「マモルくん」	65歳以上のひとり暮らし、熟年者世帯、65歳以上の人がいる世帯で希望する場合は、区の契約料金（月額2200円）で設置する（状況により区からの助成あり）。万一のときボタンを押すと24時間受付の受信センターへ届き、救急訓練を受けた警備員などが駆けつける。救急車手配も行う。また、火災感知器や生活リズムセンサーもつけ、月に1回安否確認、生活相談も24時間受信センターで受け付ける。
配慮が必要と思われる熟年者について（目配り訪問）	定期的な安否確認の訪問などを希望する人は、区域を担当する民生・児童委員、または近くの熟年相談室（地域包括支援センター）へ相談を。定期的な電話連絡や訪問を実施する。
熟年者の異変に気づいたら（協力事業者や区民による連絡）	ひとり暮らしの熟年者の異変に気づいたら、区か区域を担当する民生・児童委員、または近くの熟年相談室へ連絡を。必要に応じて、安否確認を実施。緊急を要する場合は至急119番通報を。

住まいの情報

住まいのあっせん・助成

民間賃貸住宅家賃等助成

▶福祉部福祉推進課　☎03-5662-0517

　民間賃貸住宅に住み、取り壊しなどのため家主から転居を求められ、新しい民間賃貸住宅に転居する場合に差額家賃等を助成する。対象は75歳以上の人のみの世帯または75歳以上の人とその配偶者だけの世帯。転居前後の住宅の広さ、間取りが同程度であり、家賃の差額が月額20000円以内であること。助成するのは転居前後の住宅の家賃の差額と転居に伴う礼金および仲介手数料・転居前後の更新料差額。転居先の民間賃貸住宅を契約する前に相談を。※所得制限あり

住まいの改造助成

▶福祉部介護保険課　☎03-5662-0309

　日常生活で介助を必要とする介護認定を受けている60歳以上の熟年者、また身体障害者手帳の交付を受け、介助が必要な60～64歳までの人のために、車いすなどで暮らしやすいように住まいを改造する費用を助成する。熟年者の居室、浴室、トイレ、玄関とそれぞれへの動線となる廊下部分が対象。リフォーム、修繕、増改築、マンション等の共用部分は対象外。

助成対象となる改造費用の上限は200万円。助成割合は9割または8割。対象者および同居する家族全員の所得を合算した額により助成割合が決まる。生活保護世帯、非課税世帯（居住者全員が非課税）は全額助成する。工事着手前に相談を。

※介護保険の福祉用具、住宅改修、また障害者福祉の日常生活用具の給付、設備改修が優先する

熟年者の住まい探し

▶（公社）東京都宅地建物取引業協会
　江戸川区支部　☎03-3654-0411

　江戸川区と協定している（公社）東京都宅地建物取引業協会江戸川区支部では『熟年者に親切な店協議会』加盟店の店頭にステッカーを掲示し、熟年者の住まい探しの相談やあっせんなどをしている。

熟年者住まいの補修のお手伝い

▶熟年者住まいのボランティア推進協議会
　（事務局：東京土建一般労働組合江戸川支部内）　☎03-3655-6448

　65歳以上のひとり暮らしや熟年者だけの世帯で、家の中の修理が自分ではできない人のために区内の大工さんたちのグループが、補修工事のボランティアを行う。戸の建てつけが悪いなど半日程度で終わる補修工事を無料で行う。

老人ホームに入りたい人は　▶福祉部介護保険課

養護老人ホーム	家庭環境上の理由と、経済的理由により在宅で生活することが困難な原則として65歳以上（介護度の高い人は入所困難）の熟年者のための施設。費用は本人の収入・扶養義務者の所得の状況により異なる。(P112を)
特別養護老人ホーム（介護老人福祉施設）	心身の状態から、日常生活全般にわたっていつも介助が必要で、自宅で介護ができない人のための施設。介護保険対象施設で、入所は、原則として要介護3以上の人が対象。(P111を)
軽費老人ホーム(A型・B型、ケアハウス、都市型軽費老人ホーム)	60歳以上で住宅事情などにより家庭で生活することが困難な熟年者のための施設（B型は自炊）。
有料老人ホーム	食事とその他日常生活上のサービスを提供している施設。入所条件、サービス内容は施設によって異なる。入所については各施設に直接相談を。(P112を)

在宅生活・介護支援

在宅介護のサービス・手当
▶福祉部介護保険課 ☎03-5662-0309

◆生活支援のためのサービス

シルバーカーの給付	65歳以上で、住民税非課税、日常生活でシルバーカーを必要としている、要介護4・5の認定を受けていない、特養・介護老人保健施設に入所していない、一人で安全にシルバーカーを操作できる人に対して、シルバーカーを給付。（シルバーカー代金の1割を自己負担）
熟年者徘徊探索サービス	60歳以上の徘徊行動のある人が行方不明となったとき、GPS機能を使って、現在地を家族に知らせるサービス。その利用料の一部を助成。利用金額は月額1100円。
紙おむつ・防水シーツの支給	60歳以上で、失禁のある人に、紙おむつを支給〈1人900点（9000円相当）まで〉。また防水シーツを年度内に1回（2枚）支給。（1割自己負担）
おむつ使用料の助成	60歳以上で、区支給の紙おむつを持ち込めない病院へ入院した人に、月8100円を限度に助成する。
配食サービス	65歳以上のひとり暮らしまたは、65歳以上のみの世帯の人、日中独居の人で食事づくりが困難な人が健やかに生き生きとした生活ができるように配食サービスを実施。週3回以上利用のこと。弁当代1食470円実費負担。

◆寝具乾燥消毒・福祉理美容サービス

寝具乾燥消毒・水洗いクリーニング	60歳以上で介護保険の要介護4または5の在宅の人に、毎月1回布団や毛布などの寝具の乾燥消毒をしている〈1回5点（敷布団2、掛布団1、毛布1、枕1)まで434円〉。また、年2回（6月・12月）敷布団または掛布団いずれか1枚の水洗いクリーニングも実施（1回522円）。
福祉理美容サービス（福祉理美容券の交付）	60歳以上で介護保険の要介護4または5の在宅の人に、自宅で理美容のサービスが受けられる券を交付。年度内6枚まで（理容・美容、どちらも510円自己負担）。

◆熟年者激励手当

60歳以上で介護保険の要介護4または5の、世帯全員が住民税非課税で在宅の人に、月額15000円の手当を支給。ただし、病院や介護保険施設などへの入院・入所中は対象にならない。

（対象は江戸川区在住の人）

介護者のために

介護の方法は?

▶福祉部介護保険課 ☎ 03-5662-0309

◇熟年相談室「介護者交流会」

熟年相談室（地域包括支援センター）ごとに、認知症サポート医、またはもの忘れ相談医を交えて専門職員と一緒に介護者同士の交流・情報交換、介護方法・技術の学びの場を開催している（事前予約制・先着順）。

▽**対象**　在宅で熟年者を介護している家族

赤ちゃんからお年寄りまで、区民の"健康"を応援!

健康サポートセンター

葛西健康サポートセンター 　中葛西3-10-1 ☎03-3688-0154

■交　通　葛西駅から徒歩5分、都営バス「船堀駅→なぎさニュー
　　　　　タウン　葛西区民館下車」
■駐車場　60台(葛西区民館と共用)
■オープン　2006年4月1日
■バリアフリー情報
　スロープ：なし／誘導ブロック：あり／エレベーター：あり／
　エスカレーター：なし／手すり：あり／多目的手洗所：あり
■ベビー情報
　ベビーベッド：なし／ベビーチェア：あり／ベビーシート：あり／
　授乳室：あり(子育てひろば内)／子ども用トイレ：あり(子育てひ
　ろば内)

なぎさ健康サポートセンター 　南葛西7-1-27 ☎03-5675-2515

■交　通　都営バス「葛西駅→なぎさニュータウン
　　　　　なぎさニュータウン下車」
■駐車場　4台(医師用)1台(車椅子利用者用)
■オープン　1998年10月
■バリアフリー情報
　スロープ：なし／誘導ブロック：あり／エレベーター：あり／
　エスカレーター：なし／手すり：あり／多目的手洗所：あり
■ベビー情報
　ベビーベッド：あり／ベビーチェア：あり／ベビーシート：あり／
　授乳室：あり

清新町健康サポートセンター 　清新町1-3-11 ☎03-3878-1221

■交　通　西葛西駅より徒歩6分
■駐車場　8台
■オープン　1983年7月
■バリアフリー情報
　自動ドア：あり／スロープ：あり／誘導ブロック：あり／エレベー
　ター：なし／エスカレーター：なし／手すり：あり／多目的手
　洗所：あり
■ベビー情報
　ベビーベッド：なし／ベビーチェア：あり／ベビーシート：あり／
　授乳室：あり

3館共通項目

■開館時間　AM8:30 ～ PM5
■閉 館 日　土・日・祝・年末年始
■事業内容
　健康づくり(ファミリーヘルス推進員による健康講座・地域健康講座等)、生活習慣病・その他
　の疾病予防、母子保健、予防接種、精神保健(専門医による相談)、健診及び保健相談、栄養相談、
　歯科相談、リハビリ・運動相談、介護保険及び生活支援等の受付、細菌検査、犬の登録等

葛西ガイド

おしゃれ

★本文中赤色になっているのは「葛西カタログ2023-24」協賛店です
★Ⓕ はFAX番号、Ⓣ&Ⓕ は電話番号とFAX番号、ⒽⓅ はホームページのあるお店

きれいになる beauty

美容室

HAIR MAKE EARTH 🅗🅟
葛西店　東葛西 6-14-3-1F … **03-5667-4466**
西葛西店
西葛西 6-18-10-1F ………… **03-5878-3231**

HAIR LOUNGE ACRO 南葛西店 🅗🅟
南葛西 2-1-9-1F ………… **03-6808-6614**

ACHA　西葛西 6-22-23-1F … **03-5675-2675**

あどん美容室
本店　西葛西 1-9-8 … **03-3686-9857**
中葛西店
中葛西 3-3-6-1F ………… **03-3877-2576**

Arrows 🅗🅟
中葛西 5-20-19 ………… **03-5605-3199**

アンクルート
中葛西 3-27-1-1F ………… **03-5659-1771**

ヘアーメイク ange (アンジュ)
中葛西 3-35-4-1F ………… **03-3687-9296**

&-hair 🅗🅟
西葛西 3-16-13-B1 ………… **03-3680-7559**

INC'S 🅗🅟
東葛西 6-2-15-2F ………… **03-5675-5025**

air　西葛西 6-18-3-2F ………… **03-3804-6459**

Espace de creer
中葛西 3-18-24-2F ………… **03-3877-0523**

カットスペースエルモーソ
中葛西 8-23-5-1F ………… **03-5674-2280**

hair OVAL 🅗🅟
中葛西 3-29-10-1F ………… **03-3688-7654**

オレンジポップ葛西店 🅗🅟
中葛西 3-35-15-1F ………… **03-5675-3349**

カセ・ヘアー (理美容)
西葛西 6-7-1 西葛西メトロ 4 番街
……………………… **03-5605-0005**

髪師 Kenjiro 🅗🅟
西葛西 3-4-15-1F ………… **03-3688-7740**

GALANO (ガラーノ)
西葛西 1-12-13 ………… **03-3675-1501**

カラーリゾート Ai
中葛西 3-29-19-1F ………… **03-3689-9338**

きゃんでぃ
中葛西 3-30-10 ………… **03-3687-3291**

COUPE HAIR 🅗🅟
東葛西 6-5-9-1F ………… **03-5674-4569**

1/4QUARTER (クオーター)
西葛西 5-1-9-2F ………… **03-3686-4907**

美容室クリーク 🅗🅟
東葛西 6-2-9-2F ………… **03-3869-1331**

Greath　西葛西 3-7-11-1F …… **03-6808-9236**

グリーンパーク美容室
南葛西 6-20-6-1F ………… **03-3687-9689**

クルアルガ 🅗🅟
中葛西 3-17-4 ………… **03-6808-0495**

ヘアーサロン GLOW
中葛西 5-32-2-1F ………… **03-5674-1923**

美容室ココ　中葛西 3-27-9 … **03-3878-0050**

Cocochi 葛西店 🅗🅟
イオン葛西店 2F ………… **03-6663-9498**

美容室サラ　中葛西 3-33-3 … **03-3675-4715**

SEES 🅗🅟
SEES HAIR 西葛西店
西葛西 6-10-14-1F ………… **03-3686-9983**
too hair 西葛西北口店
西葛西 5-3-6-1F ………… **03-3869-0402**

ビューティーシバタココマナミ
中葛西 6-10-5 ………… **03-5674-1907**

シャローム
東葛西 6-18-10 ………… **03-3877-3730**

カットスタジオジャンクス
西葛西 3-13-4 ………… **03-3878-5422**

ヘアアンドデザイン　シャンパーニュ
中葛西 3-18-22-1F ………… **03-6808-1524**

美容室シュヴー西葛西店
西葛西 5-11-15-1F ………… **03-5667-7333**

スカーレット
西葛西 5-10-20 ………… **03-3675-3935**

スター美容室
東葛西 8-6-3 ………… **03-3680-5542**

SNIPS　西葛西 4-3-11 ……… **090-9685-2924**

美容室スリーシー
南葛西 2-6-4 ………… **03-3804-6722**

ソーエン西葛西店
西葛西 5-6-8-2F ………… **03-5696-1277**

tie to...　中葛西 3-33-6 ……… **03-3689-2256**

TAYA 西葛西店 HP
　西葛西 6-8-15-2F ……… **03-6663-3733**

Deva　中葛西 3-36-15-1F …… **03-6808-5259**

ヘアーサロン　デゼージョ
　西葛西 6-3-4 ……………… **03-3804-0391**

ドクターズサロン　ラブ HP
　西葛西 6-22-19-1F ………… **03-6808-3982**

hair make Tres
　東葛西 5-6-5-1F …………… **03-3689-1445**

ヘアームラノ　ハーモニー
　西葛西 6-21-14-1F ………… **03-3804-2742**

美容室ばななあっぷる
　中葛西 3-15-14……………… **03-3680-7539**

ビーズヘアー
　中葛西 5-20-11-1F ………… **03-3688-2210**

美容室びーとる
　南葛西 1-5-12 ……………… **03-3686-7816**

Believe 葛西店 HP
　東葛西 6-6-2-1F …………… **03-5667-5301**

美容室フーアーユ HP
　西葛西 3-15-17-2F ………… **03-3689-8190**

Hoorays
　中葛西 5-29-4-1F ………… **03-6663-9460**

FAME　西葛西 5-8-4 小島町 2 丁目団地内
　…………………………… **03-3687-7760**

ヘアーブティックフェイムメトロ店
　西葛西 6-7-3-50 西葛西メトロ … **03-3687-7766**

美容室フォレスト
　中葛西 7-9-32 ……………… **03-3680-5927**

美容室プラウドリー HP
　南葛西 2-3-18-1F…………… **03-3688-3393**

ヘアカラー＆スキャルプケア専門店　染髪美屋 HP
　西葛西 5-6-23 ……………… **03-6808-8900**

ヘアカラー専門店 fufu　西葛西店
　西葛西 6-16-7-2F…………… **03-6663-9229**

Hair Design RegaLo HP
　中葛西 3-36-5 ……………… **03-6808-7708**

ヘアーデューン葛西店
　東葛西 5-13-13-2F ………… **03-5658-3692**

ベルダ　西葛西 4-3-38 ……… **03-3877-2566**

hair design PAUL HP
　西葛西 6-21-12-1F ………… **03-6808-9112**

カットハウスポロ
　西葛西 8-11-2 ……………… **03-3675-3985**

マインド
　西葛西 6-12-8-2F …………… **03-3869-7200**

マモル美容室
　中葛西 7-20-8 ……………… **0120-55-0291**

美容室南屋敷
　清新町 1-3-6 パトリア 2F …… **03-3688-6159**

ミモザ
　中葛西 1-31-44 …………… **03-3680-6860**

美容室メイク・ユー
　西葛西 6-15-3-3F …………… **03-3686-3733**

〈次ページへつづく〉

可能なかぎりの調査に基づいて作成しましたが、万一掲載もれや締め切り後の変更などありましたらお知らせください。　☎047-396-2211

おしゃれ

127

美容室〈前頁から〉

HAIR & MAKE Mona
中葛西 3-33-19-1F ・・・・・・・・・・ **03-6240-5731**

美容室 MOMOKA
西葛西 6-6-1 ・・・・・・・・・・・・・・ **03-3804-3292**

美容室八重垣
中葛西 5-18-13 ・・・・・・・・・・・・・ **03-3878-4171**

クラブカットヤナセ
中葛西 4-1-8 ・・・・・・・・・・・・・・・ **03-3877-2880**

hair Yush ⓗ
中葛西 5 19-18 ・・・・・・・・・・・・ **03-3877-1771**

美容室ラ・シュール
中葛西 5-41-4-2F ・・・・・・・・・・ **03-5674-5888**

hair&Make RIE. ⓗ
東葛西 6-7-10 ・・・・・・・・・・・・・ **03-6808-9854**

ヘアーメイク renew ⓗ
西葛西 6-23-20-1F ・・・・・・・・ **03-5675-5565**

LIMILEST 南葛西 1-15-5 ・・・・ **03-5605-0556**

hair&make Luxiel
中葛西 5-33-9-2F ・・・・・・・・・・ **03-6240-5087**

le jardin 葛西店 ⓗ
東葛西 6-4-18 ・・・・・・・・・・・・・ **03-5667-6515**

Lufca ⓗ
西葛西 6-22-17-2F ・・・・・・・・ **03-6808-8776**

ヘアデザイン レア レフア葛西店 ⓗ
中葛西 3-11-18 ・・・・・・・・・・・・ **03-5667-6466**

レーヴ・デトワール ⓗ
中葛西 3-14-12-1F ・・・・・・・・ **03-6456-0229**

美容室レクラン
中葛西 8-5-22 ・・・・・・・・・・・・・ **03-3877-2709**

ロワール美容室
東葛西 5-1-1-4F ・・・・・・・・・・・ **03-3675-4823**

美容室 ng'aa gugu （（ン）ガー・ググ）
中葛西 3-37-3-1F ・・・・・・・・・・ **03-3869-0699**

理容室

おしゃれサロン AKIO
中葛西 8-6-5-1F ・・・・・・・・・・ **03-3689-6140**

M-RISE ⓗ
東葛西 6-14-14 ・・・・・・・・・・・ **03-3877-1189**

カットスタジオ KEN
南葛西 6-22-15 ・・・・・・・・・・・ **03-5696-9570**

カットスペース Green Leaf
中葛西 3-28-3-1F ・・・・・・・・・ **03-3877-3307**

髪工房 中葛西 1-33-7 ・・・・・ **03-3680-3672**

ヘアーサロン髪友 ⓗ
中葛西 4-13-10 ・・・・・・・・・・・ **03-3687-3306**

川原理容院
中葛西 6-10-10 ・・・・・・・・・・・ **03-3687-6673**

SALON DE KIMURA（理美容）
東葛西 8-9-13 ・・・・・・・・・・・・ **03-3675-0319**

QB ハウス ⓗ
アリオ葛西店
アリオ葛西 2F ・・・・・・・・・・・ **0570-011-919**
イオン葛西店
イオン葛西店 2F ・・・・・・・・・ **0570-011-919**
西葛西店
西葛西 5-11-12-1F ・・・・・・・・ **0570-011-919**

バーバークロサカ
南葛西 4-1-16 ・・・・・・・・・・・・ **03-3687-0724**

ヘアステージ K-ONE ⓗ
南葛西 6-11-7 ・・・・・・・・・・・・ **03-3878-4619**

ヘアーサロン・サイトー
東葛西 8-11-11 ・・・・・・・・・・・ **03-3680-3680**

バーバーサンライズ
西葛西 6-26-16 ・・・・・・・・・・・ **03-3675-3491**

ZOOK ⓗ
西葛西 3-2-9-1F ・・・・・・・・・・ **03-3869-3588**

ヘアーサロンスカイ ⓗ
駅前店 西葛西 6-15-12 ・・・・ **03-3675-3920**
新田店 西葛西 8-13-13 ・・・・ **03-3680-8400**

ヘアサロンソレイユ ⓗ
西葛西 5-11-11-1F ・・・・・・・・ **03-5696-1019**

おしゃれ床屋たんちょう
西葛西 3-6-8 ・・・・・・・・・・・・・ **03-3688-1656**

カットルームたんちょう南葛西店
南葛西 5-3-6-1F ・・・・・・・・・・ **03-3877-0005**

nono's barber ⓗ
中葛西 7-29-10-1F ・・・・・・・・ **03-3675-8055**

はくあい　東葛西 4-45-1 ‥‥‥ **03-3680-1026**

Pani ⓗⓟ
　中葛西 3-30-15-1F ‥‥‥‥‥ **03-3686-7220**

ヘアーサロンピー
　東葛西 7-4-15 ‥‥‥‥‥‥‥ **03-3687-6851**

BAR BAR HIROSI
　北葛西 1-3-16 ‥‥‥‥‥‥‥ **03-3680-4956**

ファミリーハウス友
　西葛西 8-15-12 ‥‥‥‥‥‥ **03-5674-3260**

ヘアーサロン　フェニックス
　中葛西 2-11-17 ‥‥‥‥‥‥ **03-3689-5193**

Hair SMILE
　西葛西 3-10-12-1F ‥‥‥‥‥ **03-3687-4322**

髪業師マエダ
　北葛西 2-10-36 ‥‥‥‥‥‥ **03-3687-6608**

ヘアーサロンミナガワ中葛西店
　中葛西 3-29-10 ‥‥‥‥‥‥ **03-3686-3366**

ヘアーサロンユーボン ⓗⓟ
　西葛西 3-7-13 ‥‥‥‥‥‥‥ **03-3686-9866**

Hair the RIDE
　南葛西 4-23-14 ‥‥‥‥‥‥ **03-3877-7319**

理容室　ランド
　葛西店　中葛西 5-42-3-2F‥ **03-3878-3200**
　西葛西店　西葛西 5-6-16 ‥ **03-5676-3667**

Re/Do Hair M
　中葛西 3-27-8 ‥‥‥‥‥‥‥ **03-6808-3844**

リバティークラブ ⓗⓟ
　東葛西 6-6-8-1F ‥‥‥‥‥‥ **03-5605-9567**

リムレ葛西店 (理美容) ⓗⓟ
　東葛西 6-4-2-2F ‥‥‥‥‥‥ **03-3869-2717**

ネイルサロン

Kumiko nail
　西葛西 6-8-11-3F ‥‥‥‥‥ **03-6456-0915**

ティーエヌ葛西店 ⓗⓟ
　中葛西 3-18-24 ‥‥‥‥‥‥ **03-6456-0740**

BAMBA NAIL (バンバネイル) ⓗⓟ
　中葛西 3-35-17-6F ‥‥‥‥ **03-3804-4777**

ビューティーマジック葛西本店 ⓗⓟ
　西葛西 5-18-9 ‥‥‥‥‥‥‥ **0120-70-4044**

Plage (プラージュ)
　東葛西 5-1-2-7F ‥‥‥‥‥‥ **03-6808-7938**

MATSUYA
　西葛西 6-19-11 ‥‥‥‥‥‥ **03-3877-9981**

Lien (リアン)　西葛西店
　西葛西 5-11-2-2F ‥‥‥‥‥ **03-6662-5315**

エステティックサロン

アップルマインド西葛西店 ⓗⓟ
　西葛西 5-1-9-3F ‥‥‥‥‥‥ **03-3878-9666**

エステティックサロン　aile (エール) ⓗⓟ
　西葛西 6-12-4-10F ‥‥‥‥ **03-3878-0325**

シェービングエステサロン　enne (エンネ)
　中葛西 4-13-10 髪友内 ‥‥ **03-5878-1578**

CILGRACE (まつげエクステサロン)
　アリオ葛西 1F ‥‥‥‥‥‥ **03-6808-5345**

耳つぼダイエットサロン　スタイルココ ⓗⓟ
　東葛西 5-1-2-8F ‥‥‥‥‥ **03-5658-3308**

ハッピーシェービング ピュアリィ(シェービング専門店) ⓗⓟ
　中葛西 4-3-1-2F ‥‥‥‥‥ **03-6382-5120**

脱毛トータルエステ　ピュール・ブラン
　西葛西 5-5-14-7F ‥‥‥‥ **03-6240-5988**

FURAN 葛西店 (まつげエクステサロン) ⓗⓟ
　東葛西 6-1-13-10F ‥‥‥‥ **03-6808-0816**

メディカルエステ　Belleza
　西葛西 5-5-16-6F ‥‥‥‥ **03-5676-3367**

ラヴィーナプレミアム西葛西(まつげエクステサロン) ⓗⓟ
　西葛西 3-14-21-2F ‥‥‥‥ **03-6808-1755**

おしゃれ

電話番号、住所など間違い、および『葛西カタログ』に対するご意見・ご希望がありましたら、お手数ですがご一報を！　☎047-396-2211

129

化粧品専門店

KURUMU FACTORY SHOP Ⓗ
　東葛西 6-9-9 ・・・・・・・・・・・・・・**03-6808-3382**

㈱サビーナ自然化粧品 Ⓗ
　西葛西 6-8-3-4F ・・・・・・・・・・・・**03-5674-9766**

ナレル西葛西ショールーム
　西葛西 6-15-12-2F ・・・・・・・・・・**03-5675-3650**

コスメティックまつや
　西葛西 6-19-11 ・・・・・・・・・・・・**03-3877-9981**

CP コスメティクス代理店㈱ CP 明光 Ⓗ
　西葛西 5-4-6-3F ・・・・・・・・・・・・**03-5667-3436**

CP 明光 Ⓗ
　アクアティア
　中葛西 3-35-14-2F ・・・・・・・・・**03-3869-1092**
　ange　南葛西 4-21-14-1F ・・・**03-3869-4130**
　COCO Face
　西葛西 5-8-26-1F ・・・・・・・・・・**03-3688-5584**
　サロン TOCO
　西葛西 3-1-9-1F ・・・・・・・・・・・・**03-5674-8620**
　NICO
　西葛西 6-10-13-4F ・・・・・・・・・**03-3689-2881**
　プティ　ヌアージュ
　東葛西 6-4-7-2F ・・・・・・・・・・・・**03-3804-0733**
　MOMO
　西葛西 6-22-4-3F ・・・・・・・・・・**03-3689-2220**

ファッション
fashion

婦人服

エニィシス　アリオ葛西 1F ・・・・・・**03-5605-8723**
クールカレアン
　アリオ葛西 2F ・・・・・・・・・・・・・・**03-6808-1480**
Green Parks topic
　アリオ葛西 1F ・・・・・・・・・・・・・・**03-6663-9322**
サバービア葛西店
　中葛西 3-37-18 ・・・・・・・・・・・・**03-3877-1666**
SM2 keittio
　アリオ葛西 1F ・・・・・・・・・・・・・・**03-6808-8365**
チチカカ　アリオ葛西 2F ・・・**03-5658-1251**
ハニーズ
　イオン葛西店
　イオン葛西店 2F ・・・・・・・・・・・・**03-5878-0989**
　葛西店　ホームズ葛西店 2F・・**03-5696-4701**
ブルーベリーヒルズ
　西葛西 5-8-17 ・・・・・・・・・・・・・・**03-3688-6988**
ミセス　プラス・デ・モード
　アリオ葛西 2F ・・・・・・・・・・・・・・**03-3675-2720**
ラピス・ルージュ
　アリオ葛西 2F ・・・・・・・・・・・・・・**03-3687-5588**
ル・ファンナ
　西葛西店 (本店)　西葛西 6-14-1-7 西葛西メトロ
　・・・・・・・・・・・・・・・・・・・・・・・・・・・・**03-3675-2477**
　葛西店
　中葛西 5-43 葛西メトロ・・・・・・・・**03-3689-8211**
　西葛西南口店
　西葛西 6-10-12-1F ・・・・・・・・・**03-3878-0305**

カジュアルウエア

GU
アリオ葛西店
アリオ葛西 1F ……………… **03-5667-4428**
西葛西店　西葛西 5-8-5 …… **03-5878-3206**
ジーンズプラザ摩耶
中葛西 5-41-15-1F ………… **03-3869-5587**
しまむら
サニーモール西葛西店
西葛西 4-2-28 サニーモール 2F
………………………… **03-5679-5201**
ホームズ葛西店
ホームズ葛西店 1F ……… **03-5679-8687**
ユニクロホームズ葛西店
ホームズ葛西店 2F ……… **03-5679-7407**
Right-on　アリオ葛西 1F …… **03-5659-2560**

ベビー・子ども服

アカチャンホンポ　アリオ葛西店
アリオ葛西 3F ……………… **03-5659-1820**
西松屋チェーン
江戸川宇喜田店
宇喜田町 180-2 …………… **080-4672-5006**
ホームズ葛西店
ホームズ葛西店 2F ………… **080-4672-1327**

作業服・学生服

寿屋　西葛西 5-8-5-1F 小島町 2 丁目団地
………………………… **03-3687-0221**
㈲ヨシダ洋服店（学生服）
中葛西 8-11-16 ………… **03-3680-0730**
㈲ワークボックス
北葛西 4-2-34-124 ………… **03-5658-0881**

オーダーメイド

テーラー丸山　北葛西 1-7-5 … **03-3680-5041**

紳士服

AOKI 葛西店
中葛西 3-6-1 ……………… **03-5696-0888**
洋服の青山　江戸川西葛西店
西葛西 3-8-2 ……………… **03-5696-5681**
オリヒカ　ホームズ葛西店
ホームズ葛西店 2F ……… **03-5659-6688**
紳士服のコナカ　西葛西店
西葛西 6-15-16 …………… **03-5696-2251**
サカゼン西葛西店 🅗🅟
西葛西 4-2-28 サニーモール 3F
………………………… **03-6895-1641**
シャツ工房
アリオ葛西 1F ……………… **03-5696-6018**

衣料品

ヴァンベール西葛西店
西葛西 6-15-10 …………… **03-3675-3519**
㈲エス・ティ・キング
中葛西 5-20-19-1F ………… **03-3688-8750**

和服裁縫

友進㈲
西葛西 6-10-5-9F ………… **03-3804-3895**

呉服・和装小物

近江屋呉服店
東葛西 6-8-7 ……………… **03-3689-2056**
さが美葛西店
イオン葛西店 2F …………… **03-5676-7500**
みやび西葛西店
西葛西 7-3-10-2F ………… **03-3877-5797**

洋服リフォーム
dress alteration

洋服リフォーム

アトリエ　ベルアール
西葛西 6-15-15-3F ‥‥‥‥‥ **03-5605-4620**
マジックミシン
イオン葛西店 2F ‥‥‥‥‥‥ **03-5676-2251**
ママのリフォーム
アリオ葛西 2F ‥‥‥‥‥‥‥ **03-5696-3066**

縫製加工

高木商事㈱　中葛西 5-11-11 ‥‥ **03-3687-3407**
㈱ワイケーエス
東葛西 6-23-16-2F ‥‥‥‥‥ **03-3878-4911**

手芸材料・生地

ミルキーウェイコットンハウス
西葛西 3-17-10 ‥‥‥‥‥‥‥ **03-3675-3322**
ユーミン（手芸材料）
西葛西 5-8-4-1F 小島町 2 丁目団地内
‥‥‥‥‥‥‥‥‥‥‥‥‥ **03-3877-2070**

アクセサリー
accessory

時計・メガネ・コンタクトレンズ

メガネの愛眼　葛西店
イオン葛西店 3F ‥‥‥‥‥‥ **03-3689-1789**
アイケアワールド西葛西店
西葛西 6-14 西葛西メトロ 2 番街 **03-3675-5090**
コンタクトのアイシティ　アリオ葛西店
アリオ葛西 2F ‥‥‥‥‥‥‥ **03-5667-4788**
メガネのアイメイト
南葛西 4-22-10-9F ‥‥‥‥‥ **03-3877-5184**
メガネのアイワ HP
葛西本店　東葛西 6-2-9 ‥‥‥ **03-3680-4334**
西葛西店　西葛西 3-10-15 ‥‥ **03-5675-2946**
イチノエメガネ葛西店
東葛西 5-32-9 ‥‥‥‥‥‥‥ **03-3687-1534**
メガネの井上西葛西店
西葛西 3-19-2-2F ‥‥‥‥‥ **03-5605-6214**
オプタス　アリオ葛西 2F ‥‥‥ **03-6240-5903**
クボタ時計店
中葛西 3-28-1 ‥‥‥‥‥‥‥ **03-3688-3988**
ザ・クロックハウス
アリオ葛西 3F ‥‥‥‥‥‥‥ **03-3869-1296**
西葛西コンタクト
西葛西 6-10-13-2F ‥‥‥‥‥ **03-3689-3589**
眼鏡市場北葛西店 HP
北葛西 5-30-14 ‥‥‥‥‥‥ **03-5679-5545**
めがね工房　まつざわ
西葛西 6-10-13 ‥‥‥‥‥ **03-3675-0220**
メガネサロンルック西葛西店
西葛西 4-2-28 サニーモール 2F
‥‥‥‥‥‥‥‥‥‥‥‥‥ **03-5605-1301**
メガネスーパー西葛西店
西葛西 4-1-1 ‥‥‥‥‥‥‥ **03-5659-0970**
メガネドラッグ葛西駅前店
中葛西 3-35-17 ‥‥‥‥‥‥ **03-3877-0056**
和真メガネ
アリオ葛西 2F ‥‥‥‥‥‥‥ **03-5675-6831**

ジュエリー・貴金属

中真堂イオン葛西店
イオン葛西店 2F ……………… **03-3675-9500**

ジュエリーハナジマ
西葛西 6-18-8 ……………… **03-3687-5312**

美宝貴金属 西葛西 5-8-26 … **03-3686-6192**

ベリテ葛西店
アリオ葛西 2F ……………… **03-5675-6861**

星野ジュエリー館水晶手作り工房 HP
西葛西 5-8 小島町 2 丁目団地 **03-6808-0741**
貴金属買取は P162 へ

アクセサリー・服飾雑貨

Bleu Bleuet
アリオ葛西 1F ……………… **03-3680-8110**

靴

グリーンボックス葛西店
イオン葛西店 2F ……………… **03-5676-7208**

東京靴流通センター
葛西店 中葛西 3-32-14-1F **03-5679-1474**

サニーモール西葛西店
西葛西 4-2-28 サニーモール 2F
……………… **03-5878-3038**

バッグ

GRAN SAC'S アリオ葛西 1F **03-5659-6588**
平野カバン店 中葛西 7-22-7 **03-3680-6006**

靴・傘 etc. の修理

クラフトマンサービス
アリオ葛西 1F ……………… **03-5675-6761**

リペアショップ 東京工房 葛西店
中葛西 5-19-4 ……………… **03-3804-1192**

東京修理センター
中葛西 3-15-10-1F ………… **03-6904-1081**

おしゃれ

かさい topics

2022.9.25〜12.4

区内各所で61のさまざまなイベント
「SDGs Month in EDOGAWA」開催

　今年で2回目の開催。期間中は「あなたの行動1つでまちが変わる」をテーマに、「食品ロスを防ぐため、必要な量だけ買おう」など、身近で簡単に取り組める行動をまとめた「SDGsえどがわ10の行動」に関連した、61の事業やイベントを集中的に展開した。

　10月29日には、SDGs推進月間のアンバサダーに就任したトラウデン直美さんによるトークショーや、江戸川区出身のお笑いタレントによるクイズ大会などを行う「SDGs FES in EDOGAWA」などを開催。

　また、東京三大タワーの一つである「タワーホール船堀」の展望塔と、日本最大級の大観覧車「葛西臨海公園ダイヤと花の大観覧車」がSDGsのカラー 17色にライトアップされた。

▲17色のSDGsのカラーにライトアップされた「ダイヤと花の大観覧車」

タワーホール船堀

（江戸川区総合区民ホール）船堀 4-1-1

管理事務所	☎ 03-5676-2211
予約受付	☎ 03-5676-2111
ブライダル関連	☎ 03-5676-5511

1999年3月オープン、駅の目の前という絶好の立地条件を持つ公共施設。大小のホールをはじめ、映画館、結婚式場、会議室などのレンタルスペース、展望塔など、さまざまな施設が集まっている。

■交通 都営新宿線船堀駅からすぐ
※目の不自由な人のために、船堀駅前に、ホールまでの音声誘導装置が設置されている。
■駐車場 161台 ※料金 1時間まで200円、以降1時間ごとに100円加算
■利用時間 AM9～PM9:30
■休館日 12月28日～1月4日、2月・8月（点検等のため数日休館日あり）
■年間利用者 107万人（2021年度）

■施設
○地下2階…駐車場
○地下1階…映画館、楽器店、ATM、駐車場
○1階…総合案内、展示ホール1・2
和食・ビアレストラン、喫茶店、書店、花屋、旅行代理店、アンテナショップ
○2階…イベントホール、バンケットルーム、式場1（神殿）、控室、ブライダルサロン
○3階…ワーキングスペース「アクト・ワン」、会議室301～307、応接会議室など
○4階…大ホール（舞台）、楽屋1～5、リハーサル室、特別会議室、研修室、和室1・2、会議室401～407
○5階…大ホール（客席）、小ホール、小ホール楽屋1～4、総合受付、管理事務所
○6階…医療検査センター
○7階…式場2（チャペル）、展望レストラン
○展望塔…展望室

■利用受付
★大ホール・小ホール・展示ホール…利用月の12カ月前の月の5日から
★イベントホール・バンケットルーム・式場他…ブライダルの場合は利用月12カ月前の月の5日から。それ以外での利用の場合は利用月の5カ月前の月の5日から
★リハーサル室・会議室・研修室・和室…利用月の5カ月前の月の5日から

😊 **オススメ** Voice ★展望塔すご～い！車がミニカーみたい！電車の模型が動いているみたい！家もおもちゃみたい！ （6歳と2歳の兄弟）

区民利用料金（円／税込） ※2023年4月1日現在

室名		利用区分	午前 9:00～12:00	午後 13:00～16:30	夜間 17:30～21:30	全日 9:00～21:30
5F	大ホール	平日	18,850	37,720	47,150	103,720
		土・日・祝	23,050	46,100	56,570	125,720
4F	大ホール	第1楽屋(和)(シャワー付)	730	730	730	2,190
		第2楽屋(洋)(シャワー付)	730	730	730	2,190
		第3楽屋(和)	1,470	1,470	1,470	4,410
		第4楽屋(洋)	1,360	1,360	1,360	4,080
		第5楽屋(洋)	2,100	2,100	2,100	6,300
5F	小ホール	平日	7,330	13,620	17,810	38,760
		土・日・祝	8,380	16,760	20,950	46,090
	小ホール	楽屋(和)	1,150	1,150	1,150	3,450
		楽屋(洋)	950～1,570	950～1,570	950～1,570	2,850～4,710

室名		利用区分	午前 9:00～12:00	午後 13:00～16:30	夜間 17:30～21:30	全日 9:00～21:30
1F		展示ホール1	5,240	6,280	7,330	18,850
		展示ホール2	5,240	6,280	7,330	18,850
3F		会議室	520～1,570	730～2,100	840～2,410	2,090～6,080
		応接会議室	1,360	1,780	1,990	5,130
4F		会議室	520～1,880	730～2,520	840～2,830	2,090～7,230
		特別会議室	2,520	3,350	3,770	9,640
		研修室	2,100	2,830	3,250	8,180
		リハーサル室	3,250	3,250	3,250	9,750
	和室	1	1,360	1,880	2,100	5,340
		2(炉・水屋付)	1,360	1,880	2,100	5,340

※区民以外の人の利用料金は5割増し

グルメ

★本文中赤色になっているのは「葛西カタログ2023-24」協賛店です
★ⒻはFAX番号、Ⓣ&Ⓕは電話番号とFAX番号、ⒽⓅはホームページのあるお店
出前 は出前をしてくれる飲食店　P141〜143
　　※出前エリア・料金等、詳細を確認のうえ、注文を
座敷 はお座敷があるお店　P140〜143
ﾍﾞﾋﾞ ベビーカー・車イスOKのお店　P137〜143
　　※バリアフリーというわけではありません
　　※混雑時やスタッフの都合等により対応できない場合あり

テイクアウト専門店
takeout

宅配専門店
delivery

弁当

お弁当一番
　西葛西本店
　　西葛西 6-29-12 ················ **03-3686-8957**
　江戸川球場前店
　　西葛西 6-5-17 ················ **03-3869-6931**
　北葛西店　北葛西 1-22-18 ··· **03-3686-5001**
キッチンオリジン
　葛西店　中葛西 5-19-17 ····· **03-5878-1956**
　葛西南口店
　　中葛西 5-35-6 ················ **03-5659-2036**
　西葛西店
　　西葛西 6-7-2 西葛西メトロ ····· **03-5679-0495**
　西葛西 6 丁目店
　　西葛西 6-14-2 西葛西メトロ ·· **03-5679-8831**
ほっかほっか亭東葛西 4 丁目店
　　東葛西 4-1-4 ··················· **03-5679-0920**
ほっともっと
　葛西店　東葛西 6-1-4 ········ **03-3688-5776**
　北葛西 2 丁目店
　　北葛西 2-22-13 ··············· **03-5659-6502**
　中葛西 4 丁目店
　　中葛西 4-9-18 ················· **03-5659-7350**
　中葛西 6 丁目店
　　中葛西 6-10-8 ················· **03-5659-7027**
　南葛西店　南葛西 6-17-1 ··· **03-5675-2831**
まいもん 🅗🅟
　　中葛西 4-7-1-1F ············· **03-6663-9720**

すし

小僧寿し
　葛西中央通り店
　　中葛西 4-3-3····················· **03-3688-7119**
　西葛西店　西葛西 7-20-5 ··· **03-3675-6647**
たみ　丼丸　南葛西店
　　南葛西 5-8-12 ················· **03-6240-5977**

弁当・仕出しほか

㈱大江戸食品　中葛西 2-7-8
　········· Ⓕ 03-3686-8126··· **03-3680-7561**
四季　北葛西 5-7-1 ············ **03-3675-5241**
フレッシュランチ 39 東京ベイサイド店
　南葛西 6-7-15
　········· Ⓕ 03-3687-2160··· **03-3687-2100**

ピザ

ドミノ・ピザ
　江戸川中葛西店
　　中葛西 3-29-6 ················ **03-3686-5008**
　西葛西店　西葛西 6-22-4··· **03-5659-1100**
ピザーラ葛西店
　　中葛西 5-20-10 ·············· **03-3804-3200**
ピザハット葛西店
　　中葛西 4-19-10 ·············· **03-5674-0444**
ピザポケット葛西店
　　中葛西 5-30-12 ·············· **03-5667-6455**

外食する 🍴
eat out

喫茶店・カフェ

岩本珈琲　北葛西 4-1-49 ……… **03-6875-2800**

絵音カフェ 子・シニア HP
　中葛西 5-18-14-1F ………… **03-6808-5276**

Cafe excellen
　東葛西 6-18-20-1F ………… **03-3680-5430**

CAFE de CRIE アリオ葛西 子・シニア
　アリオ葛西 1F ……………… **03-6808-2821**

カフェ・デ・ミール 子・シニア
　西葛西 5-1-1-2F …………… **03-3675-0039**

Q ゴルフ＆カフェ食堂
　北葛西 2-11-36………………… **03-6782-4363**

珈琲館アリオ葛西店 子・シニア
　アリオ葛西 2F ……………… **03-5675-4720**

コメダ珈琲店葛西南口店 HP
　東葛西 6-1-13-1F …………… **03-6808-1182**

ジン
　中葛西 5-19-17 葛西メトロ … **03-3687-9994**

ドトールコーヒーショップ
　西葛西南口店 子・シニア
　西葛西 6-16-4 ……………… **03-5679-2781**
　ホームズ葛西店 子・シニア
　ホームズ葛西店 1F ………… **03-3877-2292**

NECOT COFFEE HOUSE
　東葛西 5-19-22 ……………… **03-3877-0082**

パールレディ 子・シニア
　アリオ葛西 1F ……………… **03-6808-5512**

パティスリーカフェ　ひばり
　中葛西 1-31-51-1F …………… **03-5878-1176**

FOUR SEASONS CAFE 子・シニア HP
　西葛西 6-5-12-1F……………… **03-3689-1173**

カフェ・リネア 子・シニア HP
　北葛西 4-13-2-1F …………… **03-5878-1288**

ファストフード

ケンタッキーフライドチキン
　アリオ葛西店 子・シニア
　アリオ葛西 1F ……………… **03-5675-6835**
　イオン葛西店 子・シニア
　イオン葛西店 1F …………… **03-5659-2311**
　葛西店　東葛西 5-1-2 ……… **03-5674-7045**

築地 銀だこアリオ葛西店 子・シニア
　アリオ葛西 1F ……………… **03-6808-5235**

ポッポ HP　アリオ葛西 1F… ⑷ **03-5675-1011**

マクドナルド
　葛西店　東葛西 6-2-5 ……… **03-5676-6227**
　葛西アリオ店 子・シニア
　アリオ葛西 1F ……………… **03-5675-6726**
　葛西ホームズ店 子・シニア
　ホームズ葛西店 1F ………… **03-5659-3454**
　西葛西店
　西葛西 3-16-13-1F …………… **03-5676-5046**
　東葛西店 子・シニア
　東葛西 5-19-10 ……………… **03-5667-2302**

ミスタードーナツ
　アリオ葛西ショップ 子・シニア
　アリオ葛西 1F ……………… **03-5675-6805**
　葛西駅前ショップ 子・シニア
　東葛西 5-1-4………………… **03-5674-5674**
　西葛西駅前ショップ 子・シニア
　西葛西 6-16-6 ……………… **03-5674-7044**

モスバーガー
　西葛西北口店 子・シニア
　西葛西 3-22-16 ……………… **03-5659-1201**
　西葛西南口店 子・シニア
　西葛西 6-21-7 ……………… **03-5674-3070**

ロッテリア
　葛西駅店 子・シニア
　中葛西 5-43 葛西メトロ ……… **03-3680-7190**
　西葛西駅店 子・シニア
　西葛西 6-14-1 西葛西メトロ … **03-3675-3350**

アイスクリームは P147 へ

★ 子・シニア マークはベビーカー・車いすOKのお店

※バリアフリーというわけではありません
※混雑時やスタッフの都合等により対応できない場合
　あり

グルメ

137

牛丼・天丼・丼

すき家
中葛西店
中葛西 6-1-10-1F ……………… **0120-498-007**
西葛西一丁目店
西葛西 1-15-9-1F ……………… **0120-498-007**
西葛西駅前店
西葛西 6-8-11-1F ……………… **0120-498-007**
南葛西店
南葛西 2-2-2-1F ……………… **0120-498-007**
天丼てんや
葛西駅前店
中葛西 5-43-1 葛西メトロ …… **03-5659-0725**
西葛西店
西葛西 6-14-7 西葛西メトロ … **03-5667-2881**
なか卯
葛西店
中葛西 5-19-17 葛西メトロ … **03-5659-3561**
環七南葛西店
南葛西 3-24-21 ……………… **03-3877-8227**
西葛西駅前店
西葛西 6-7 西葛西メトロ…… **03-5658-3588**
松屋西葛西店 🅷🅿
西葛西 3-17-7 ……………… **080-5928-0841**
吉野家
葛西駅前店
中葛西 5-43-1 葛西メトロ …… **03-5667-0374**
西葛西駅一番街店
西葛西 6-14-2 西葛西メトロ … **03-5679-6217**

ファミリーレストラン

ガスト
葛西店 子・シニア
東葛西 6-2-7 ……………… **03-5667-8188**
西葛西店 子・シニア
西葛西 4-2-28-1F ……………… **03-5659-2638**
西葛西駅前店 子・シニア
西葛西 6-10-12-2F ……………… **03-5674-7057**
サイゼリアアリオ葛西店 子・シニア
アリオ葛西 3F ……………… **03-5679-0171**
ジョナサン
葛西駅前店
中葛西 5-34-11 ……………… **03-5679-7133**
西葛西店
西葛西 7-3-6 ……………… **03-5696-7383**
バーミヤン南葛西店 子・シニア
南葛西 4-2-17 ……………… **03-5659-6520**
びっくりドンキー中葛西店 子・シニア
中葛西 4-4-6 ……………… **03-5605-4315**
ロイヤルホスト
西葛西店
西葛西 6-16-3 ……………… **03-5696-5624**
南葛西店 子・シニア
南葛西 3-24 ……………… **03-3675-6568**

レストラン

KITCHEN BASE
臨海町 6-3-4 Ff ················ **03-6661-3248**

銀の小びと
東葛西 7-2-1-1F ··············· **03-3877-1715**

マリーナレストラン　トリム 🅗
東葛西 3-17-16-2F ············· **03-6808-5188**

イタリア料理

伊太利庵 子+シニア
中葛西 3-33-6-1F ··············· **03-3675-3056**

VANSAN 西葛西店 🅗
西葛西 6-9-1 ····················· **03-5679-7730**

カプリチョーザ西葛西店 子+シニア
西葛西 6-17-17-1F ············· **03-5676-1360**

鎌倉パスタ東葛西店 子+シニア
東葛西 6-43-15 ················· **03-5679-7309**

SEAFOOD KITCHEN PICHI 🅗
中葛西 5-41-8-1F ··············· **03-6808-5997**

Tavrena e Pizzeria Salute 🅗
東葛西 5-13-1 ··················· **03-6808-4570**

罪なたらすぱ　葛西店 子+シニア
東葛西 8-28-11 ················· **03-5878-0595**

ポポラマーマ 🅗
　アリオ葛西店 子+シニア
　アリオ葛西 3F ················· **03-5878-1490**
　葛西駅前店
　中葛西 3-34-9-2F ············· **03-3878-9000**

マリノステリア葛西店 子+シニア
東葛西 6-4-16 ················· **03-6808-8780**

ミート酒場　ぼいす 子+シニア
中葛西 3-18-24 ················· **03-3688-3908**

ステーキ

エル・アミーゴ（ステーキとメキシコ料理） 子+シニア
西葛西 6-14-1 西葛西メトロ ··· **03-3675-2340**

加真呂葛西店 子+シニア
中葛西 3-19-5 ················· **03-3688-7961**

肉の村山　葛西店
葛西メトロ ····················· **03-3689-1129**

バズグリル　ハンバーグ＆ビア
中葛西 4-1-24-2F ··············· **03-3687-8255**

BEYOND 子+シニア
葛西メトロ ····················· **03-6663-9500**

ビリー・ザ・キッド西葛西店
西葛西 6-22-16 ················· **03-3688-6603**

フォルクス葛西店 子+シニア
中葛西 3-6-4 ················· **03-5605-7470**

韓国料理

おぱ屋　西葛西 5-2-16-2F ····· **03-3869-3880**

韓国家庭料理居酒屋　オアシス
西葛西 6-5-17 ················· **03-3869-0880**

韓国ダイニング狎宮満（コグマ） 🅗
中葛西 5-41-15-2F ············· **03-5696-2319**

にしき亭 子+シニア
西葛西 6-14-2 西葛西メトロ ··· **03-3675-5650**

エスニック

エルトリート西葛西店
西葛西 6-10-15 ················· **03-5696-7488**

ラ・コパ（メキシコ料理）
中葛西 5-20-2 ················· **03-3687-5199**

★ 子+シニア マークはベビーカー・車いすOKのお店

※バリアフリーというわけではありません
※混雑時やスタッフの都合等により対応できない場合
　あり

インド料理

スパイスマジック　カルカッタ
　本店　西葛西 3-13-3 ············ **03-5667-3885**
　南口店　西葛西 6-24-5-2F ··· **03-3688-4817**
デリーダバ　インド料理
　西葛西 6-12-9-2F ············ **03-5878-0553**
デリーハイト葛西
　中葛西 3-35-16-5F ············ **03-3804-4889**
インド・ネパール・アジアダイニング　バター　カレー
　中葛西 3-29-12 ············ **03-3680-7622**
インド・ネパール料理　ヒマラヤン・キャラバン
　中葛西 8-21-17-1F ············ **03-3878-6062**
スパイスカフェ　フンザ
　中葛西 3-29-1 ············ **03-3680-7865**
ムンバイキッチン
　西葛西 6-12-9 ················· **03-3878-4088**

カレー

カレーハウス CoCo 壱番屋
　江戸川区葛西店
　中葛西 3-32-17 ············ **03-5659-7512**
　江戸川区西葛西駅北口店
　西葛西 5-6-11 ················· **03-5679-5077**

食事処

稲 `チ・シニア`
　西葛西 5-8-16 ················ **03-3680-4034**
大戸屋西葛西北口店 `HP`
　西葛西 3-15-8-2F ············ **03-6456-0810**
喜界 `HP`
　北葛西 2-23-19-2 ············ **03-4361-1438**
小池寿司食堂葛西市場 `HP`
　臨海町 3-4-1 葛西市場管理棟 1F
　················· **03-3878-2033**
関甚 `座敷`
　中葛西 3-25-9 ············ **03-3689-2053**
中華和食　千里 `チ・シニア` `座敷`
　中葛西 3-35-12 ············ **03-3689-5811**
大六天 `チ・シニア` `座敷`
　中葛西 3-30-15 ············ **03-3680-2543**
豚料理　田 `チ・シニア` `HP`
　東葛西 6-2-7-1F ············ **03-6808-7168**
鶏千
　西葛西メトロ ····················· **03-3680-3607**
麺ソーレきよ (沖縄料理) `チ・シニア`
　西葛西 6-13-14 ············ **03-3680-1148**
ごはん処　やよい軒 `HP`
　葛西店 `チ・シニア`
　中葛西 5-33-9 ················· **03-5679-9501**
　西葛西店
　西葛西 3-17-7 ················· **03-5878-3097**

★ `座敷` マークはお座敷があるお店

★ `出前` マークは出前をしてくれるお店
　出前エリア・料金等、詳細を確認のうえ、注文を

★ `チ・シニア` マークはベビーカー・車いすOKのお店
　※バリアフリーというわけではありません
　※混雑時やスタッフの都合等により対応できない場合あり

うどん・そば

藻切うどん　あおば `子・シニア` `HP`
西葛西 6-17-9 レンブラントスタイル東京西葛西 1F
‥‥‥‥‥‥‥‥‥‥‥‥ 03-3675-8934
葛西めんや　葛西メトロ ‥‥‥ 03-6808-9934
家族亭 `子・シニア`　アリオ葛西 3F 03-6663-8255
手打蕎麦清かわ `座敷` `HP`
南葛西 2-22-1 ‥‥‥‥‥‥‥ 03-5659-3288
弘昇庵 `子・シニア` `座敷` `出前`
西葛西 2-13-20 ‥‥‥‥‥‥ 03-3687-4546
小進庵 `子・シニア` `座敷` `出前`
北葛西 1-22-4 ‥‥‥‥‥‥ 03-3689-6910
讃岐直送うどん　さいた川 `子・シニア`
西葛西 5-8-4 小島町 2 丁目団地内
‥‥‥‥‥‥‥‥‥‥‥‥ 03-3687-9971
長盛庵　めん秀 `子・シニア`
西葛西メトロ‥‥‥‥‥‥‥ 03-3687-3170
はなまるうどん　ホームズ葛西店 `子・シニア`
ホームズ葛西店 1F ‥‥‥‥ 03-5659-0870
立ちそばやしま　西葛西メトロ 03-3675-1461
若鯱家 `子・シニア`　アリオ葛西 3F ‥ 03-5675-4717

ラーメン

らーめん　朝日堂
西葛西 5-6-11-1F‥‥‥‥‥ 03-5679-5125
開聞　南葛西 3-15-20 ‥‥‥ 03-5674-1151
らあめん花月嵐西葛西メトロセンター店
西葛西 6-14-2 西葛西メトロ ‥ 03-3869-1855
らーめんからしや葛西本店
中葛西 3-26-6 ‥‥‥‥‥‥ 03-6808-5545
くるまやラーメン宇喜田店
宇喜田町 1125 ‥‥‥‥‥‥ 03-3688-8971
支那そば　ちばき屋
東葛西 6-15-2-1F‥‥‥‥‥ 03-3675-3300
萃寿
西葛西 6-14 西葛西メトロ ‥‥ 03-3675-0577
節骨麺たいぞう葛西店 `HP`
中葛西 5-19-18‥‥‥‥‥‥ 03-6808-2913
たかし屋西葛西店
西葛西 6-15-20 ‥‥‥‥‥ 03-5878-0186
二代目 TATSU
東葛西 5-33-8 ‥‥‥‥‥‥ 03-3877-2255

だるまのめ西葛西店 `HP`
中葛西 6-3-5 ‥‥‥‥‥‥ 03-5696-5861
横浜家系ラーメンだるま家 ² 葛西店
東葛西 5-1-4-1F ‥‥‥‥ 080-4092-8903
ちりめん亭中葛西店
中葛西 5-15-9 ‥‥‥‥‥ 03-3687-4741
東京タンメン　トナリ　西葛西店 `HP`
西葛西 6-15-18‥‥‥‥‥‥ 03-6808-6609
どさん子ラーメン葛西店 `HP`
中葛西 5-43-1 葛西メトロ ‥‥ 03-3686-8654
豚骨一燈　アリオ葛西 1F ‥‥‥ 03-5878-1103
葫　東葛西 5-5-1 ‥‥‥‥‥ 03-6808-6248
らぁ麺ばら乃　西葛西 6-15-24 アパホテル西葛西 1F
‥‥‥‥‥‥‥‥‥‥‥‥ 03-6240-5287
らあめん　ひろや
東葛西 5-1-17-1F ‥‥‥‥ 03-3680-4110
らあ麺ふじを　東葛西 8-28-11 03-5878-0595
みそラーメン専門店　みそ膳葛西店 `HP`
中葛西 5-19-17 葛西メトロ ‥ 03-3687-9998
麺屋永吉・花鳥風月
中葛西 3-30-11-1F ‥‥‥‥ 03-6808-5738
麺家　大勝軒
中葛西店　中葛西 1-31-5 ‥ 03-5674-3751
東葛西店　東葛西 6-1-5 ‥‥ 03-5605-5170
ラーメンの王様
西葛西 1-11-24 ‥‥‥‥‥‥ 03-3687-6402
ラーメンヨシベー西葛西店
西葛西 5-6-24 ‥‥‥‥‥‥ 03-3686-3305
ラーメンリバーサイド
西葛西 8-15-44 ‥‥‥‥‥ 03-3869-0010
ラーメン若 `HP`
西葛西 3-15-11-1F ‥‥‥‥ 03-5878-1700
リンガーハット
アリオ葛西 1F ‥‥‥‥‥‥ 03-5679-6570

グルメ

中華料理

大阪王将西葛西北口店 🅗🅟
　　西葛西 5-2-1 ················· **03-3804-0040**
餃子の王将　　アリオ葛西 1F ·· **03-3804-8807**
興安園　中葛西 3-30-9-1F ····· **03-3687-2382**
末っ子
　　西葛西 6-7 西葛西メトロ ········ **03-3675-3040**
第二万福　西葛西 1-7-1 ······· **03-3689-4885**
宝亭　西葛西 7-21-18 ··········· **03-3680-5916**
福々亭　東葛西 3-10-11 ······· **03-3687-2348**
福満楼　西葛西 5 2 16-2F ····· **03-3804-7466**
宝来軒　中葛西 2-22-9 ········· **03-3687-7273**
萬来軒　中葛西 7-23-2 ········· **03-3675-3683**
中華レストランみつはし 出前
　　中葛西 1-24-1 ················· **03-3687-0384**
八千代軒　中葛西 3-15-1 ····· **03-3869-0141**
山長 出前　中葛西 4-18-12 ····· **03-3687-9090**
楼上重慶火鍋 🅗🅟
　　西葛西 5-5-17-6F ··········· **03-6808-6482**

中国料理

好運麺園　西葛西 5-8-5-1F 小島町 2 丁目団地
　　·································· **03-4363-1624**
中国広東料理　鮮菜
　　中葛西 3-25-16 ·············· **03-5674-1031**
独一処餃子葛西本店 🅗🅟
　　中葛西 3-33-19 ·············· **03-3878-0319**
福龍香（フウロンシャン）
　　西葛西 3-22-22 ·············· **03-5676-3263**

★ 座敷 マークはお座敷があるお店

★ 出前 マークは出前をしてくれるお店
　　出前エリア・料金等、詳細を確認のうえ、注文を

★ 子・シニア マークはベビーカー・車いすOKのお店
　　※バリアフリーというわけではありません
　　※混雑時やスタッフの都合等により対応できない場合
　　　あり

日本料理・和食

かに猿 子・シニア 座敷
　　中葛西 2-17-9 ················· **03-3869-8777**
旬彩　ごっさま 座敷
　　中葛西 3-30-10-1F ·········· **03-5605-7301**
天ぷら　酎兵衛
　　西葛西 5-8-5-1F 小島町 2 丁目団地内
　　·································· **03-3688-1010**
美味健食　松乃井
　　西葛西 3-1-8 ················· **03-3869-7607**

すし

いこい寿司 座敷 出前
　　西葛西 6-24-9 ················· **03-3689-1510**
魚河岸寿司 子・シニア 座敷
　　清新町 1-3-6 パトリア ········ **03-3878-1206**
扇寿司 座敷 出前
　　西葛西 1-6-10 ················· **03-3680-0919**
鮨・大山 座敷 出前
　　東葛西 6-2-11-1F ············· **03-3686-0830**
回転鮨みさき
　　アリオ葛西 1F ················· **03-5878-1178**
すし銀西葛西店
　　西葛西 3-16-5 ················· **03-5667-7638**
すし処　澤寿司
　　中葛西 3-29-1 ················· **03-3688-9272**
スシロー
　　北葛西店　北葛西 2-11-22 ··· **03-5679-7288**
　　南葛西店
　　南葛西 3-19-9 ················· **03-5667-4863**
千石寿司　中葛西 1-11-5 ······ **03-3688-8288**
千寿司
　　葛西店 子・シニア
　　中葛西 3-19-3 ················· **03-5674-0216**
　　西葛西店 子・シニア 座敷
　　西葛西 6-14-2 西葛西メトロ ··· **03-3686-3838**
大黒鮨 子・シニア
　　西葛西 5-6-15 ················· **03-3688-1418**
玉寿司 出前　北葛西 3-6-8 ···· **03-3687-2372**
司寿司 座敷
　　中葛西 3-30-11 ·············· **03-3688-2156**
誠鮨 子・シニア 座敷
　　東葛西 6-15-2 ················· **03-3804-2131**

鮨ままかり 座敷
　南葛西 4-8-7-1F ……………… 03-5676-4254
鮨光田 座敷
　西葛西 6-12-10 ……………… 03-3877-0878
向寿司 出前 　南葛西 6-16-5 03-3675-4649
鮨山清 座敷 出前
　中葛西 5-31-6 ……………… 03-3680-3562

とんかつ

かつや東京西葛西店
　西葛西 6-14-1 西葛西メトロ … 03-3675-3050
とんかついなば和幸
　アリオ葛西 3F ……………… 03-5675-6833
とんかつ　新宿さぼてん
　西葛西 6-7-2 西葛西メトロ … 03-6808-5333
とんかつ田西葛西店
　西葛西 6-17-17 ……………… 03-5676-1888
ごはん屋七ふく
　西葛西 6-14-2 西葛西メトロ…… 03-6808-9877
とんかつ屋双葉葛西 出前
　中葛西 6-3-8………………… 03-3877-2916

うなぎ

鳥長 子・シニア 　西葛西 7-9-16 …… 03-3675-0617
はし本 　西葛西 8-9-7 ………… 03-3687-8869
うなぎ彦衛門 子・シニア 座敷
　中葛西 8-21-19 ……………… 03-5696-4516

てんぷら

天藤 座敷 　西葛西 6-22-3 …… 03-3689-6893

しゃぶしゃぶ

しゃぶ玄 子・シニア 座敷
　西葛西 5-1-3………………… 03-3680-7595
しゃぶしゃぶ温野菜西葛西店 子・シニア 座敷 HP
　西葛西 5-1-1-2F ……………… 03-5878-3929

おでん

やまがみ 子・シニア 座敷
　西葛西 6-7-1 西葛西メトロ …… 03-3804-1880

焼肉・ホルモン料理

安楽亭葛西店 子・シニア 座敷
　東葛西 6-1-1………………… 03-3689-0101
焼肉扇屋 　東葛西 6-6-18 …… 03-5679-8339
おもに亭西葛西店 子・シニア 座敷 HP
　西葛西 5-8-18 ……………… 03-5667-8229
葛西ホルモン市場 子・シニア
　中葛西 3-34-4 ……………… 03-3877-3135
炭火焼肉酒家　牛角 HP
　葛西店 座敷
　中葛西 3-36-7-2F ………… 03-5659-6929
　西葛西店 座敷
　西葛西 6-16-1-B1 ………… 03-5659-2529
牛繁西葛西店 HP
　西葛西 6-8-7 ……………… 03-5659-7573
下町焼肉炎や
　西葛西 6-14-1 西葛西メトロ … 03-3675-5280
炭火焼肉牛龍 子・シニア 座敷 HP
　中葛西 3-35-17-2F ………… 03-3877-7713
焼肉ホルモン牛龍 子・シニア HP
　南葛西 4-2-12 ……………… 03-3686-4820
錦城苑 座敷
　西葛西 6-15-2 ……………… 03-3675-2901
炭火焼ホルモン　くうちゃん HP
　中葛西 5-33-9 ……………… 03-5667-5438
千山苑 子・シニア 座敷
　中葛西 3-37-7 ……………… 03-3687-8835
大将 子・シニア 座敷
　西葛西 3-14-1 ……………… 03-3688-8066
ホルモンバー東京葛西店
　中葛西 3-33-6-1F ………… 03-5667-2626
焼肉レストランリブランド 子・シニア 座敷
　東葛西 6-6-1-1F ……………… 03-3675-4829

グルメ

電話番号、住所など間違い、および『葛西カタログ』
に対するご意見・ご希望がありましたら、お手数
ですがご一報を！　　　☎047-396-2211

お好み焼き・鉄板焼き・もんじゃほか

うまいものや三福西葛西
西葛西 7-20-1 ……………… **03-5676-3029**

お好み焼き・もんじゃ焼きにし
南葛西 2-9-14 ……………… **03-3686-4981**

お好み焼・もんじゃ焼バブ
東葛西 6-14-10-1F ………… **03-5696-4362**

お好み焼もんじゃよしみ
中葛西 3-15-3 ……………… **03-3687-8922**

京都・きん家
西葛西 6 13-14-1F ………… **03-5667-1953**

たこ焼まるぜん
イオン葛西店 1F ………… **03-3675-6355**

Tetsu 坊　中葛西 5-41-3 …… **03-3804-9261**

てんてん
中葛西 7-11-7-1F ………… **03-6626-7220**

ぼてぢゅう食堂　西葛西店 Ⓗ🅟
西葛西 6-7-2 西葛西メトロ 3 番街
……………… **03-6808-1163**

もんじゃ・お好み焼ぶんぶん
西葛西 5-6-1-4F ………… **03-3878-9839**

可能なかぎりの調査に基づいて作成しましたが、万一掲載もれや締め切り後の変更などありましたらお知らせください。　☎047-396-2211

かさい topics

食品ロスを減らしたい

2022.12.1

「タベくるん」の運用開始
― 23区初の試みに官民協力で取り組む ―

　2022年10月5日、グリーンパレスで、江戸川区と東京商工会議所江戸川支部、三井住友海上火災保険株式会社が、食品ロス削減に向けた三者連携の覚書を締結した。

　江戸川区の2010年度の食品ロスは約8500トン。これを2030年度までに半分の4000トンにまで削減するという目標を掲げている。その取り組みの一環として、12月1日にはマッチングサービス「タベくるん」の運用が開始された。

　事業者が、食品や食材に余りが出た場合、ネットに出品、一般の登録者がパソコンやスマホで購入予約し、店頭で購入できるサービスだ。

　成功させるには多くの事業者の参加が必要。そこで三者協定により、東商江戸川支部は会員の事業者に「タベくるん」への参加を呼びかけ、三井住友海上火災保険は、参加事業者に、保険会社の立場で経営アドバイスなどを行っていく。

　東商江戸川支部の石井豪事務局長は「事業者が区内で事業を継続していくには、江戸川という地域に持続してもらわなければならない。そのためにタベくるんの利用を促進し、三井住友海上火災保険さんとともに区内事業者の経営体質

強化を図りたい」。三井住友海上火災保険の吉岡敬太郎東京東支店長は「今回は地域の発展に貢献できる機会であり、タベくるんの取り組みをロールモデルとして東京23区に広げていきたい」と語った。

　江戸川区の天沼浩環境部長は「タベくるんの運用には官民協働が必要です。事業者と一般利用者を結び付けて食品ロスを減らす取り組みは23区では初めて。共生社会実現のために、食べきり運動やフードドライブなど、なお一層の取り組みが必要と感じています」と話した。

▲三者連携の覚書締結式で

お酒を飲む

drink

焼鳥

ダイニング串焼 UMI
　西葛西 5-1-5･･･････････････03-3869-4181
源氏　中葛西 2-22-9････････････03-3680-2890
鳥繁西葛西店
　西葛西 5-5-16-1F　･･･････03-3878-1186
鳥焼なか村　西葛西 5-7-11 ･･03-3686-2388
北海道焼鳥　いただきコッコちゃん ⓗ
　西葛西 6-7-1 西葛西メトロ･････03-5674-7677
焼鳥なかじま
　中葛西 5-39-10　･･･････････03-3687-3677

小料理

五徳家　東葛西 1-45-16 ･･････03-3877-6851
和処　古萩　西葛西 5-6-17･･03-5676-2580
鮮魚・地酒の店　魚八
　西葛西 6-14-2 西葛西メトロ ･･03-5658-6464

居酒屋

いっき　宇喜田町 1364-11 ･････03-5605-1359
築地魚一　西葛西店
　西葛西メトロ内････････････03-6661-4422
居酒屋　うおよし
　東葛西 7-6-1　･･････････････03-3689-4875
江の本　西葛西 3-15-13-7F ･･03-3686-5431
寿司居酒屋えびす丸
　中葛西 3-35-16-7F ･････････03-6808-6995
居酒屋おはなぼう
　中葛西 6-7-15　･･･････････03-3869-5506
漁師料理かさい ⓗ
　中葛西 3-35-16-2F ･････････03-6663-8487
KAPPO みず乃
　中葛西 5-19-20　････････････03-3877-3287
キタノイチバ葛西駅前店 ⓗ
　中葛西 3-35-14 ･･･････････03-3869-2088

くいもの屋　わん葛西店 ⓗ
　東葛西 6-2-5-3F ･･････････03-5659-1277
串カツ田中　葛西店 ⓗ
　葛西メトロ内･･･････････････03-3686-1212
こだわりやま葛西駅前店 ⓗ
　中葛西 3-35-16-1F・B1 ･･････03-5659-7081
伍之伍之十六夜
　西葛西 5-5-16-2F　･･････････03-3877-0949
さかなや道場　西葛西北口店 ⓗ
　西葛西 3-16-13-2F･････････03-5667-1301
さるの蔵　東葛西 5-1-15-2F ･･03-5658-0709
信濃路　中葛西 4-18-9･･････03-3688-5378
島ごはん
　西葛西 6-18-3-B1　･･･････03-5674-3434
バル　SHUMON
　西葛西 5-2-15 ･･･････････03-5667-0445
笑じろー　西葛西 3-22-6 小島町 2 丁目団地内
　･･･････････････････････････03-3804-5882
甚兵衛　東葛西 8-15-7 ･･････03-3680-4143
関場屋　中葛西 3-1-15･･････03-3675-3551
ダンダダン酒場　西葛西店
　西葛西メトロ内･････････････03-5679-6305
てんてけてん葛西店
　東葛西 6-2-5-2F ･･････････03-5667-0351
土間土間西葛西店 ⓗ
　西葛西 6-16-1-B1 ･････････03-5659-4088
とり鉄　西葛西店 ⓗ
　西葛西 6-16-1-B1 ･････････03-5667-3070
日本橋紅とん　西葛西店
　西葛西 6-7-2 西葛西メトロ　･･･03-3680-1191
はなの屋　葛西駅前店 ⓗ
　中葛西 5-34-11-2F ････････03-5659-1805
ビストロ　ヴェスタ
　中葛西 5-18-12-1F ････････03-3804-7009
居酒屋文ちゃん
　東葛西 5-13-1-1F ･････････03-3687-1240
瑞穂　中葛西 3-15-14 ･･･････03-3804-4657
もつ焼きみやちゃん
　西葛西 3-14-2　･･･････････03-3689-0021
山芋の多い料理店
　西葛西 6-18-3-B1 ･････････03-6661-4243
上海酒家悠悠
　中葛西 3-35-18･････････････03-3688-5545

〈次ページへつづく〉

グルメ

居酒屋〈前頁から〉

養老乃瀧西葛西店
西葛西 6-8-5 ……………………… **03-5674-8355**
肴のよろず屋
西葛西 6-7-10 西葛西メトロ … **03-3869-4477**
酔処力 南葛西 3-7-20 ……… **03-5674-5547**
笑笑 葛西駅前店 HP
中葛西 3-35-14 ………………… **03-3687-6588**

ショットバー・ダイニングバー

Bar Absolut (バーアブソリュート)
中葛西 5-41-15-B1 ………… **03-3877-9157**
南国ビストロ 海の Yey (ウミノイエ)
東葛西 6-1-13-2F …………… **03-3804-5822**
NK diner193
西葛西 1-15-12 ………………… **03-6663-8455**
カフェ&バー boo
中葛西 4-3-21 ………………… **03-5696-9277**
レストランバー Cal Cal (カルカル)
西葛西 3-15-2 ………………… **03-3877-2953**
蕎麦瑠 呑楽人
中葛西 7-17-19-1F ……… **03-5658-8856**
ワイン&ビア 呑具里
中葛西 5-41-15-2F ……… **03-3804-2565**
パワーズ・シー
西葛西 6-13-11-4F ……… **03-3877-9587**
B'FLATT
中葛西 5-32-2-1F ……… **03-3869-1684**
ラル・ジェネ
中葛西 5-40-15-2F……… **090-2153-8917**
LUMBER HOUSE
中葛西 3-18-22 …………… **03-5605-0604**
BAR ROBROY 西葛西 HP
西葛西 6-12-8-1F…………… **03-6808-8565**

食品を買う
food

和菓子

あづま 東葛西 8-13-6 ……… **03-3689-1835**
和菓子入船 南葛西 5-8-12 … **03-3688-1605**
和菓子 山長
西葛西 5-8-14 ………………… **03-3680-7743**

せんべい

銀の杵西葛西店
西葛西 6-15-1 ………………… **03-3675-0020**
もち吉西葛西店 HP
西葛西 4-2-80 ………………… **03-5675-7281**

洋菓子・パン

アン・フォンド・ソレイユ 西葛西店
西葛西 6-28-12-1F ………… **03-3804-0765**
食パン専門店 一本堂 江戸川葛西店 HP
中葛西 5-11-12 ………………… **03-6808-8289**
加藤仁と阿部守正の店
中葛西 3-36-8 ………………… **03-3689-1188**
カンテボーレ葛西店
イオン葛西店 1F ………………… **03-3686-9471**
銀座に志かわ葛西店
中葛西 3-18-10-1F ………… **03-6663-8088**
ゴンノベーカリーマーケット本店
西葛西 7-29-10-1F …………… **03-6312-4179**
ゴンノベーカリー cinq
中葛西 5-35-8 ………………… **03-6753-4254**
食パン道 西葛西店
西葛西 3-3-1 ………………… **03-6808-0147**
パティスリー ル・アマレット HP
南葛西 4-6-8 ………………… **03-3804-4430**
シフォンケーキ工房 花笑みしふぉん HP
西葛西 8-11-7-1F …………… **050-3393-3838**
パローレ洋菓子店 HP
西葛西 4-2-31 ………………… **03-3680-0864**

Pain de Prove
中葛西 2-9-4 ·················· **03-3688-2779**
Fine Bread
本店 東葛西 6-7-10 ········· **03-3804-7460**
葛西駅前店
中葛西 3-18-22 ········· **03-3877-6442**
ブーランジェリー　ジョー
南葛西 2-23-10-1F ············· **03-5667-5490**
ブールミッシュ葛西店
中葛西 5-43 葛西メトロ ········ **03-3688-9948**
不二家西葛西店
西葛西 6-14 西葛西メトロ ····· **03-3675-2250**
プティーリール
東葛西 7-13-10-1F ············· **03-3686-8399**
ポム・ドゥ・テール
中葛西 4-20-20-1F ············· **03-3877-0531**
リヨンセレブ西葛西店
西葛西 5-8-1F 小島町 2 丁目団地内
································ **03-3687-1622**
パティスリー　Le LAPUTA
西葛西 3-3-1-1F ············· **03-5674-5007**

菓子

シャトレーゼ　アリオ葛西 1F··· **03-3689-1740**
トミーショップ　北葛西 5-29-8-1F
吉橋商店　東葛西 4-58-22 ··· **03-3680-3089**

乳製品

月島食品工業 (マーガリン)
東葛西 3-17-9 ·················· **03-3689-3111**

アイスクリーム

サーティワンアイスクリーム **HP**
　アリオ葛西店
アリオ葛西 1F ················· **03-3877-8431**
　葛西島忠ホームズ店
ホームズ葛西店 1F ············· **03-5674-2631**
　西葛西店
西葛西 6-14 西葛西メトロ ····· **03-3675-9898**

紅茶

シャンティ紅茶
西葛西 3-3-15 ················· **03-3688-6612**

お茶・のり

恩田海苔店　東葛西 8-5-3····· **03-3680-2030**
佐久間のり店
中葛西 5-12-1 ················· **03-3680-3027**
㈱白子 **HP**　中葛西 7-5-9 ····· **03-3804-2111**
トップ　中葛西 3-24-15 ····· **03-3686-5351**
㈲新村
中葛西 3-14-10 ················ **03-3877-5724**
丸亀葛西店 (のり・お茶専門店)
臨海町 3-3-4 (葛西食品市場西村食品内)
································ **047-363-1751**
　　　　　　　　　　　　 090-9203-3342
吉万海苔店
東葛西 2-29-20 ················ **03-3689-5293**

海産物

葛西食品市場
臨海町 3-3-1 ················· **03-3878-2443**

鮮魚

㈲おせきや商店
東葛西 1-26-19·················· **03-3689-2403**
吉田魚店　北葛西 1-9-5 ········· **03-3680-4698**

グルメ

電話番号、住所など間違い、および『葛西カタログ』
に対するご意見・ご希望がありましたら、お手数
ですがご一報を！ ☎047-396-2211

147

輸入食品

カルディコーヒーファーム ⑪
アリオ葛西店
アリオ葛西 1F ·················· **03-5659-1071**
西葛西店
西葛西 6-17-3-1F ············· **03-5696-9146**
TMVS FOODS（インド食材）
西葛西 5-8-5-1F 小島町 2 丁目団地内
·············· **03-6808-6011**

健康・自然食品

自然食品の店　サンピュア ⑪
西葛西 5-6-23 ················ **03-3675-5780**
大高酵素㈱東京支店 ⑪
南葛西 6-33-10 ··············· **03-5605-3111**
ファーイースト㈱
中葛西 3-15-9-3F ············· **03-3686-2605**
YAKUZEN GARDEN（自然の森漢方堂） ⑪
中葛西 3-16-10 ··············· **03-5659-7292**

豆腐

本田豆腐店　中葛西 5-29-6 ··· **03-3680-8927**
丸清食品　中葛西 1-17-4 ······ **03-3687-2060**

野菜・くだもの

安信屋　中葛西 3-1-15-1F ····· **03-3878-1645**
サトモ　西葛西 5-2-17 ········ **03-3680-3915**
㈱下倉　臨海町 3-4-1 ········· **03-3878-2360**
東青卸センター
葛西市場内 ················· **03-3878-2377**
八百梅　南葛西 7-1-7-1F ······· **03-3687-4832**

肉

肉の愛知屋
東葛西 5-39-12 ··············· **03-3689-0649**
出雲屋精肉店
北葛西 1-10-7 ················ **03-3680-4917**
肉の三角屋　南葛西 3-24-6 ··· **03-3688-7385**

食料品

あじかん東京営業所
北葛西 2-11-5 ················ **03-3804-1090**
石川商店　中葛西 3-14-16 ····· **03-3688-2769**

水

みずはのめ　江戸川店
南葛西 2-23-10-1F ············ **0120-328-155**

米

タナカライスショップ㈲
東葛西 8-6-15 ················ **03-3680-5970**
トーベイシテン
中葛西 4-20-1 ················ **03-3680-7751**
増田屋米店葛西店
東葛西 5-12-6 ················ **03-3687-2079**

酒

河内屋
葛西店　中葛西 5-40-15 ··· **03-3680-4321**
北葛西店　北葛西 5-1-5 ····· **03-3878-6421**
くろだ酒店　西葛西 7-21-10 ··· **03-3688-3341**
酒のこばやし
西葛西 1-8-10 ················ **03-3686-1929**
中里食品　北葛西 2-9-19 ····· **03-3680-0818**

可能なかぎりの調査に基づいて作成しましたが、万
一掲載もれや締め切り後の変更などありましたらお
知らせください。　　　　　　☎047-396-2211

住まい

★本文中赤色になっているのは「葛西カタログ2023-24」協賛店です
★Ⓕ はFAX番号、Ⓣ&Ⓕ は電話番号とFAX番号、ⒽⓅ はホームページのあるお店

ライフラインを
しっかり
lifeline

水道衛生工事

㈲宇田川吉造設備
　東葛西 9-5-28 ･･････････････････ **03-3689-5657**
加藤開発工業㈱
　西葛西 7-22-7 ･････････････････ **03-3688-5486**
㈲茂山工務店
　西葛西 8-3-5 ･･････････････････ **03-3688-4156**
㈲仲摩工業所
　西葛西 2-5-12 ･････････････････ **03-3680-4785**
㈲堀田工業
　東葛西 6-14-10-2F ･･････････ **03-3675-1400**

水もれ修理

㈱クラシアン江戸川支社
　西葛西 3-7-8-1F ･･･････････････ **0120-500-500**

電気工事

イーストエアコン
　東葛西 5-20-9-1F ･･････････････ **03-6808-0866**
㈲葛西電気　中葛西 6-21-7 ･･ **03-3689-3887**
興陽電設㈱
　東葛西 6-48-12 ･･･････････････ **03-3687-1931**
㈱ナルシマ電気
　中葛西 7-9-26 ･･･････････････ **03-3675-5151**
㈲ムサシデンキ
　西葛西 7-21-9 ･･･････････････ **03-3688-5086**
森山電装㈱　東葛西 9-19-9 ･ **03-3687-5033**
㈲米倉電気
　東葛西 1-45-10 ･･･････････････ **03-3680-1640**

冷暖房・空調工事

光進工業㈱ ⓗⓟ
　東葛西 2-2-4-1F ･･････････････ **03-3680-8459**

燃料・燃焼機器

イソベ石油㈱
　南葛西 6-33-18 ･･･････････････ **03-3689-6427**
㈱サクマ（プロパンガス）
　中葛西 3-33-14 ･･･････････････ **03-6808-5531**
サン・カドヤ
　中葛西 8-1-27 ･･･････････････ **03-3680-7284**

家の中のものを買う
daily necessities

電化製品

でんきのイタガキ
西葛西 8-12-1 .... **03-3689-2389**

ケーズデンキ西葛西店 🅗🅟
西葛西 4-2-18 .... **03-5679-5181**

須永電気 西葛西 7-22-9 ..... **03-3688-2597**

生活彩館かさい電器
中葛西 7-11-8 .... **03-3675-8768**

電化ショップなかがわ
西葛西 1-12-15 .... **03-3687-1818**

ノジマ アリオ葛西 2F **03-5667-7301**

広瀬電機 中葛西 7-26-10 ..... **03-3687-1728**

ヤマダ電機テックランド New 葛西店 🅗🅟
中葛西 4-8-1 .... **03-6808-3321**

カーテン

インテリア中島 🅗🅟
西葛西 5-11-4 .... **03-3689-7204**

インテリア

㈲創芸 東葛西 6-2-11-5F **03-3675-2301**

陶器

江戸川陶器製造㈱葛西市場店
臨海町 3-4-1 .... **03-5658-7011**

器の店サンカクバシ 🅗🅟
中葛西 1-18-3 .... **03-3686-9489**

日用品・生活雑貨

Atelier Lune（ハンドメイド雑貨・ドライフラワー） 🅗🅟
中葛西 3-11-22-1F **080-9403-0328**

illusie300 アリオ葛西 1F **03-3804-2501**

スタジオ アウローラ（ハンドメイド） 🅗🅟
東葛西 6-15-1-1F **03-6808-0081**

ハピンズ アリオ葛西 2F **070-1556-6662**

HYGGE STORE BY NORDISK
臨海町 6-3-4 Ff2F **03-6661-4347**

フランフラン葛西店
アリオ葛西 1F **03-5675-6811**

無印良品 アリオ葛西
アリオ葛西 1F **03-5675-6815**

レイメイ（洗剤）
中葛西 3-18-7-1F **03-6808-1246**

ロフト アリオ葛西 1F **03-5674-6210**

金物

㈱ナカモン 北葛西 1-2-25 ..... **03-3680-5585**

包丁

庖丁専門店 杉本刃物西葛西店
西葛西 3-4-2 .... **03-3869-4687**

ホームセンター

ホームズ葛西店 🅗🅟
東葛西 9-3-6 .... **03-5659-2191**

電話番号、住所など間違い、および『葛西カタログ』
に対するご意見・ご希望がありましたら、お手数
ですがご一報を! ☎047-396-2211

家を補修・キレイにする
repair

リフォームする
renovation

畳

㈱ナルシマ　東葛西 8-5-19 … **03-3680-4411**

表具・表装

町田光琳洞　東葛西 4-12-8 … **03-3675-0660**

壁紙・ふすま紙

金沢屋　江戸川店
　中葛西 8-6-2 ………………… **03-5676-2600**

建具

佐藤建具店
　北葛西 2-20-15 …………… **03-3680-6515**

塗料

西野塗料店
　東葛西 5-47-17 …………… **03-3680-6538**

塗装

㈲タップ　中葛西 1-35-19 …… **03-5658-8157**
㈲中野塗装店
　西葛西 8-20-17 …………… **03-3680-2858**

ガラス工事

登内硝子㈱
　東葛西 1-34-18 …………… **03-3687-3836**
中里硝子工業㈱
　東葛西 6-37-7 ……………… **03-3689-3335**
ノースガラス㈱
　中葛西 3-2-5 ……………… **03-5675-1541**

リフォーム・内装工事

アールツーホーム葛西店 ⓗⓟ
　中葛西 3-30-14-1F ………… **0120-416-022**
㈲伊藤創建社
　東葛西 2-34-8 ……………… **03-3687-2511**
㈲今泉室内工事
　西葛西 2-9-8 ……………… **03-3680-8423**
㈱インテックス ⓗⓟ
　西葛西 4-6-21 ……………… **0120-67-0070**
㈲インテリア・カケス
　東葛西 5-56-3 ……………… **03-3680-8113**
㈱ウィズ ⓗⓟ
　中葛西 3-2-5 ……………… **03-5605-2521**
㈱エース・プランニング ⓗⓟ
　西葛西 8-18-16-1F ………… **0120-88-7283**
㈲大川　中葛西 5-17-11 …… **03-3687-1918**
㈱大塚建設
　中葛西 7-18-1 ……………… **03-3675-5479**
㈱笹本工務店
　中葛西 1-23-2 ……………… **03-3680-5206**
シーエス・ホーム ⓗⓟ
　中葛西 2-21-2 ……………… **03-3675-1329**
㈲新芽 ⓗⓟ
　西葛西 4-2-47-6F ………… **03-3878-2292**
㈲鈴章インテリア ⓗⓟ
　中葛西 1-37-13……………… **0120-39-1406**
スターツホーム㈱ ⓗⓟ
　西葛西 6-21-7-5F…………… **03-3686-1014**
㈲スマイリーホーム
　南葛西 2-22-8 ……………… **03-6659-8448**
㈱ゼネック ⓗⓟ
　東葛西 5-12-1 ……………… **03-3689-6976**
㈱太陽自動機 ⓗⓟ
　東葛西 5-46-3 ……………… **03-5696-5511**
　　　　（P1 カラーページもご覧ください）
㈲タカ建設
　中葛西 2-26-10 …………… **03-3686-0364**

㈲藤田工務店
　東葛西 2-15-19 ················· **03-3675-2161**
㈲山秋　南葛西 1-4-19 ········· **03-3877-6418**
㈱ワールドスペース
　東葛西 5-23-18 ················· **03-3686-2811**

防音・音響工事

㈱浜田　東葛西 7-8-6 ·········· **03-3680-7500**

ガーデニング

★園芸・造園は P173 へ

家を建てる
build a house

建築事務所・設計事務所

㈲伊能総合計画事務所
　西葛西 5-5-15-4F ·············· **03-5605-6931**
㈲エイムデザイン
　北葛西 2-14-19 ················· **03-3680-7760**
加藤建築設計事務所
　西葛西 7-24-9 ·················· **03-3688-3862**
㈱ケーアンドテー
　東葛西 5-12-14 ················· **03-3804-0505**
㈱関口雄三建築設計事務所
　中葛西 6-7-12 ·················· **03-3688-5941**

建設・工務店

青葉興産㈱
　西葛西 7-15-5-3F ·············· **03-3804-2955**
㈱阿部工務店
　中葛西 7-10-7 ·················· **03-3680-7757**
宇田川建設㈱
　東葛西 6-1-6 ··················· **03-3687-7724**
㈱片田工務店
　東葛西 5-1-6 ··················· **03-3688-3071**
㈱国工務店 ⓗⓟ
　北葛西 2-24-13 ················· **03-3688-1876**

㈲小島工務店
　東葛西 6-34-12 ················· **03-3689-2045**
㈲酒井興業　東葛西 1-19-3 ··· **03-3680-1926**
㈱サンホープス ⓗⓟ
　南葛西 7-1-7-1F ················ **03-3675-7767**
高中建設㈱　南葛西 4-19-7 ··· **03-3878-9711**
寺島組 ⓗⓟ　南葛西 4-12-8 ····· **03-3804-6780**
富岡工務店㈱
　西葛西 8-18-11 ················· **03-3687-6561**
㈲ハウステック
　西葛西 5-10-35 ················· **03-5676-0502**
㈱ビーム
　南葛西 4-21-21 ················· **03-3675-0155**
㈲ホーム西野工務店
　東葛西 1-36-21 ················· **03-3689-1054**
㈱ホーワ
　北葛西 2-14-27 ················· **03-3675-5511**
丸泰土木㈱
　北葛西 3-5-17 ·················· **03-3689-4111**
山庄建設㈱ ⓗⓟ
　中葛西 4-14-5 ·················· **03-3675-4751**

沈下修正

メインマーク㈱（傾き修正）ⓗⓟ
　西葛西 5-2-3-7F ················ **03-5878-9101**

ショールーム

TOTO 江戸川ショールーム ⓗⓟ
　西葛西 7-21-4 ················· **0120-43-1010**
LIXIL 葛西水まわりショールーム ⓗⓟ
　中葛西 4-4-1 ··················· **0570-783-291**

セキュリティーを万全に
security

警護・警備サービス

アイアイ総合警備保障㈱
　西葛西 7-10-20 ················· **03-6661-3282**
㈱光三警備保障
　南葛西 2-1-19-4F ··············· **03-5658-1133**

153

家を探す 売る

find, buy a house

不動産

㈱アーバンホーム **HP**
　東葛西 6-15-18 ……………… **03-6410-6633**

㈱アスカ住宅　西葛西 5-2-9 … **03-3689-0771**

㈱荒嘉 **HP**　東葛西 5-2-14 …… **03-3869-2103**

㈲飯田不動産
　東葛西 5-3-4-1F ……………… **03-3804-1850**

㈱宇田川企画
　西葛西 6-12-7-1F…………… **03-5658-1901**

㈱宇田川商事
　中葛西 3-37-1 ………………… **03-3680-2111**

㈱宇田川物産グループ
　東葛西 6-1-6………………… **03-3687-7734**

㈱内田物産
　東葛西 5-37-12 ……………… **03-3680-1717**

ウツイ商事㈱ **HP**
　中葛西 5-29-1-1F…………… **03-3687-5511**

ウツイハウジング㈲
　西葛西 3-4-21 ………………… **03-3687-0757**

㈲エイ・ケイ・ホーム
　中葛西 2-1-26 ………………… **03-3689-8161**

㈱エイブル西葛西店
　西葛西 6-10-12-3F ………… **03-3804-3361**

㈱江戸一ハウス
　中葛西 3-29-10 ……………… **03-3686-8111**

㈱大杉ハウス
　東葛西 6-6-3-6F……………… **03-3686-8778**

OPEN HOUSE 西葛西営業センター **HP**
　西葛西 3-22-21 ……………… **0120-505-511**

㈲カイム住販　東葛西 6-5-5 … **03-5674-1261**

葛西産業㈱
　西葛西 6-8-7-5F ……………… **03-3675-3601**

㈱キャピタル
　西葛西 3-15-15-5F ………… **03-5878-3258**

共栄商事㈱
　西葛西 3-15-9-1F …………… **03-3686-9031**

㈱京橋建設不動産 **HP**
　北葛西 2-11-32 ……………… **03-3687-7525**

㈲草屋　東葛西 6-1-18 …… **03-3675-0751**

ケーエスアーベスト㈱本社
　西葛西 3-16-18 ……………… **03-5674-4751**

㈱建陽　西葛西 8-8-2 ……… **03-3688-8888**

㈱ゴールデンハウジング
　中葛西 3-1-13 ……………… **03-5605-5881**

㈲サダ企画
　中葛西 5-36-12 ……………… **03-5696-9891**

佐萬不動産㈱
　中葛西 5-32-13 ……………… **03-5658-1301**

㈱シティタウン
　東葛西 2-5-3 ………………… **03-3877-2051**

㈲シノカズ企画
　南葛西 4-10-21-1F ………… **03-3680-8836**

㈱白子不動産
　本社　西葛西 6-16-7 ……… **03-3675-2641**
　葛西営業所
　東葛西 6-4-3 ………………… **03-3687-4033**

㈱新店ホームズ **HP**
　中葛西 5-20-13………………… **03-3687-2449**

㈲新徳　東葛西 6-2-8 ……… **03-3686-8601**

㈲水府不動産
　中葛西 5-35-8 ……………… **03-5696-8001**

スターツピタットハウス㈱ **HP**
　葛西店
　中葛西 5-33-14 ……………… **03-3878-4141**
　西葛西店　西葛西 6-16-4 … **03-3686-1015**

住友不動産販売㈱西葛西営業センター
　西葛西 3-16-12 ……………… **03-3680-1115**

㈱西協　東葛西 6-6-9 ………… **03-3878-2222**

㈱相互住宅
　中葛西 2-26-12-1F………… **03-3675-1401**

創和不動産　西葛西 6-18-8 … **03-3688-4441**

大京穴吹不動産西葛西店 **HP**
　西葛西 3-15-13-4F ………… **03-6369-8757**

大成商事㈱　中葛西 7-27-7 … **03-3688-7015**

㈲太政ハウジング
　東葛西 8-5-2 ………………… **03-3680-5151**

大成有楽不動産販売㈱西葛西センター
　西葛西 5-1-11-2F …………… **03-3689-4311**

㈱ダイチ・コーポレーション
　東葛西 6-6-1-1F……………… **03-5658-3434**

竹仲総業㈲　東葛西 5-14-14 … **03-3675-0125**

竹乃湯不動産
　中葛西 5-42-6 ……………… **03-3687-8343**

㈲寺西商事　中葛西 5-35-4 … **03-3688-0033**

㈱藤栄建設　西葛西 5-5-14 … **03-5696-2266**
東急リバブル㈱西葛西センター　🅗🅟
　西葛西 6-16-4-5F …………… **03-3675-9021**
㈲中新　東葛西 6-14-3 ………… **03-3686-8452**
日経アメニティー・ジャパン㈱　🅗🅟
　西葛西 6-27-6-4F …………… **03-3878-8612**
野村の仲介 PLUS 西葛西センター　🅗🅟
　西葛西 3-15-13-5F …………… **03-5675-6101**
ハウスドゥ！葛西駅前店　ヒコタ不動産㈱　🅗🅟
　東葛西 5-13-13-1F …………… **03-5667-2800**
㈱ハウス・ナビ　🅗🅟
　葛西駅前店
　葛西メトロセンター内 ………… **03-3878-2224**
　西葛西店
　西葛西 6-22-2-1F …………… **03-3686-0123**
はじめ不動産
　中葛西 3-29-4-2F …………… **03-5667-5253**
東日本住宅㈱西葛西営業所
　西葛西 6-8-10 ……………… **03-3878-4111**
㈱藤友不動産販売
　中葛西 4-20-13 ……………… **03-5696-3241**
㈱不動産リサーチセンター
　東葛西 6-6-9-1F …………… **03-3686-9131**
プランニングアート㈱　🅗🅟
　中葛西 5-33-11 ……………… **03-3675-9811**
　　　　　　（P6 カラー・路線図下もご覧ください）
ベストプレイス葛西ショールーム
　中葛西 5-33-4-1F …………… **0120-39-3063**
㈲ベル・アシスト
　西葛西 6-5-8-2F …………… **03-6277-3650**
㈲豊国不動産
　中葛西 1-37-13 ……………… **03-3675-8888**
本澤商事　北葛西 2-29-7 …… **03-3680-5181**
㈱マルカ　中葛西 3-33-11-7F… **03-3687-3380**
㈱丸善コーポレーション
　東葛西 5-1-3 ………………… **03-3686-0621**
丸彦㈱　東葛西 5-14-8 ……… **03-3680-9549**
三井のリハウス西葛西センター　🅗🅟
　西葛西 6-8-10-5F …………… **03-3804-1131**
㈱ミニミニ城東西葛西店　🅗🅟
　西葛西 6-8-11-2F …………… **03-3686-3200**
㈱森商事　東葛西 6-4-10 …… **03-3686-0686**
㈱森田商事　🅗🅟
　東葛西 5-1-1-1F …………… **03-3687-4131**
㈲八千代不動産
　中葛西 6-9-11 ……………… **03-3675-1773**

㈲山形屋住宅
　東葛西 5-11-10-1F ………… **03-3686-6998**
山秀商事㈱　🅗🅟
　西葛西 6-13-7 ……………… **03-5696-3111**
㈱ユニプランシステム　🅗🅟
　西葛西 5-5-18 ……………… **03-3804-0055**
㈲吉野製粉　東葛西 2-31-9 … **03-3680-2053**
LIXIL 不動産ショップ昭産建設㈱　🅗🅟
　中葛西 5-34-7-1F …………… **03-3680-6800**
㈲ワイ・エス住宅　西葛西 6-10-14-1F
　………… Ⓕ 03-5658-8852… **03-5679-6881**
㈱ワコーリビング
　南葛西 3-24-23 ……………… **03-5605-4105**
㈱渡辺ハウジング　🅗🅟
　中葛西 3-35-8 ……………… **03-3688-5445**

住まい

155

✚ 元気なときこそ　がん検診
江戸川区のがん検診

区のがん検診は通年で実施。対象者は年1回（胃がんの内視鏡、子宮頸がん、乳がんのマンモグラフィ、口腔がんは2年に1回）、無料で受けられる。がんは早期発見が肝心。定期的に受診しよう。

胃がん検診

対象・内容：30〜49歳 胃部X線（バリウム）検査
50歳以上 胃部X線（バリウム）
または内視鏡検査
※内視鏡検査は前年度同検査未受診者のみ
受診方法：電話またはインターネットで予約を
※内視鏡検査は電話予約のみ
電話予約：☎03-5676-8818
月〜土（祝日・休業日除く）
8:45〜17:00
Web予約：https://www.
kenshin-edogawa-web.jp
会　場：医療検査センター（タワーホール船堀6階）
持ち物：予約時に確認を

肺がん検診

対　象：40歳以上
受診方法：予約不要。直接会場で受診
受付時間：月〜土（祝日・休業日除く）
9:00〜15:00
会　場：医療検査センター（タワーホール船堀6階）
持ち物：保険証など本人確認できる書類
内　容：胸部X線検査・喀痰細胞診

子宮頸がん検診

対　象：20歳以上の女性（前年度未受診者）
受診方法：受診会場に直接申し込み
会　場：区内指定医療機関
持ち物：保険証など本人確認できる書類
内　容：視診・内診・細胞診

口腔がん検診

対　象：40歳以上（前年度未受診者）
受診方法：受診会場に直接申し込み
※申し込みには受診券が必要。
問い合わせ先へ連絡
会　場：区内指定歯科医療機関
持ち物：保険証・受診券
内　容：視触診
（細胞診は医師の判断により実施）

前立腺がん検診

対　象：年度末年齢で60・65・70歳の
男性
受診方法：予約不要。直接会場で受診
受付時間：月〜土（祝日・休業日除く）
9:00〜15:00
会　場：医療検査センター（タワーホール船堀6階）
※区内指定医療機関でも受診可
（受付時間等は医療機関に確認を）
持ち物：保険証など本人確認できる書類
内　容：血液検査

大腸がん検診

対　象：40歳以上
受診方法：検査容器を配布場所より受け取り、
採便後提出する
容器配布・提出場所
：医療検査センター（タワーホール船堀6階）、
各健康サポートセンター、区内指定
医療機関
内　容：検便による便潜血反応検査（2日法）

乳がん検診

対　象：30歳以上の女性
内　容：30〜39歳 超音波検査
40〜64歳 超音波またはマンモグ
ラフィ検査
65歳以上 マンモグラフィ検査
※マンモグラフィは前年度同検査未受診者のみ
受診方法：電話またはインターネットで予約を
電話予約：☎03-5676-8818
月〜土（祝日・休業日除く）
8:45〜17:00
Web予約：https://www.kenshin-edogawa-web.jp
会　場：医療検査センター（タワーホール船堀6階）
※マンモグラフィ検査のみ東京臨海
病院、江戸川病院でも受診可
持ち物：保険証など本人確認できる書類

問い合わせ　健康推進課健診係 ☎03-5662-0623

※タワーホール船堀の休館時は医療検査センターも休診　※実施期間・会場は変更になる場合があります

葛西ガイド

156

くらし

★本文中赤色になっているのは「葛西カタログ2023-24」協賛店です
★Ⓕ はFAX番号、Ⓣ&Ⓕ は電話番号とFAX番号、ⒽⓅはホームページのあるお店
ネット はネットスーパーあり　P159・160
宅配 は宅配をしてくれるスーパーマーケット　P159・160
　※宅配エリア・料金等、詳細を確認のうえ、注文を
集配 は集配をしてくれるクリーニング店　P167
　※集配エリア・料金等、詳細を確認のうえ、依頼を

新聞をとる

newspaper

新聞専売所・取扱店

〈朝日新聞〉
ASA 葛西（東京新聞・日本経済新聞取扱店）
南葛西 2-12-6
Ⓕ 03-3680-5155…**0120-748-552**

ASA 北葛西（日本経済新聞取扱店）
北葛西 4-19-14
Ⓕ 03-3878-1798…**03-3688-9853**

ASA 西葛西（日本経済新聞取扱店）
西葛西 6-29-21
Ⓕ 03-3804-3334…**0120-748-552**

〈毎日新聞〉
葛西販売所　清新町 2-9-14
Ⓕ 03-3675-2262…**03-3675-2237**

〈毎日新聞・東京新聞〉
清新町・西葛西販売所　清新町 2-9-14
Ⓕ 03-3675-2262…**03-3675-2237**

〈読売新聞〉
読売センター葛西・船堀　北葛西 3-1-18
Ⓕ 03-3680-6377…**03-3680-6011**

読売センター南葛西　南葛西 6-15-15
Ⓕ 03-5696-3851…**03-3675-1735**

合鍵をつくる

key

鍵・合鍵

e-工房　東葛西 9-3-6-1F………**03-3877-0918**
葛西キーショップ
中葛西 3-30-13　……　Ⓣ&Ⓕ **03-3878-6947**
キーショップ　プロス
西葛西 3-10-15 …………………**03-3687-5519**

金融機関へ行く

bank

銀行

きらぼし銀行葛西支店
中葛西 3-37-16-3F ……………**03-3675-3211**
群馬銀行葛西支店
西葛西 5-2-3-4F ………………**03-3686-3033**
千葉銀行葛西支店
中葛西 5-34-13 …………………**03-5675-4021**
東和銀行葛西支店
東葛西 2-25-16 …………………**03-3680-3311**
みずほ銀行西葛西支店
西葛西 5-6-2…………………………**03-5696-6001**
三井住友銀行
葛西支店　中葛西 5-34-8 …**03-3675-5311**
西葛西支店　西葛西 6-13-7 **03-3675-1611**
三菱 UFJ 銀行西葛西支店
西葛西 6-15-1 …………………**03-3680-2101**
ゆうちょ銀行葛西店
中葛西 1-3-1 …………………**03-3675-1015**
りそな銀行西葛西支店
西葛西 5-5-1…………………………**03-3686-7511**

信用金庫

朝日信用金庫
　葛西支店　西葛西 4-1-10 … **03-3680-1551**
　なぎさ支店
　南葛西 6-20-4 …………………… **03-5674-7011**
　東葛西支店
　東葛西 6-31-7 …………………… **03-5696-5811**
東栄信用金庫葛西支店
　東葛西 5-45-3 …………………… **03-3680-3521**
東京東信用金庫
　葛西駅前支店
　中葛西 5-20-16 ………… **03-3689-3531**
　葛西駅前支店　中葛西出張所
　中葛西 8-5-2 …………………… **03-3877-3751**
　ハロープラザ西葛西（相談専門・ATM）
　西葛西 3-22-16 ………… **03-3689-2541**
東京ベイ信用金庫西葛西支店
　西葛西 6-10-11 ………………… **03-3675-2211**

農業協同組合

東京スマイル農業協同組合新葛西支店 ⓗⓟ
　北葛西 4-25-24 …………… **03-3804-7071**

楽しいイベント・まちの情報がいっぱい！
べイちば *info*

葛西・行徳・浦安・市川・千葉周辺エリアで
暮らす方のための情報サイトです

おでかけ情報　　街のお医者さん

葛西ポイントの最新情報！etc.

べイちば　　検索
https://baychibaplus.net
〈運営〉株式会社 明光企画

ショッピングする
shopping

ショッピングセンター・商店会

アリオ葛西 ⓗⓟ
　東葛西 9-3-3 ……………………… **03-5658-4111**
小島町二丁目団地ショッピングセンター ⓗⓟ
　西葛西 5-8-5-1F …………… **03-3687-0221**
パトリア葛西店
　清新町 1-3-6 …………………… **03-3878-1227**
江戸川区南葛西商店会
　南葛西 5-8-12 ………………… **03-3688-1605**

市場

東京都中央卸売市場葛西市場
　臨海町 3-4-1 …………………… **03-3878-2000**
東京フラワーポート㈱
　臨海町 3-4-1 …………………… **03-5674-7100**

スーパーマーケット

アコレ西葛西店
　西葛西 6-17-1 ………………… **03-3804-2511**
イオンリテール㈱イオン葛西店 ネット 宅配
　西葛西 3-9-19 ………………… **03-3675-5111**
イトーヨーカドー葛西店 ネット 宅配
　東葛西 9-3-3 …………………… **03-5675-1011**
オーケー葛西店
　東葛西 9-3-6 …………………… **03-5679-9766**
カワシマヤ環七葛西店
　南葛西 4-6-7 …………………… **03-3878-2424**
コープみらい　なぎさ店
　南葛西 7-1 ……………………… **03-3675-6461**
西友南葛西店 ネット
　南葛西 5-6-2 …………………… **03-5676-1851**

〈次ページへつづく〉

ネット マークはネットスーパーあり
宅配 マークは、宅配サービスあり
宅配エリア・料金等詳細を確認のうえ、注文を

くらし

スーパーマーケット〈前頁から〉

㈱東武ストア南葛西店 宅配
南葛西 2-3-9 ·············· **03-5676-2155**

Olympic
葛西店　東葛西 5-14-6 ····· **03-3877-3561**
西葛西店
西葛西 3-22-25 ·············· **03-5658-4147**
南葛西店　南葛西 5-7-6 ····· **03-3878-6177**

ベルク江戸川臨海店 HP 宅配
臨海町 2-3-3 ·············· **03-5659-2600**

新鮮市場マルエイ西葛西店
西葛西 4-2-28 サニーモール 1F ··· **03-5658-8500**

マルエツ
葛西店　東葛西 5-2-2 ········ **03-3688-6077**
葛西クリーンタウン店 ネット 宅配
清新町 1-3-6 ·············· **03-3878-1211**

ワイズマート
葛西店　中葛西 5-19-19 ····· **03-3688-8181**
中葛西店　中葛西 4-3-3 ····· **03-5676-1031**
西葛西店　西葛西 3-16-15 ··· **03-3686-0111**

コンビニエンスストア

セブンイレブン
江戸川葛西駅西店
中葛西 3-15-16 ·············· **03-5676-0877**
江戸川葛西駅南店
中葛西 5-19-21 ·············· **03-3804-2070**
葛西駅前店　東葛西 6-2-14 **03-3878-0271**
葛西三角通り店
中葛西 1-49-16 ·············· **03-3869-0709**
江戸川北葛西 1 丁目店
北葛西 1-25-13 ·············· **03-3686-5722**
江戸川北葛西 2 丁目店
北葛西 2-22-15 ·············· **03-3878-0801**
江戸川北葛西 5 丁目店
北葛西 5-15-18 ·············· **03-5676-0178**

ネット マークはネットスーパーあり
宅配 マークは、宅配サービスあり
宅配エリア・料金等詳細を確認のうえ、注文を

江戸川中葛西 1 丁目店
中葛西 1-12-16 ·············· **03-3869-5988**
江戸川中葛西 3 丁目店
中葛西 3-29-3 ·············· **03-3877-7881**
江戸川中葛西 3 丁目西店
中葛西 3-32-20 ·············· **03-3877-7611**
中葛西 5 丁目店
中葛西 5-8-15 ·············· **03-3688-1711**
江戸川中葛西 8 丁目店
中葛西 8-3-1 ·············· **03-3804-8979**
西葛西 3 丁目店
西葛西 3-15-7 ·············· **03-5605-9511**
江戸川西葛西 4 丁目店
西葛西 4-2-14 ·············· **03-3804-1450**
江戸川西葛西 6 丁目店
西葛西 6-13-1 ·············· **03-3686-6017**
西葛西 7 丁目店
西葛西 7-15-15 ·············· **03-3804-5058**
江戸川東葛西十丁川店
東葛西 5-9-19 ·············· **03-3804-5710**
江戸川東葛西 1 丁目店
東葛西 1-2-4 ·············· **03-3688-6002**
江戸川東葛西 2 丁目店
東葛西 2-14-14 ·············· **03-3877-7115**
江戸川東葛西 4 丁目店
東葛西 4-36-10 ·············· **03-3877-7101**
江戸川東葛西 5 丁目店
東葛西 5-45-6 ·············· **03-5676-4816**
東葛西 6 丁目店
東葛西 6-23-1 ·············· **03-3878-0095**
江戸川東葛西 7 丁目店
東葛西 7-16-13 ·············· **03-5605-3600**
南葛西 1 丁目店
南葛西 1-13-9 ·············· **03-5605-7711**
江戸川南葛西 2 丁目店
南葛西 2-25-12 ·············· **03-5696-6474**
南葛西 4 丁目店
南葛西 4-11 ·············· **03-3689-9100**
江戸川南葛西 6 丁目店
南葛西 6-20-6 ·············· **03-3804-1533**
江戸川臨海町 2 丁目店
臨海町 2-2-7 ·············· **03-5676-1470**

デイリーヤマザキ
江戸川南葛西 6 丁目店
南葛西 6-2-1 ·············· **03-3686-4658**

ファミリーマート

葛西駅北店
中葛西 3-36-9 …………… **03-5679-2488**

葛西ターミナル前店
臨海町 5-2-2 ……………… **03-5667-2077**

葛西臨海公園駅前店
臨海町 6-3-4 Ff ………… **03-5659-2040**

サクマ葛西駅店
葛西メトロ ………………… **03-3878-3902**

サクマ西葛西店
西葛西 6-23-12 ………… **03-3877-2661**

サクマ西葛西駅店
西葛西 6-14 ……………… **03-3686-3902**

中葛西清砂大橋通り店
中葛西 6-3-13 …………… **03-5659-0228**

中葛西 6 丁目店
中葛西 6-1-10 …………… **03-5679-5843**

中葛西 8 丁目店
中葛西 8-13-17 ………… **03-5679-5301**

西葛西駅前店
西葛西 6-15-12 ………… **03-3675-3116**

西葛西小学校前店
西葛西 3-6-11 …………… **03-5679-0802**

西葛西メトロ店
西葛西 6-7-1 ……………… **03-5679-2141**

東葛西 3 丁目店
東葛西 3-11-12 ………… **03-5679-4080**

東葛西 7 丁目店
東葛西 7-9-10 …………… **03-5674-0861**

南葛西なぎさ店
南葛西 6-15-20 ………… **03-5667-6342**

ミニストップ

葛西店　東葛西 6-14-3 …… **03-5605-8213**

中葛西 7 丁目店
中葛西 7-3-8 ……………… **03-3804-1537**

ローソン

江戸川球場前店
西葛西 7-3-5 ……………… **03-3869-8131**

葛西環七通り店
東葛西 7-2-5 ……………… **03-5659-6201**

葛西さくら公園店
東葛西 4-12-19 ………… **03-5605-9048**

葛西ターミナル店
臨海町 4-2-1 ……………… **03-5674-5636**

中葛西店　中葛西 6-21-10 … **03-3687-2156**

中葛西 1 丁目店
中葛西 1-1-7 ……………… **03-6680-9597**

中葛西 3 丁目店
中葛西 3-4-16 …………… **03-5696-0040**

西葛西店　西葛西 3-3-3 …… **03-3877-2500**

西葛西駅北口店
西葛西 5-1-5 ……………… **03-5659-6120**

西葛西駅南口店
西葛西 6-8-11 …………… **03-3877-0705**

西葛西 2 丁目店
西葛西 2-21-8 …………… **03-5659-2163**

西葛西 3 丁目店
西葛西 3-13-12 ………… **03-3877-9694**

西葛西 5 丁目店
西葛西 5-7-9 ……………… **03-5696-5480**

東葛西 9 丁目店
東葛西 9-6-8 ……………… **03-3675-4736**

〈次ページへつづく〉

くらし

コンビニエンスストア〈前頁から〉

ローソンストア 100
　葛西中央通店
　　西葛西 7-29-14-1F ············· **03-5674-7199**
　北葛西 2 丁目店
　　北葛西 2-11-18 ················· **03-3680-3015**
　中葛西店　中葛西 2-2-3 ······ **03-5667-0701**
　東葛西 6 丁目店
　　東葛西 6-1-5 ···················· **03-5659-1399**
ローソンメトロス
　葛西　中葛西 5-43-11 ········· **03-5246-8125**
　西葛西　西葛西 6-14-1 ······· **03-5246-8125**
㈲六軒町酒店
　　北葛西 1-3-11 ·················· **03-3689-0826**

100 円ショップ

キャンドゥ
　アリオ葛西店
　　アリオ葛西 2F ··················· **03-3877-6961**
　南葛西店　南葛西 2-3-9 東武ストア南葛西店 2F
　　································· **03-3804-8251**
　メトロセンター 1 番街店
　　西葛西 6-14-2 西葛西メトロ ··· **03-3688-4104**
　メトロセンター 3 番街店
　　西葛西 6-7-2 西葛西メトロ ··· **03-3869-5391**
ダイソーサニーモール西葛西店
　　西葛西 4-2-28 サニーモール 3F
　　································· **03-5659-2477**

リサイクルする

recycle

リサイクルショップ

Goody 葛西店
　　中葛西 3-15-13 ················ **03-5605-4608**
ジョリーブ 6 丁目店
　　西葛西 6-23-2 ·················· **03-3687-1870**
総合リサイクルショップ創庫生活館江戸川 1 号店 ⓗⓟ
　　西葛西 6-29-18 ················ **0120-463211**
ドラドラハンサム（家電家具・おかたづけ）
　　西葛西 5-8-4-1F 小島町 2 丁目団地内
　　································· **03-3675-4147**
リユース家電 Happy ⓗⓟ
　　西葛西 7-5-3 ···················· **03-3688-1230**

ファッションリサイクル

ファッションリサイクルヴァンベール西葛西店 ⓗⓟ
　　西葛西 6-15-10-1F ············· **03-3675-3519**
トレジャーファクトリースタイル葛西店 ⓗⓟ
　　東葛西 5-1-5-1F・2F ·········· **03-6895-0022**

貴金属などの買取

買取専門店　ありがたや葛西店 ⓗⓟ
　　中葛西 3-19-9 ·················· **0800-800-1665**

ブランド・時計・金　高く買います！
金・銀・ダイヤ・プラチナ・宝飾品・切手・時計・ブランド etc.
最新価格は　|葛西　ありがたや|　|検索|

買取専門店大吉葛西店 ⓗⓟ
　　中葛西 3-35-5-1F ··············· **03-5679-5226**
キングラム西葛西店 ⓗⓟ
　　西葛西 5-3-6-1F ················ **0120-546-594**
大黒屋西葛西南口店 ⓗⓟ
　　西葛西 6-10-14-1F ············· **03-5679-6880**
チケットフィガロ西葛西 ⓗⓟ
　　西葛西 5-7-9 ···················· **03-6808-3884**
プライスバスターズ西葛西店 ⓗⓟ
　　西葛西 4-2-28 サニーモール西葛西 3F
　　································· **03-3680-6503**

リサイクルキングアリオ葛西店 **HP**
　アリオ葛西 2F ⋯⋯⋯⋯⋯⋯ **03-6661-4995**

質店

㈲質葛西　東葛西 5-8-20 ⋯⋯ **03-3686-7878**
たかみ質店 **HP**
　西葛西 6-8-2⋯⋯⋯⋯⋯⋯⋯ **03-5667-4300**
ツユキ　西葛西 5-8-18 ⋯⋯⋯ **03-3877-5387**

そうじ用具のレンタル

㈱ダスキン葛西支店
　中葛西 1-14-4 ⋯⋯⋯⋯⋯⋯ **03-5658-4100**
ダスキン千代田
　北葛西 2-5-7⋯⋯⋯⋯⋯⋯⋯ **03-3689-6916**

トランクルーム

タウンボックス（田中興運㈱）**HP**
　南葛西 1-15-8 ⋯⋯⋯⋯⋯⋯ **0120-194126**
トミー BOX（㈱トミザワ）**HP**
　東葛西 6-47-16 ⋯⋯⋯⋯⋯ **0120-868585**

CD レンタル、貸スタジオは P172 へ
レンタカーは P178 へ

ふとん乾燥

清水商会（出張専門）
　東葛西 1-5-1-2F ⋯⋯⋯⋯⋯ **03-3878-5899**

清掃・ハウスクリーニング

㈱クリーンフィールド **HP**
　東葛西 2-21-10-1F ⋯⋯⋯⋯ **03-5696-5873**
㈱サン・アルバ
　南葛西 7-1-7⋯⋯⋯⋯⋯⋯⋯ **03-3877-6070**
㈱ゼネック **HP**
　東葛西 5-12-1 ⋯⋯⋯⋯⋯⋯ **03-3689-6976**
DC ㈱
　西葛西 6-10-12-7F ⋯⋯⋯⋯ **03-3877-5108**

ビル総合管理

㈱興和ビルメンテ **HP**
　西葛西 6-9-12-3F ⋯⋯⋯⋯ **03-3688-8292**
㈱サンエックス
　中葛西 3-30-15-1F ⋯⋯⋯⋯ **03-5605-2230**

イベント

㈲サポートプランニング
　東葛西 5-1-15-6F ⋯⋯⋯⋯ **03-5659-6268**
SHIMAR ㈱ダイブ・ワン
（オリジナル T シャツ作成）
　中葛西 7-18-6 ⋯⋯⋯⋯⋯⋯ **03-3688-6060**

人材派遣・人材サービス

㈱ジャパン・メディカル・ブランチ **HP**
　西葛西 6-17-5 ⋯⋯⋯⋯⋯⋯ **0120-08-5801**
㈲スリーエスマネキン紹介所
　西葛西 5-1-5-2F ⋯⋯⋯⋯⋯ **03-3878-2931**

くらし

運送・引っ越し

イヌイの引越葛西営業所 HP
臨海町 3-5-1 ⋯⋯⋯⋯⋯⋯⋯ **0120-51-1254**

岡山県貨物運送㈱オカケン引越センター
臨海町 4-3-1
⋯⋯⋯⋯ Ⓕ 03-3878-3225⋯**0120-616660**

㈱キタザワ引越センター
北葛西 2-5-28 ⋯⋯⋯⋯⋯⋯ **0120-674466**

近物レックス㈱東京支店 臨海町 4-3-1-4
⋯⋯⋯⋯ Ⓕ 03-3878-3300⋯**03-3878-3301**

セイノースーパーエクスプレス㈱東京湾岸引越センター
臨海町 4-3-1JMT 葛西 B 棟
⋯⋯⋯⋯ Ⓕ 03-3680-8132⋯**03-3680-8171**

東京福山通運㈱葛西支店 臨海町 4-3-1
⋯⋯⋯⋯ Ⓕ 03-3878-3809⋯**03-3878-3801**

トールエクスプレスジャパン㈱
臨海町 4-3-1-7 ⋯⋯⋯⋯⋯⋯ **03-3878-3341**

トナミ運輸㈱葛西支店 HP 臨海町 4-3-1
⋯⋯⋯⋯ Ⓕ 03-3877-1073⋯**03-3687-6501**

㈱トミザワ HP 東葛西 6-47-16
⋯⋯⋯⋯ Ⓕ 03-3680-5645⋯**0120-224119**

土曜引越センター HP
南葛西 1-15-8 ⋯⋯⋯⋯⋯⋯ **0120-193688**

㈱トラストライン 西葛西 7-18-2
⋯⋯⋯⋯ Ⓕ 03-3688-4478⋯**03-3687-3761**

㈱辨天おがわ運輸東京主管支店 南葛西 3-3-1
⋯⋯⋯⋯ Ⓕ 03-3687-3523⋯**03-3687-3504**

丸栄運送㈲
中葛西 1-23-8 ⋯⋯⋯⋯⋯⋯ **03-3680-8521**

バイク便

バイク便スピーディー HP
南葛西 7-2-2 ⋯⋯⋯⋯⋯⋯⋯ **03-3877-0052**

専門家に相談する — consult an expert

税理士

Ain 税理士法人
西葛西 3-15-9-3F ⋯⋯⋯⋯ **03-5658-0400**

伊藤裕基税理士事務所
東葛西 4-32-1-2F ⋯⋯⋯⋯ **03-5674-8125**

伊禮会計事務所 中葛西 4-8-6 **03-3878-6991**

北田幹雄税理士事務所
北葛西 5-5-13 ⋯⋯⋯⋯⋯ **03-3688-0625**

税理士法人木下会計事務所
東葛西 6-6-12-2F ⋯⋯⋯⋯ **03-3687-1014**

税理士法人　古田土会計 HP
西葛西 5-4-6-3F ⋯⋯⋯⋯ **03-3675-4932**

ごんだ税理士事務所 HP
中葛西 5-42-3-3F ⋯⋯⋯⋯ **03-6663-9300**

篠原弘会計事務所
東葛西 1-5-1-7F ⋯⋯⋯⋯ **03-3687-3362**

高瀬税理士事務所
中葛西 2-9-15-6F ⋯⋯⋯⋯ **03-3877-1385**

税理士法人田口パートナーズ会計
中葛西 3-37-3-3F ⋯⋯⋯⋯ **03-3869-0807**

田中会計事務所
西葛西 6-15-20-6F ⋯⋯⋯⋯ **03-3877-8073**

徳田税理士事務所
中葛西 3-16-6 ⋯⋯⋯⋯⋯ **03-3687-5315**

税理士法人 Dream24 HP
西葛西 5-6-2-7F ⋯⋯⋯⋯ **0120-316-245**
⋯⋯⋯⋯⋯⋯⋯⋯⋯⋯⋯ **03-5675-0831**

西村税理士事務所
中葛西 3-23-12-1F ⋯⋯⋯⋯ **03-3877-4737**

萩原事務所 東葛西 4-4-1-9F **03-3675-2893**

税理士浜田光一事務所
中葛西 5-20-2 ⋯⋯⋯⋯⋯ **03-3689-8393**

〈P166 へつづく〉

『葛西カタログ』の姉妹版
市川のことなら何でもわかる
『市川カタログ』も見てね。
取り扱い店はお問い合わせください

くらし

税理士〈P164 から〉

町田和久税理士事務所
　西葛西 5-11-15-2F ………… **03-5674-7568**
横山税理士事務所
　東葛西 6-1-13-4F ………… **03-5679-3650**
ローレル税理士法人
　西葛西 6-17-5-4F ………… **03-3675-3123**
東京税理士会江戸川南支部
　中葛西 7-4-9 ………… **03-5605-9160**

法律事務所

上野いたる法律事務所 **HP**
　中葛西 3-33-11-2F ………… **03-6808-5541**
葛西臨海ドリーム法律事務所 **HP**
　西葛西 6-13-14-3F ………… **03-6808-4161**

司法書士

稲山司法書士事務所
　中葛西 5-20-11 ………… **03-3688-0558**
リーガスタイル司法書士事務所 **HP**
　中葛西 6-5-10-1F ………… **03-5676-5617**

公認会計士

棚橋会計事務所
　西葛西 7-24-3 ………… **03-3675-4113**

行政書士

アイアイ法務事務所
　西葛西 7-10-20 ………… **03-6661-3282**
ハピネス行政書士事務所
　西葛西 6-13-12-5F ………… **03-3686-2366**

社会保険労務士

小林労務管理事務所
　中葛西 3-11-2 ………… **03-3688-1181**
レイバーセクション **HP**
　中葛西 3-37-3-4F ………… **03-3869-8459**

マンション管理士

三木勝利マンション管理士事務所
　中葛西 4-7-1-11F ………… **03-3680-3900**

就労支援

就労移行支援事業所リボン葛西駅前校
　中葛西 3-33-14-3F ………… **03-5659-0988**
ハローワークは P65 へ

求人情報

㈱ワークイースト
　西葛西 6-16-7-7F ………… **03-3877-6171**
Q タイミング
　市川市相之川 3-2-13 ………… **047-396-2211**

パソコン修理・サービス

㈱パソコンライフ **HP**
　西葛西 3-15-8-4F ………… **0120-805-319**
　………… **03-5658-8034**

166

クリーニング

cleaning

クリーニング

フレッシュクリーニングあらいぐま
中葛西 7-11-8 ……………… **03-3686-9422**

クリーニングショップ友愛堂 集配
中葛西 8-21-9 ……………… **03-3680-0073**

クリーニング中田 集配
西葛西 3-5-14 ……………… **03-3689-3377**

クリーニングポッシュ葛西店
北葛西 4-1-3 ……………… **03-5658-1215**

㈱白光舎 HP
葛西営業所
中葛西 3-29-17 ……… **03-5878-0626**
南葛西営業所
南葛西 2-3-9 東武ストア南葛西店内
………………………………… **03-6661-4820**

早徳　西葛西 6-24-10 ……… **03-3689-2854**

ドライクリーニング　ヒコタ
東葛西 7-20-30 …………… **03-3689-0604**

ファッションクリーニングアベ
西葛西 5-6-15 ……………… **03-3687-2958**

プリーズクリーニング
宇喜田店　北葛西 2-22-18… **03-3675-9600**
環七葛西店
中葛西 8-21-18 …………… **03-3878-7222**
中葛西店
中葛西 4-8-15-1F ………… **03-3804-9393**
西葛西 3 丁目店
西葛西 3-10-15-1F ………… **03-5676-2121**
西葛西 6 丁目店
西葛西 6-3-7-1F …………… **03-3675-6000**
西葛西イースト店
西葛西 6-23-19-1F ………… **03-6808-5300**
東葛西店
東葛西 7-9-10-1F ………… **03-6808-1919**
南葛西店
南葛西 6-15-1-1A ………… **03-3878-7373**

ホームドライ葛西駅前店
東葛西 5-1-14 ……………… **03-6663-8678**

ポニークリーニング
清新町 1-3-6 パトリア 1F …… **03-5696-4943**

ママショップ加納 HP 集配
葛西店　中葛西 5-12-12 … **080-3084-2027**
なぎさ店
南葛西 4-23-14-1F ………… **090-3913-5438**
西葛西店
西葛西 6-22-3 …………… **080-4068-9707**
東葛西店
東葛西 6-15-19 …………… **080-4061-1747**

ヤマダクリーニング HP 集配
中葛西 1-33-13 …………… **03-3869-6250**

米本クリーニング 集配
北葛西 1-13-8 ……………… **03-3680-6043**

コインランドリー

コインランドリーエムズ葛西店
中葛西 5-2-12 …………… **03-3877-3660**

フレッシュクリーン
葛西店　中葛西 3-27-8-1F … **03-3877-9981**
中葛西店　中葛西 8-6-9 … **03-3877-9981**
西葛西店　西葛西 6-19-12 … **03-3877-9981**

リラックスする

relax

くらし

銭湯

小島湯
西葛西 1-7-3 ……………… **03-3680-0942**

スーパー銭湯　湯処葛西 HP
東葛西 9-3-5 ……………… **03-3687-1126**

集配 マークは、集配サービスあり
集配エリア・料金等詳細を確認のうえ、依頼を

教会・寺社
church, temple

教会

葛西聖書バプテスト教会 ⒽⓅ
中葛西 3-26-1-1F ‥‥‥‥‥ **03-3675-0054**

カトリック葛西教会 ⒽⓅ
中葛西 1-10-15
‥‥‥‥ Ⓕ 03-5696-4449‥**03-3689-0014**

日本基督教団小松川教会 ⒽⓅ
北葛西 4-3-9‥‥‥‥‥‥‥ **03-3869-5261**

★寺社は P58 へ

葬祭
undertaker

葬祭業

お葬式のむすびす ⒽⓅ
西葛西 6-12-16 ‥‥‥‥‥ **0120-72-2195**

後藤葬儀三角支店
中葛西 1-35-12 ‥‥‥‥‥ **03-3680-5642**

東京葬祭シティホール西葛西 ⒽⓅ
西葛西 3-4-23 ‥‥‥‥‥ **0120-88-6111**

平安祭典葛西会館 ⒽⓅ
東葛西 8-3-12 ‥‥‥‥‥ **03-3804-4741**

東京都瑞江葬儀所（火葬のみ）
春江町 3-26-1 ‥‥‥‥‥ **03-3670-0131**

仏壇・神仏具

お仏壇のはせがわ西葛西店 ⒽⓅ
西葛西 1-14-14
‥‥‥‥‥ Ⓕ 03-5676-7547‥**0120-284194**

石材

㈱石松年 ⒽⓅ
東葛西 2-1-19 ‥‥‥‥‥ **0120-148-447**

㈲田中石材本社 ⒽⓅ 東葛西 2-1-19
‥‥‥‥ Ⓕ 03-3675-0344‥**03-3687-0143**

霊園・納骨堂

行徳聖地公園（クリプタ行徳セントソフィア・博愛の絆）ⒽⓅ
市川市広尾 2-5-1 ‥‥‥‥‥ **047-702-8600**
（表紙ウラもご覧ください）

メッセージ する

message

携帯電話

iPhone 修理工房葛西店 🆗
中葛西 3-19-9 ありがたや内
…………………………… **0800-800-1665**

au ショップ
アリオ葛西
アリオ葛西 2F ……………… **03-5659-0250**
西葛西 西葛西 6-6-1-1F … **03-5675-1580**

ソフトバンク
アリオ葛西 アリオ葛西 2F … **03-5667-5620**
西葛西 西葛西 6-13-7-2F … **03-5658-4251**

てるてるランド西葛西店 🆗
西葛西 4-2-28-3F ………… **03-5679-6616**

テルル葛西店
中葛西 3-29-1 ……………… **03-5679-8770**

ドコモショップ西葛西店
西葛西 6-12-6 ……………… **0120-889360**

印章

あづま印房
北葛西 4-23-13 …………… **03-3686-3982**

さくら平安堂イオン葛西店
イオン葛西店 3F …………… **03-3680-1185**

名越印房 西葛西 6-29-20 …… **03-3675-4558**

はんこ屋さん 21 **西葛西店** 🆗
西葛西 6-28-14 …………… **03-5878-0277**

はんこ家はん造葛西店
中葛西 3-29-1 ……………… **03-3869-0707**

電話番号、住所など間違い、および『葛西カタログ』
に対するご意見・ご希望がありましたら、お手数
ですがご一報を！ ☎047-396-2211

印刷

㈲アラジン 臨海町 3-6-2 …… **03-3877-2178**

㈱アルファサービス
西葛西 6-22-3-4F ………… **03-3869-2071**

きりはりくらぶ 🆗
中葛西 7-25-7-2F ………… **03-3869-4876**

広明社印刷所 中葛西 2-5-6 … **03-3680-0890**

ダイヤ印刷
中葛西 7-28-22 …………… **03-3687-0168**

㈱明光企画 🆗
市川市相之川 3-2-13 ……… **047-396-2211**

出版社

㈱日経 BP 読者サービスセンター
臨海町 5-2-2 ……………… **03-5696-1111**

自費出版・HP 制作

㈱明光企画 🆗
市川市相之川 3-2-13 ……… **047-396-2211**

タウン メディア

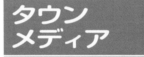

NEWS

town media

新聞社

葛西新聞社 🆗
市川市相之川 3-2-13 ……… **047-396-2211**

CATV

J:COM 江戸川 🆗
東葛西 6-31-7-4F ………… **0120-999-000**
(P1 カラーページもご覧ください)

FM 放送局

エフエム江戸川
南小岩 7-13-8 …………… **03-5622-7850**

駐輪場&レンタサイクル

ルール・マナーを守って自転車に乗ろう

江戸川区では、利便性の向上と駅周辺の放置自転車を解消するため、西葛西駅をはじめ11駅に計40カ所の駐輪場を設置。駅周辺は自転車放置禁止区域のため、放置自転車の撤去を行っている。

■駐輪場
○利用料金
　＜自転車＞当日利用100円
　　定期　1カ月　1880円（学生1050円）
　　　　　3カ月　5130円（学生2830円）
　＜原付バイク＞当日利用210円
　　定期　1カ月　3770円（学生3150円）
　　　　　3カ月　10270円（学生8380円）
　＜自動二輪＞当日利用のみ320円
○利用時間　4:30～25:00
○問い合わせ・利用申し込みは各駐輪場へ
　西葛西駅北口　☎03-3877-9051
　葛西駅西口　　☎03-3804-2037
　葛西臨海公園駅東　☎03-5675-1810

葛西駅の地下駐輪場

■駐輪場＜西葛西駅・葛西駅・葛西臨海公園駅＞

	当日利用			定期利用		
	自転車	原付(50cc未満)	自動二輪	自転車	原付(50cc未満)	自動二輪
西葛西駅 北口・南口	○	―	―	○	―	―
西葛西駅 東	―	―	―	○	○	○
西葛西駅 東2号	○	○	○	○	○	○
西葛西駅 西	○	○	―	○	○	―
葛西駅 西口・東口	○	―	―	○	○	―
葛西駅 東2号	○	○	○	○	○	○
臨海公園駅 東・西	○	○	○	○	○	○

西葛西駅周辺

葛西駅周辺

葛西臨海公園駅周辺

＊レンタサイクルを利用しよう！＊

　江戸川区では、eサイクル（レンタサイクル）を推進している。通勤通学に便利な定期利用と、仕事やレジャーに最適な当日利用がある。当日利用は貸し出しをした駅のほか、実施駐輪場どこでも返却可能。便利な電動アシスト自転車もあるので、生活スタイルに合わせて活用しよう。

＜利用時間＞4:30～25:00
　　　　　　（小岩駅・平井駅は25:30まで）
＜利用料金＞
■普通自転車　当日利用：210円
定期利用：1カ月　2100円、3カ月　6280円

■電動アシスト自転車　当日利用：340円
定期利用：1カ月　4380円、3カ月　13140円
※当日利用は、京成江戸川駅をのぞく区内11駅でどこでも貸し出し・返却が可能
※定期利用は、登録した駐輪場でのみ貸し出し返却可
【申し込み】　本人を確認できる証明書
※申し込みの際、連絡のとれる電話番号が必要

■問い合わせ・申し込み
QRコード®から駐輪場へ➡

趣味・ペット・車

★本文中赤色になっているのは「葛西カタログ2023-24」協賛店です
★Ⓕ はFAX番号、Ⓣ&Ⓕ は電話番号とFAX番号、ⒽⓅ はホームページのあるお店

171

趣味の店へ行く

hobby

レコード・CD 制作

ランサウンド
西葛西 8-2-1-9F ················ **03-3675-0949**

CD・DVD

新星堂葛西店
アリオ葛西 3F ··················· **03-5675-4740**

CD・DVD レンタル

ゲオ
葛西店
南葛西 1-12-16-2F ············· **03-3877-2208**
葛西駅前店
東葛西 6-5-3-1F ················ **03-3877-7810**
西葛西店　西葛西 3-17-6 ··· **03-3686-5111**

書店

文教堂書店西葛西店
西葛西 6-8-10 ··················· **03-3689-3621**
文悠葛西店
中葛西 5-19-17 葛西メトロ ··· **03-5696-2465**
未来屋書店
イオン葛西店 4F ················ **03-6663-7371**
八重洲ブックセンター
アリオ葛西 3F ··················· **03-5675-6880**

古本

BOOK OFF 葛西駅前店
中葛西 5-34-1 ··················· **03-5667-8263**

文具

文林堂筆荘 (書画用品)
西葛西 5-8-5-1F 小島町 2 丁目団地内
··················· **03-3869-3005**
㈱ミフジ (文具製造)
中葛西 7-10-2 ·················· **03-3675-0080**
森田文具店　中葛西 2-4-51 ··· **03-3689-2229**

額縁・額装・画材

㈱オリジン　臨海町 3-6-3 ······ **03-3877-2323**
㈱ミューズ　臨海町 3-6-1 ······ **03-3877-0123**

楽器

島村楽器イオン葛西店 ㉿
イオン葛西店 4F ················ **03-3675-1151**

貸スタジオ

島村楽器イオン葛西店 ㉿
イオン葛西店 4F ················ **03-3675-1151**

貸スペース

レンタルスペース　エミング ㉿
市川市相之川 3-2-13 ············ **0120-221167**

バラエティ雑貨

キューズ葛西店
アリオ葛西 3F ··················· **03-3688-2230**
Ke Aloha (ハワイアン雑貨)
中葛西 3-2-6-1F ················ **03-6808-3588**
ワールド流通団地管理組合法人
臨海町 3-6-1 ····················· **03-3877-0007**
日用品・生活雑貨は P151 へ

包装用品

㈱シモジマグループ　パッケージプラザ葛西店
　　中葛西 5-15-9 ················· **03-3878-6470**

美術館

関口美術館
　　中葛西 6-7-12 ················· **03-3869-1992**

生花

オランダガーデン東京フラワーマーケット
　　南葛西 4-6-4 ················· **03-3687-1187**
グリンピース　中葛西 3-9-11 ··· **03-3877-3987**
東京フラワーマーケット西葛西メトロ店
　　西葛西 6-14-2-32 西葛西メトロ
　　·············· **03-3675-4187**
東京フラワーマーケット本社
　　中葛西 4-1-11 ················· **03-3689-4187**
花勝生花店　東葛西 5-16-1　**03-3680-6360**
花ちえ　東葛西 6-38-3 ········ **03-3688-0198**
フラワーショップ花忠
　　西葛西 5-8-15 ················· **03-5696-1700**
花大　清新町 1-3-6 パトリア　**03-3878-8710**
花結び
　　中葛西 5-19-17 葛西メトロ　**03-3804-5661**
風林花　西葛西 5-6-17 ········ **03-3869-8766**
フラワーショップけさらんぱさらん
　　東葛西 6-10-10-1F ········· **03-3804-8268**

園芸

ワイルドスカイ
　　西葛西 3-7-11 ················· **03-5667-7153**
和光園　南葛西 2-14-17 ········ **03-3688-8877**

造園

㈱松樹園　東葛西 7-20-23　··· **03-3688-2002**

スポーツ用品

カサイスポーツ
　　西葛西 5-9-6 ················· **03-3675-5161**
ゴルフ5西葛西
　　西葛西 1-12-27 ················· **03-3877-4364**
ササキスポーツ 　中葛西 6-18-4
　　········ Ⓕ 03-3680-1986 ··· **03-3675-2233**
ジーパーズ葛西店
　　南葛西 2-2-8 ················· **03-3878-7967**
スーパースポーツゼビオ葛西店
　　アリオ葛西 2F ················· **03-5675-6801**
スズキスポーツ
　　西葛西 6-7-2 西葛西メトロ　**03-3878-1151**
ユニゴルフイン
　　中葛西 4-1-12 ················· **03-3689-3223**

屋形船・釣舟

あみ武 　東葛西 3-15-8 ····· **03-3686-4675**
須原屋
　　東葛西 4-58-27 ················· **03-3680-3791**
船宿　西野屋
　　東葛西 3-16-2-1F ··········· **03-3878-3611**

釣具

勝田つり具店
　　東葛西 9-18-3 ················· **03-3680-4684**

趣味・ペット・車

173

ペットを飼う
pet

動物病院

アルカディア動物病院
　西葛西 6-19-12 ················· **03-3680-5133**
　診月・火・金・土 8:00 ～ 11:30　15:00 ～ 16:30
　※水・日・祝は予約のみ受付　　　　　**休木**

えどがわ犬猫病院 ⒣⒫
　南葛西 6-21-2-1F ·············· **03-3869-8360**
　診月～日 9:00 ～ 13:00　16:00 ～ 19:00
　　　　　　　　　休木午後・日午後

かさいみなみ動物病院 ⒣⒫
　東葛西 8-28-10 ················ **03-5696-1280**
　診月～土 9:00 ～ 12:00　15:00 ～ 18:30
　　　　　　　　　休木午後・日・祝

葛西りんかい動物病院 ⒣⒫
　中葛西 6-2-3 ···················· **03-6808-6712**
　診月～土 9:00 ～ 12:00　16:00 ～ 19:00
　水・祝 9:00 ～ 12:00　**休水午後・祝午後・日**

苅谷動物病院グループ葛西橋通り病院 ⒣⒫
　西葛西 3-10-16 ················· **03-3686-8070**
　診 9:00 ～ 19:00　※予約制

とおやま犬猫病院 中葛西 4-14-13 **03-3688-3040**
　診月～土 9:00 ～ 12:00　15:30 ～ 18:30
　日・祝 10:00 ～ 12:00　15:30 ～ 17:00　**休木**

西葛西ペットクリニック ⒣⒫
　北葛西 3-1-22 ················· **03-3675-1515**
　診月～土 9:00 ～ 12:00　16:00 ～ 19:00
　日・祝 10:00 ～ 12:30　14:00 ～ 17:00　**無休**

バウ動物病院
　南葛西 2-1-6-1F ··············· **03-3877-2200**
　診 9:00 ～ 12:00　16:00 ～ 19:00
　祝 10:00 ～ 13:00　　　　　　　**休水・日**

フルール動物病院 ⒣⒫
　東葛西 2-12-9 ················· **03-6383-3057**
　診月～土 9:00 ～ 11:30　15:00 ～ 19:00
　日・祝 9:00 ～ 11:30　15:00 ～ 17:00
　　　　　　　　　休火午後・水

安田動物病院 ⒣⒫
　中葛西 2-16-1 ················· **03-3687-7778**
　診月～金 9:00 ～ 12:00　14:00 ～ 19:00
　土・日・祝 9:00 ～ 12:00　14:00 ～ 17:00
　※水は予約のみ受付

新浦安太田動物病院 ⒣⒫
　浦安市海楽 1-11-10 ·········· **047-381-8881**
　診 7:00 ～ 11:45　16:00 ～ 21:00
　水 9:00 ～ 11:45　16:00 ～ 18:00
　※水は予約診療

ペットショップ

ペットの専門店コジマ
　アリオ葛西 3F ················· **03-3686-4111**

ワンニャンハウス㈱
　ホームズ葛西店内 ·············· **03-5679-7227**

かさい topics

「オオアリクイ」に、赤ちゃん誕生
──江戸川区自然動物園

`2022.11.18`

　オオアリクイは、温暖な中南米の草原や森林地帯に生息するオオアリクイ科の動物。現在は国際自然保護連合（IUCN）が絶滅の危険性が高いとされる「絶滅危惧種VU」に指定。国内で飼育しているのは6施設で、飼育頭数は今回の赤ちゃんを含め17頭（令和4年12月5日現在）。都内で飼育するのは自然動物園だけ。

　同園では、2010年から飼育を開始。現在、オスのアニモ（14歳）とメスのアイチ（10歳）の2頭を飼育している。普段は柵で仕切られた展示場で暮らしているが、アイチが来園した2017年から定期的に同居して、繁殖の挑戦をしてきた。そして今回メスの赤ちゃんが誕生。同園での初めての繁殖成功となった。すくすくと成長しているオオアリクイの赤ちゃんに会いに行こう。

◀母親のアイチ
の背中に乗る
赤ちゃん
（12月2日ころ）

ペットフード

YAKUZEN GARDEN（自然の森漢方堂）**HP**
中葛西 3-16-10 ……… **03-5659-7292**

ペット美容室・ホテル

GOOD WAN ANNEX 南葛西店 **HP**
南葛西 4-5-4-1F ………… **03-5579-8555**
Dog School Rinmoca **HP**
西葛西 2-23-9-2F ………… **03-6456-0376**
犬の美容室ぱぺっと
中葛西 1-31-5-1F ………… **03-3686-3180**
ペットの美容室＆ホテル　美秀
西葛西 5-11-11-B1 ……… **03-3680-1317**
ペットハウス　WANderful
中葛西 5-2-29 …………… **03-3680-8555**

ペット葬祭

ケンユー・ペットセレモニー **HP**
市川市高谷 1861-7 ………… **047-327-2571**

写真をとる
photograph

写真スタジオ

スタジオアリス　アリオ葛西店 **HP**
アリオ葛西 3F ………… **03-5675-4707**
東和フォトサービス
西葛西 3-22-6-1F 小島町 2 丁目団地内
………………………… **03-3688-0801**
写真館スタジオ　ホワイトルーム葛西店 **HP**
東葛西 6-7-7-2F ……… **03-5667-6540**
マキノ写真スタジオ
　駅前店 **HP**
　東葛西 5-1-1-2F ……… **03-3680-7530**
　新館　東葛西 5-28-11 …… **03-3680-7530**

航空写真

㈲東洋航空写真社 **HP**
中葛西 5-28-1-2F ………… **03-3675-0471**

カメラ店・DPE

コイデカメラ **HP**
アリオ葛西 1F ………… **03-5675-6887**

車に乗る

car

自動車販売（新車・中古車）

アップル江戸川葛西店 HP
東葛西 6-50-14 ･･････････ **03-3688-2773**

㈱インターネット（外車輸入代行）
東葛西 6-7-8 ･･････････ **050-5848-9435**

㈱エイペクス　南葛西 4-10-15 **03-5658-2201**

コバックカーズ江戸川葛西店 HP
東葛西 6-50-14 ･･････････ **03-3688-2995**

トヨタモビリティ東京㈱葛西店 HP
中葛西 5-7-13 ･･････････ **03-5658-2981**

トヨタモビリティ東京㈱ U-Car 葛西店 HP
東葛西 2-1-14 ･･････････ **03-5659-6411**

日産東京販売㈱ HP
　葛西店　西葛西 4-2-43 ･････ **03-3686-2301**

P'S ステージ葛西
中葛西 5-1-1 ･･････････ **03-3686-6311**

東日本三菱自動車販売㈱葛西店 HP
東葛西 2-14-11 ･･････････ **03-5674-1911**

ホンダカーズ東京
　葛西店　東葛西 1-2-3 ･･････ **03-5667-0523**
　葛西橋通り店　中葛西 1-2-1 **03-3877-3281**

MINI EDOGAWA HP
西葛西 2-10-9 ･･････････ **03-5659-3298**

㈱ヤナセ　江戸川支店 HP
西葛西 4-6-22 ･･････････ **03-5667-6911**

レクサス江戸川 HP
北葛西 4-25-22 ･･････････ **03-5878-4111**

中古車専門

㈲オートスクエア（外車専）
東葛西 7-4-7 ･･････････ **03-5696-2300**

㈱ティーユーシー
中葛西 3-27-20 ･･････････ **03-3687-6363**

㈱トヨタユーゼック HP
臨海町 6-3-2 ･･････････ **03-5605-8511**

㈱ユー・エス・エス（オークション会場）
臨海町 3-3-3 ･･････････ **03-3878-1190**

自動車修理・整備

㈲オートサロンオザワ HP
中葛西 4-3-21 ･･････････ **03-3878-1313**

栄自動車㈱　西葛西 3-1-3 ･････ **03-3688-1359**

関口モータース㈲ビーエムエス
東葛西 5-31-13 ･･････････ **03-3680-4515**

東名自動車工業㈱
東葛西 5-48-12 ･･････････ **03-3877-8441**

トヨタモビリティ東京㈱西葛西店 HP
西葛西 6-12-15 ･･････････ **03-3689-3131**

西久自動車㈱　東葛西 8-9-13 **03-3680-4166**

自動車板金・塗装

岡本車輌㈱ HP
南葛西 2-2-2 ･･････････ **03-3680-4377**

㈲シミズオート HP
北葛西 4-17-16 ･･････････ **03-3869-4424**

須永塗装店
西葛西 6-24-18 ･･････････ **03-3680-9468**

車検

高栄自動車工業㈱ HP
東葛西 6-47-16 ･･････････ **03-3689-8611**

車検のコバック江戸川本店（鈴木自工㈱）HP
東葛西 6-50-14 ･･････････ **0120-589-117**

自動車部品・アクセサリー

㈲赤平自動車商会
東葛西 1-8-7 ･･････････ **03-3689-5738**

自動車ガラス

田口自動車ガラス HP
西葛西 1-12-4 ･･････････ **03-5605-4443**

趣味・ペット・車

電話番号、住所など間違い、および『葛西カタログ』に対するご意見・ご希望がありましたら、お手数ですがご一報を！　☎047-396-2211

177

タイヤショップ

㈲タイヤショップ・ウエスト
南葛西 2-24-23 ……………… **03-3680-5505**

㈱マコトタイヤ **HP**
中葛西 7-2-4 ………………… **03-3689-1141**

矢東タイヤ商事㈱ **HP**
北葛西 4-1-48 ………………… **03-5696-0810**

㈱ヨコハマタイヤジャパン葛西営業所
東葛西 6-36-11 ……………… **03-3878-9221**

レンタカー

アクティオレンタカー西葛西営業所
西葛西 6-18-8 ………………… **03-5659-1411**

オリックスレンタカー葛西店
中葛西 2-25-16 ……………… **03-3675-0543**

サガレンタリース㈱ **HP**
西葛西 3-18-14 ……………… **03-3686-6461**

DIREX 東京 **HP**
南葛西 3-24-11 ……………… **03-6808-5530**

ニッポンレンタカー西葛西駅前営業所
西葛西 6-7-1 西葛西メトロ … **03-3675-4431**

ガソリンスタンド

江戸川石油㈱
西葛西 4-6-16 ………………… **03-3680-2440**

㈱エネオスフロンティア東京直営事業部セルフ南葛西店
南葛西 6-14-12 ……………… **03-5605-8512**

大高石油販売㈱
宇喜田町 1078 ……………… **03-3688-1167**

共栄石油㈱
宇喜田 SS　西葛西 4-2-1　… **03-3687-6161**
葛西インター SS
南葛西 2-4-2 …………………… **03-3686-9191**
葛西中央通り SS
中葛西 6-1-4 …………………… **03-3687-6118**
西葛西 SS　西葛西 3-7-29 … **03-3689-2121**

㈱東日本宇佐美東京販売支店環七葛西インター
臨海町 4-3-1 …………………… **03-3878-4804**

バイク販売・修理・買取

㈱アルファオート **HP**
東葛西 2-26-18 ……………… **03-5696-4888**

㈱ウィングシャトル
北葛西 4-2-40 ………………… **03-3680-2801**

㈲オートショップ早知
南葛西 4-2-2 …………………… **03-3689-4528**

㈱ AUTO SHOP RISING **HP**
北葛西 4-25-19 ……………… **03-3877-9887**

オートプラザペガサス **HP**
東葛西 2-32-8 ………………… **03-3877-4657**

KTM TOKYO EAST **HP**
西葛西 7-21-8 ………………… **03-5679-8811**

HONDA DREAM 葛西 **HP**
東葛西 1-1-2 …………………… **03-6663-5500**

WORLD PASSAGE in NAKAMURA CYCLE **HP**
東葛西 5-37-11 ……………… **03-3688-1166**

自転車

サイクランドタナカ
北葛西 3-1-30 ………………… **03-3686-3833**

サイクルショップウエタケ
中葛西 7-22-2 ………………… **03-3688-0405**

サイクルショップ小松崎
南葛西 4-23-18 ……………… **03-3686-4172**

サイクルスポーツせきぐち
東葛西 5-8-22 ………………… **03-3687-5678**

サイクルハウスシロコシ
西葛西 6-15-20 ……………… **03-3675-7813**

サイクルプラザニシノ **HP**
中葛西 2-5-21 ………………… **03-3689-2501**

じてんしゃのイマコシ
清新町 1-3-6 パトリア ……… **03-3878-1233**

セオサイクル **HP**
葛西店　中葛西 5-18-9-1F **03-3680-8541**
西葛西店　北葛西 4-13-1 … **03-5878-0162**

免許をとる

driving school

自動車教習所

葛西橋自動車教習所 HP
西葛西 2-16-11 ‥‥‥‥‥‥ **03-3680-2341**

娯楽・ゲームを楽しむ

karaoke, game

カラオケ

カラオケルーム歌広場葛西店 HP
中葛西 3-37-18-5F ‥‥‥‥‥ **03-3689-1137**
ビッグエコー葛西店 HP
東葛西 6-1-6-2F ‥‥‥‥‥‥ **03-5696-0082**

ゲームセンター

セガワールド葛西 HP
アリオ葛西 3F ‥‥‥‥‥‥‥ **03-5675-4704**

ボウリング

葛西とうきゅうボウル HP
アリオ葛西 3F ‥‥‥‥‥‥‥ **03-5675-6500**

ビリヤード

プール＆ダーツ NO.9 葛西
東葛西 6-6-15-2F ‥‥‥‥‥ **03-3689-8999**

趣味・ペット・車

バッティングセンター

トミーバッティングドーム ^{HP}
西葛西 3-3-2 ……………………… **03-3675-5050**

ダンスホール

ステップワン ^{HP}
東葛西 6-2-7-7F ………………… **03-3675-8436**
ステップワン　パートⅡ ^{HP}
東葛西 6-2-7-6F ………………… **03-3804-8444**

マンガ喫茶・インターネットカフェ

アプレシオ西葛西店 ^{HP}
西葛西 6-7-1 西葛西メトロ A 棟 2F
………………………………… **03-5676-6881**
将棋は P186 へ

レジャーに
でかける
leisure

旅行代理店

JTB 葛西アリオ店 ^{HP}　アリオ葛西 2F
……… Ⓕ 03-5675-6818… **03-6731-4599**
JTB 旅行サロン西葛西 ^{HP}　西葛西 5-7-1
……… Ⓕ 03-5667-0825… **03-5667-0820**
㈱峰観光社 ^{HP}　中葛西 5-41-4-1F
………… Ⓕ 03-3687-5050… **03-3680-3257**

レジャーランド

★詳しい情報は P46 ~ 47 へ
東京ディズニーリゾート
東京ディズニーランド　浦安市舞浜
東京ディズニーシー　浦安市舞浜
東京ディズニーリゾート・インフォメーションセンター
………… （10:00 ~ 15:00） **0570-00-8632**
…（一部の PHS・IP 電話・国際電話） **045-330-5211**

多目的ホール

江戸川区総合文化センター ^{HP}
中央 4-14-1 ………………… **03-3652-1111**

ホテル

スマイルホテル東京西葛西 ^{HP}
西葛西 3-15-5 ………………… **03-3877-3810**
東横イン東西線西葛西 ^{HP}
西葛西 5-11-12 ……………… **03-5676-1045**
ファミリーリゾート・フィフティーズ for 舞浜店 ^{HP}
南葛西 4-1-3 ………………… **03-3688-8808**
レンブラントスタイル東京西葛西 ^{HP}
本館　西葛西 6-17-9 ………… **03-3675-8900**
グランデ　西葛西 6-19-18 … **03-3687-3900**
変なホテル　東京西葛西 ^{HP}
西葛西 5-4-7 ………………… **050-5894-3770**
ホテルシーサイド江戸川 ^{HP}　臨海町 6-2-2
……… Ⓕ 03-3804-1175… **03-3804-1180**
予約専用 …………………… **0120-921489**
hotel MONday TOKYO NISHIKASAI ^{HP}
西葛西 6-8-7 ………………… **03-5605-0160**
ホテルルミエール葛西 ^{HP}
中葛西 5-41-20 ……………… **03-6663-2711**

映画館

船堀シネパル 1・2 ^{HP}
船堀 4-1-1-B1 ………………… **03-5658-3230**
シネマイクスピアリ ^{HP}
浦安市舞浜 1-4 ……………… **047-305-3855**
イオンシネマ市川妙典 ^{HP}
市川市妙典 4-1-1 イオン市川妙典店
………………………………… **047-356-0205**

可能なかぎりの調査に基づいて作成しましたが、万一掲載もれや締め切り後の変更などありましたらお知らせください。　☎047-396-2211

塾・習い事・スポーツ

★本文中赤色になっているのは「葛西カタログ2023-24」協賛店です
★Ⓕ はFAX番号、Ⓣ&Ⓕ は電話番号とFAX番号、ⒽⓅはホームページのあるお店

学ぶ

study

学習塾

個別指導　Axis 🅟
　西葛西校
　西葛西 3-7-7-1F ················· **03-5679-2971**
　東葛西校
　東葛西 6-28-1-1F ·············· **03-5679-6751**
新・個別指導アシスト東葛西校 🅟
　東葛西 5-53-8-1F ··········· **080-8428-0353**
　対小 4 ～中 3
　受月・火・木・金・日 17:00 ～ 22:00　　　休水・土
市進学院 🅟
　葛西教室　中葛西 8-11-11 ··· **03-6860-9901**
　対小 5 ～高 3　受月～土 14:00 ～ 21:00
　西葛西教室
　西葛西 6-10-12 ·············· **03-3675-2500**
　対小 1 ～高 3、高卒　受月～土 14:00 ～ 21:00
ECCの個別指導塾ベストOne 西葛西 葛西中央通り校 🅟
　西葛西 7-29-16-1F ············· **03-6808-9960**
　対小 1 ～高 3、浪人、既卒生、社会人、年齢不問
　受月～土 14:00 ～ 21:00
　　　　　　　　（P34カラーページもご覧ください）
ITTO 個別指導学院 🅟
　西葛西校
　西葛西 7-23-15-1F ············· **03-5696-3434**
　対小 1 ～高 3　時 16:00 ～ 22:00
　南葛西校
　南葛西 6-13-5-2F ············· **03-3689-3434**
　対小 1 ～高 3　時 16:00 ～ 22:00
栄光ゼミナール西葛西校 🅟
　西葛西 6-8-10-4F ············· **050-1796-8028**
　対小 1 ～中 3　時小学部 16:40 ～、中学部 19:20 ～
英語セミナー・個別の西葛西校 🅟
　西葛西 6-13-14-2F ············· **03-3680-3309**
　対中 1 ～高 3　時火～金 17:00 ～　　土 15:00 ～
英語セミナー・集団の西葛西校 🅟
　西葛西 5-2-10-2F ············· **03-3878-9981**
　対小 3 ～中 3
　時週 1 回 1 時間半・2 時間 10 分授業

ena 🅟
　葛西　東葛西 6-2-3-4F ········· **03-6663-8451**
　西葛西　西葛西 5-11-3-1F ··· **03-6663-9711**
　対小 3 ～中 3
　時月～金 16:50 ～ 21:30　土 14:50 ～ 21:30
進学教室　エルフィー 🅟
　南葛西校
　南葛西 6-8-10-2F ················· **0120-766-375**
　対小 1 ～中 3　時 14:00 ～ 22:00
應修会 🅟
　西葛西 3-16-12-5F ············· **03-6808-6740**
　対小 2 ～ 6
学研教室　対幼児～中学生
　葛西中央通り教室（生野）
　中葛西 4 丁目 ················· **03-6808-8630**
　北葛西教室（柴田）
　北葛西 2 丁目 ················· **050-3718-6333**
　なぎさ教室（中村）
　南葛西 7 丁目 ················· **070-4338-8926**
　西葛西教室（鳴海）
　西葛西 7 丁目 ················· **080-6688-4310**
　東葛西教室（安藤）
　東葛西 2 丁目················· **03-3686-0268**
河合塾 Wings 西葛西教室
　西葛西 3-16-12-6F ············· **03-5878-3391**
　対小 5 ～中 3
個別指導　京進スクール・ワン 🅟
　中葛西 3-36-11-1F ············· **03-5675-7327**
　対小 1 ～高 3
公文式教室　対幼児～一般
　葛西教室
　東葛西 7-25-5-1F················ **090-1794-7655**
　時月・木 15:00 ～ 19:00
　北葛西教室
　北葛西 4-1-1-1F ················ **03-5676-4828**
　時月・木 14:30 ～ 20:00　火・金 14:30 ～ 19:00
　清新パトリア教室
　清新町 1-3-6パトリア2F ··· **03-6808-1233**
　時月・木 15:00 ～ 20:00　火・金 15:00 ～ 19:00
　第四葛西小東教室
　中葛西 8-23-5-3F ··········· **070-5593-7290**
　時月・木 15:00 ～ 19:30
　中葛西教室
　中葛西 3-5-5-2F ··········· **070-3227-5373**
　時火・金 14:30 ～ 20:00

中葛西1丁目教室
中葛西 1-12-15 ·················· **03-3688-3298**
時月・金 14:30 ～ 20:00　水 14:30 ～ 18:30

中葛西3丁目教室
中葛西 3-33-11-3F ········· **090-2647-7427**
時火・金 15:00 ～ 20:00

中葛西5丁目教室
中葛西 5-2-12-2F ········· **090-4121-1917**
時火・金 14:30 ～ 19:30

中葛西7丁目教室
中葛西 7-4-10-2F ··········· **03-3688-5412**
時火・金 14:00 ～ 20:00

西葛西駅北教室
西葛西 3-14-20-1F ········· **080-5756-7842**
時火・金 14:30 ～ 19:00

西葛西駅フローラル教室
西葛西 6-22-2-2F ·········· **03-6808-8288**
時月・木 15:00 ～ 20:00　土 15:00 ～ 18:00

西葛西グリーン教室
西葛西 7-23-10-1F ········· **090-4060-2133**
時火・金 15:00 ～ 20:00　月・木 15:30 ～ 19:30

西葛西3丁目教室
西葛西 3-7-12-2F ·········· **03-3877-1916**
時火・金 15:00 ～ 19:30

西葛西4丁目教室
西葛西 4-2-63 ············· **090-9829-2500**
時月・木 14:30 ～ 19:30

西葛西7丁目教室
西葛西 7-1-15 ············· **090-1880-3332**
時月・木 15:00 ～ 20:00

ぴあ南葛西教室
南葛西 6-8-10-3F ··········· **03-5878-0910**
時月・火・木・金 14:30 ～ 19:00

東葛西教室
東葛西 6-17-10-2F ········· **080-3172-0127**
時火・金 14:30 ～ 20:00　木 14:30 ～ 19:00
土 10:30 ～ 17:00

東葛西さくら公園教室
東葛西 6-48-13-1F ········· **090-9956-0336**

東葛西小前教室
東葛西 8-20-16 ············ **080-8300-1469**
時月・木 14:00 ～ 17:30　火・金 14:00 ～ 20:00

東葛西2丁目教室
東葛西 2-5-14-1F ········· **090-9309-2845**
時火・金 15:00 ～ 19:00

フラワーガーデン教室
南葛西 2-1-1-2F ············ **070-3859-8889**
時火・金 14:30 ～ 20:00

堀江教室
南葛西 4-1-11-1F ··········· **03-3688-7579**
時月・火・木・金 14:00 ～ 20:00

南葛西3丁目教室
南葛西 3-8-3-2F ············ **070-6466-3846**
時月・木 14:30 ～ 21:00

クリップアカデミー北葛西校舎
北葛西 4-5-7-1F ·············· **03-5679-5377**
対小～高　時 16:35 ～ 22:00

国大セミナー西葛西
西葛西 6-25-9 ·············· **03-3804-8944**
時月～金 14:00 ～ 22:30

個太郎塾
葛西教室　中葛西 3-37-3 ··· **03-5659-6662**
対小1～高卒　時 1回1コマ80分授業
受月～土 14:00 ～ 21:00

西葛西教室
西葛西 6-10-12 ·············· **03-3675-2500**
対小1～高卒　時 1回1コマ80分授業
受月～土 13:30 ～ 21:30

ジェック学院
南葛西 2-1-20 ·············· **03-3869-2232**
対小3～高3
時月～金 16:00 ～ 22:00　土 13:00 ～ 22:00

JOY英語教室
南葛西 4-18-5 ·············· **03-3686-6421**
対幼・小～高

自立学習RED葛西教室
中葛西 5-34-7 ·············· **03-3878-0440**
対小・中・高　受 14:00 ～ 21:00

進学プラザTOKYO 西葛西駅前教室
西葛西 3-15-16-3F ············ **03-6808-7171**
時 14:00 ～ 20:00　　　　　休月・日・祝

〈次ページへつづく〉

学習塾〈前頁から〉

スクールIE
　葛西南口校
　中葛西 8-11-5-2F ‥‥‥‥‥**03-3686-2581**
　対小〜高　受月〜土 14:00 〜 21:00
　西葛西北校
　西葛西 3-3-3-2F ‥‥‥‥‥**03-6808-0205**
　対小〜高　受月〜土 14:00 〜 20:00
　南葛西校
　南葛西 4-11-5-1F ‥‥‥‥**03-3675-6209**
　対小〜高　受月〜土 14:00 〜 22:00

駿台　中学部・高校部西葛西校
　西葛西 6-16-4-8F ‥‥‥‥**03-6808-3490**
　対小 3 〜高 3　受 13:30 〜 20:30

葛西の学び舎　斉学舎
　中葛西 8-12-7 ‥‥‥‥‥‥**03-6885-5140**
　対年中〜高 3
　時月〜金 15:00 〜 22:30　土 11:00 〜 20:00

東京個別指導学院
　葛西教室
　東葛西 6-2-3-5F ‥‥‥‥‥**03-6848-9698**
　対小学生〜大学受験生　時月〜土 14:00 〜 21:30
　西葛西教室
　西葛西 5-2-3-3F ‥‥‥‥‥**03-3689-3759**
　対小学生〜大学受験生　時月〜土 14:00 〜 21:30

TOMAS 葛西校
　東葛西 6-2-3-2F ‥‥‥‥‥**03-5878-3759**
　対小〜高

成増塾西葛西校
　西葛西 3-15-9-8F ‥‥‥‥**03-3804-4584**
　対中 1 〜高 3　時月〜土 17:00 〜 21:30

HAPPY-CLASS
　清新町 1-1-6-8F ‥‥‥‥‥**03-5696-6799**
　対小〜中　時月〜金 16:30 〜 21:00

一橋セミナー西葛西校
　西葛西 6-8-3 ‥‥‥‥‥‥‥**03-3686-6256**
　対小 3 〜高 3　時月〜土 15:00 〜 22:00

ブレーン西葛西校
　西葛西 7-3-3-1F ‥‥‥‥‥**03-5659-0911**
　対小〜高
　受月〜金 14:00 〜 22:00　土 10:00 〜 22:00

マップ教育センター
　西葛西 5-5-7-3F ‥‥‥‥‥**03-5676-5584**
　対小 1 〜高 3　時月〜土 13:00 〜 22:00

明光義塾
　葛西駅前教室
　東葛西 6-2-9-3F ‥‥‥‥‥**03-5667-4888**
　西葛西教室
　西葛西 6-10-14-2F ‥‥‥‥**03-5658-8550**
　南葛西教室
　南葛西 1-14-13-3F ‥‥‥‥**03-5674-3125**
　対小〜高
　時 14:00 〜 22:00（西葛西教室のみ13:00〜）

明利学舎
　西葛西 6-8-16-2F ‥‥‥‥**03-5605-3796**
　対年長〜中 3
　時月〜金 15:00 〜 22:00　土 13:00 〜 21:00

森塾　西葛西校
　西葛西 6-8-10-3F ‥‥‥‥**03-5667-2335**
　対小〜高

予備校

武田塾西葛西校
　西葛西 6-16-7-5F ‥‥‥‥**03-6808-9856**
　対高校生〜既卒　時月〜土 13:00 〜 22:00

プログラミング教室

ヒューマンアカデミー　ロボット教室
　西葛西教室
　西葛西 5-6-2-6F ‥‥‥‥‥**03-6808-7188**
　対5歳〜中学生

英会話

イーオン西葛西校
西葛西 6-8-10-5F ……………… **03-3680-1810**
対 1 歳～一般
時火～金 12:00 ～ 21:00　土 10:00 ～ 19:00
休月・日・祝

ECCジュニア西葛西 葛西中央通り教室
西葛西 7-29-16-1F ……………… **03-6808-9960**
対 4 歳～
（P34カラーページもご覧ください）

K English School
中葛西 8-23-5-2F ……………… **03-3869-2969**

ケンブリッジ英会話
中葛西 5-35-6 ……………… **080-5171-4113**
時火～金 10:00 ～ 12:00　14:00 ～ 21:00
土 9:00 ～ 12:00　13:00 ～ 18:00　　休月・日

シェーン英会話西葛西校
西葛西 3-16-12-3F ……………… **03-3689-4143**
対 2 歳～一般
時火～金 13:00 ～ 20:00　土・日 10:00 ～ 18:00
休月

セイハ英語学院イオン葛西教室
イオン葛西店 4F ……………… **0120-815-718**
対 0 ～ 12 歳

英会話スクール　プログレス
東葛西 7-2-1-4F ……………… **090-7904-7687**
対幼児～一般
※英検クラス（オンライン形式）あり

Little London English
西葛西 6-27-13-1F ……………… **03-5667-2566**
対幼児～シニア
時月 13:00 ～ 22:00　火～金 11:00 ～ 22:00
土 9:00 ～ 17:00　　休日・祝

英語塾

アドヴァンス・イングリッシュ
南葛西 7-1-6-13F ……………… **03-3687-5211**
対小・中

東進こども英語塾東葛西教室
東葛西 4-54-3 ……………… **03-6240-5748**
対 3 ～ 12 歳

日本語学校

東方国際学院
東葛西 5-15-2 ……………… **03-3878-9630**
対在日外国人
時月～金 9:00 ～ 12:30　13:15 ～ 16:45

東洋言語学院
西葛西 7-6-3 ……………… **03-5605-6211**
対外国人
時月～金 9:10 ～ 12:25　13:10 ～ 16:25

パソコン教室

市民パソコン塾・西葛西校　㈱パソコンライフ
西葛西 3-15-8-4F ……………… **03-5658-8010**
対一般　時 10:00 ～ 20:00 …　休月・火・日・祝

パソコン市民講座　イトーヨーカドー葛西教室
アリオ葛西 3F ……………… **03-5659-7212**
対小～一般
時月 10:10 ～ 19:20　水・土・日 10:10 ～ 18:20
金 10:10 ～ 16:20　　休火・木・祝

わかるとできる　イオン葛西校
イオン葛西店 4F ……………… **03-5679-5192**
受月～金 10:00 ～ 20:40
（土・日・祝は17:30まで）

塾・習い事・スポーツ

幼児教室

イーグルインターナショナルスクール
　東葛西 6-4-7-1F ················ **03-3686-8681**
　対 1 歳半～ 6 歳(学童保育あり)
　時月～金 9:00 ～ 18:00
　内早期幼児英語、英会話

講談社こども教室 ⓗⓟ
　イオン葛西店 4F ················ **0120-327-341**
　対 0 歳～(知育)、小学生(国語・算数)、0 ～ 12 歳(英語・英会話)　受月～土 10:00 ～ 17:00

コペル葛西駅前教室 ⓗⓟ
　中葛西 5-42-3-5F ·············· **03-5659-3810**
　対 0 歳～小学生　時 10:00 ～ 18:00　　　休月

サイエンス倶楽部西葛西教室 ⓗⓟ
　西葛西 3-15-9-5F ·············· **03-6808-1186**
　対年少(秋以降)～中学生

スマイルインターナショナルスクール ⓗⓟ
　西葛西 5-8-16 ··················· **03-6821-1171**

チャイルド・アイズ ⓗⓟ
　葛西南口校
　中葛西 8-11-5-2F ············· **03-3686-2582**
　対 1 歳半～小学生
　時火～金 10:30 ～ 18:00　土 10:00 ～ 18:00
　　　　　　　　　　　　　　　　　　休月・日

　西葛西行船公園校
　西葛西 1-13-1-2F ············· **03-6808-4103**
　対 1 歳半～小学生　時 10:00 ～ 18:00

めばえ葛西教室 ⓗⓟ
　アリオ葛西 2F ··················· **0120-557-115**
　対 1 ～ 7 歳

この街の情報は
―――――――
葛西新聞へ
サークルやイベント情報、
身近な出来事などをお寄せください。

㈱明光企画　☎**047-396-2211**
　　　　　　　FAX **047-397-0325**

習い事をする
lesson

書道

茜書道教室　中葛西 2-7-12 ··· **03-3689-7458**
　対幼児～一般　時応相談

葛西学院（水声会）
　東葛西 6-31-7-4F ··· Ⓣ&Ⓕ **03-3680-6361**
　時火 15:30 ～ 18:30　木・土 15:00 ～ 18:30

恵乃（めぐみの）書塾 ⓗⓟ
　中葛西 8-6-2-2F ················ **090-6524-5131**
　対幼児～一般
　時月・火・木 16:00 ～ 20:00
　金 10:00 ～ 12:00　16:00 ～ 18:00
　土 10:00 ～ 12:00

和の輪クラブ
　清新町 1-4-7-5F ················ **03-5878-9533**
　対幼児～一般
　時月 15:00 ～ 18:00　火 17:00 ～ 19:00
　土 16:00 ～ 18:00

珠算

石戸珠算学園　葛西教室
　東葛西 5-2-11-B1 ··········· **050-3188-9275**
　対幼児～　時月～金 15:20 ～ 19:30
　土 10:00 ～ 16:00　　　　　　　　　休日

葛西学院
　東葛西 6-31-7-4F ··· Ⓣ&Ⓕ **03-3680-6361**
　時月・水・金 15:40 ～ 19:30

三田そろばん　西葛西 5-9-3··· **03-3688-2218**

絵画

アトリエ　スロウパレード
　西葛西 7-23-15-1F ············· **03-6808-9776**

将棋

土岐田将棋道場
　東葛西 6-44-10 ················ **03-5674-2107**

料理

ホームメイドクッキング西葛西教室 🄗
西葛西 6-8-5-3F ················ **03-5696-6445**
対一般　内パン、天然酵母パン、ケーキ、クッキング、
和菓子、パスタ

洋裁・和裁

ニットソーイングクラブイオン葛西店 🄗
イオン葛西店 4F ················ **03-5605-3210**
対一般女性　受10:00 ～ 12:00　13:00 ～ 17:00

音楽教室

石川雅子ミュージックアカデミー 🄗
西葛西 3-22-6-1F 小島町2丁目団地内
···························· **03-3878-8371**
対幼児～一般
時月～金 10:00 ～、土・日 9:00 ～（応相談）休火
内ピアノ、ヴァイオリン、ヴィオラ、チェロ、フルー
ト、リコーダー、ソルフェージュ
島村楽器 🄗
　イオン葛西店
　イオン葛西店 4F ··············· **03-3675-1151**
　ミュージックサロン葛西
　中葛西 5-19-20 ··············· **03-3686-7474**
　対0歳～　時月・木 13:00 ～ 21:00
　火・水・金・土 10:00 ～ 21:00
　日・祝 10:00 ～ 17:30
　ミュージックサロン西葛西
　西葛西 3-22-21-6F ············ **03-3675-9977**
　対0歳～
　時月～金 13:00 ～ 21:00　土 10:00 ～ 20:00
　日・祝 10:00 ～ 18:00
　ミュージックサロンパトリア西葛西
　清新町 1-3-6パトリア2F········ **03-3869-8899**
　対0歳～
　時月～土 10:00 ～ 21:00　日・祝 10:00 ～ 18:00
ピアマーレ　ミュージック 🄗
南葛西 6-13-12-3F ·········· **050-3592-6303**
対幼児～　内ピアノ、フルート
ブリランテ音楽院 🄗
南葛西 4-21-18················ **03-6663-9621**
対4歳～一般　内ピアノ

宮川明フラメンコギター教室
東葛西 2-2-11-2F ·············· **090-8491-6364**

ボーカルスクール

モア東京ボーカル教室葛西駅校 🄗
中葛西 3-37-3-8F ············· **047-409-6551**
時10:00 ～ 22:00　　　　　　　　　　休不定休

音楽個人教授

岡本音楽教室　清新町 1-1　··· **03-3687-1715**
対幼児～一般（初心者のみ）　内ピアノ

ダンス

M&Sカンパニー西葛西スタジオ 🄗
西葛西 3-2-15-1F ·············· **03-6808-5037**
対幼児～一般
内バレエ、ジャズダンス、タップほか
田中忠ダンススポーツクラブ
中葛西 3-33-11-5F ············· **03-3675-6688**
対一般　　時13:00 ～ 22:00
クラス／水・木・金 19:00 ～ 20:00、個人／予約制
内社交ダンス
スタジオDDF 🄗
西葛西 5-5-15-1F ············· **03-6808-0052**
対4歳～一般

日本舞踊

正派若柳流柳扇会舞踊教室
西葛西 2-2-7 ···················· **03-3680-0211**
対幼児～一般　時予約制

総合教室

東京カルチャーセンター 🄗
東葛西 5-1-3-4F ················ **03-3686-0634**
対幼児～一般　受月～金 9:30 ～ 20:00
土 9:30 ～ 17:00　　　　　　　　　　休日・祝

塾・習い事・スポーツ

スポーツする

sports

ヨガ・ピラティス

カルド西葛西 HP
　西葛西 6-17-1-2F ……………**03-6808-7192**
　時月〜金 10:00 〜 23:00
　土・日・祝 10:00 〜 20:00
　休 6・16・26・月末最終日

パラダイスヨガ（ハーディマン智子） HP
　西葛西 7-29-6-2F ………**090-8559-5150**

ホットヨガスタジオBODY UP 西葛西
　西葛西 6-15-24 …………**03-6456-0646**

すみれヨーガ西葛西（石川雅子）
　スポーツセンター和室……**090-5432-1093**
　対一般　**時**月 10:00 〜 11:45

空手・格闘技ほか

国際空手道連盟 極真会館東京城東葛西支部 葛西道場
　東葛西 5-1-14-2F …………**03-6456-0178**
　対幼児・小学生・学生・一般・女子・壮年・シニア

掌道会 HP
　東葛西 5-20-6-2F …………**03-5654-6080**
　対 3 歳〜　**内**空手

NPO 法人 全世界空手道連盟 新極真会 葛西道場 HP
　西葛西 6-6-12-2F
　………… Ⓕ 047-354-2926…**03-6689-1120**
　対幼児〜壮年

日本空手道玄和会
　…………………… **03-3656-6273**（近藤）
　対小学生〜、一般　**内**空手
　場スポーツセンター　**時**土 18:00 〜 21:00

日本健康武道協会 健進会 HP
　………………… **03-5676-2587**（入川）
　内空手をベースに総合武道　護身術(家族一緒に参加可能)
　場スポーツセンター
　時日（月 2 回）14:00 〜 17:00

SQUARE-UP KICK BOXING 道場
　南葛西 3-24-24 ……………**03-5676-4323**
　時月・火・木・金 14:00 〜 23:00
　水 18:30 〜 23:00　土 10:00 〜 20:00
　日 10:00 〜 16:00

パラエストラ葛西 HP
　西葛西 2-23-7-1F …………**03-3688-3108**

フィットネスクラブ

エニタイムフィットネス西葛西店 HP
　西葛西 6-8-1-2F ……………**03-5878-1651**

カーブス HP
　アリオ葛西
　アリオ葛西 2F ……………**03-5679-5105**
　葛西駅前
　中葛西 3-33-11-4F …………**03-6808-8603**
　北葛西
　北葛西 5-12-18-1F …………**03-6276-1033**
　西葛西
　清新町 1-3-6パトリア2F ……**03-3687-1222**
　時月〜金 10:00 〜 13:00　15:00 〜 19:00
　土 10:00 〜 13:00　　**休**日・祝・年末年始

ゴールドジム西葛西東京 HP
　西葛西 6-16-1-3 〜 7F ………**03-5679-7474**
　時 24 時間 (月 7:00オープン〜日 20:00 閉店)
　　　　　　　　　　　　　休第 3 月曜

コナミスポーツジュニアスクール　西葛西 HP
　西葛西 6-13-7-5F …………**03-3686-8301**
　内スイミング、体育、空手　**対**子どもほか
　受月・水・金・土 10:00 〜 19:00
　日 9:15 〜 17:00　　　　　　**休**火・木

スポーツクラブNAS 西葛西
　西葛西 6-15-24 …………**03-6456-0645**
　時月〜水・金 10:00 〜 23:00　土 10:00 〜 21:00
　日・祝 10:00 〜 20:00
　内ジム・スタジオ・ゴルフ・エステ・サウナ・風呂・
　クライミングほか　　　　　　**休**木

セントラルウェルネスクラブ葛西店 HP
　中葛西 3-33-12 ……………**03-5667-1070**
　時火〜金 9:30 〜 22:30　土 9:00 〜 20:00
　日・祝 9:00 〜 19:00　　　　**休**月

FASTGYM24 葛西店 HP
東葛西 6-2-7-5F ················· **03-5679-5360**
受月～木 11:00～15:00　16:00～20:00
日・祝 10:00～15:00　16:00～18:00 休金・土

ヘルスコンサルティング㈱ HP
中葛西 2-17-8 ················· **03-3877-7708**
受 10:00～18:00

Body Base HP
中葛西 5-42-3-4F ············ **03-5878-1247**
内パーソナルトレーニングスタジオ
時月～金 10:00～22:00　土 9:00～21:00
日・祝 9:00～20:00

パーソナルトレーニング

REVOIST（レボイスト） HP
中葛西 8-22-9-1F ············· **047-712-5656**

サッカー・フットサル

宇喜田サッカークラブ HP
西葛西 4-6-5 ···················· **03-3689-5428**
時火・金／小1～3　月・水／小4～6

テニス

コナミスポーツ　テニススクール　西葛西 HP
西葛西 6-13-3 ················· **03-3680-4161**
受月・水・木 11:00～22:00　土 7:30～21:30
日 7:30～18:30　　　　　　　休火・金

フェリエインドアテニスクラブ HP
中葛西 5-21-7 ················· **03-3877-7877**
受 9:00～23:30

卓球

T.T Labo　葛西 HP
中葛西 5-19-30-2F ············· **03-6795-9762**
時 9:00～21:30　※予約制　　　休不定休

礼武卓球道場 HP
中葛西 2-24-12-3F ············ **03-3804-0402**
対4歳～一般
時月 17:00～18:00　火～金 9:30～20:00
土・日 9:30～18:00

『カヌーのまち 江戸川区』としてまちづくり
区立小学校で「学校カヌー教室」開催

　東京2020オリンピック競技大会で、カヌー・スラローム競技が行われた江戸川区。大会のレガシーを継承し、「カヌーのまち 江戸川区」としてカヌー競技を振興している。機運醸成のため、より身近にカヌーを体験できる場として、新左近川親水公園カヌー場を2019年6月にオープン。初心者向けのカヌー体験教室のほか、2021年11月には「第1回江戸川区長杯カヌー・スラローム大会」を開催した。

　「学校カヌー教室」は、身近な小学校のプールを活用して、カヌーの乗り方やパドルの操作方法などを子どもたちに教えるカヌーの体験授業。2015年から実施しており、2022年6月までに8114人が参加した。区では、全ての児童にカヌーの楽しさを体感してもらおうと、2022年から3年間で69校全ての区立小学校で開催予定。2022

年は6月から9月までの期間に23校で実施した。
　6月27日、鹿骨東小学校での「学校カヌー教室」には4年と5年の児童119人が参加。プールサイドで乗り降りの仕方やパドルの使い方などの指導を受けた後、一人用のカヌーに乗艇。ほとんどの児童がカヌー初体験、初めはカヌー同士の衝突が多かったが、徐々にパドルを操作できるようになった。最後に4人1組のリレーでチーム戦を行い、終始笑顔でカヌーを楽しんでいた。

はじめはパドルの使い方に苦戦していた子どもたちも段々上手に漕げるように

塾・習い事・スポーツ

ゴルフ

葛西駅前ゴルフスクール 🅷🅿
　東葛西 6-1-6 ‥‥‥‥‥‥‥‥ **03-6808-7000**
　時月〜金 11:00 〜 22:00
　土・日・祝 10:00 〜 20:00

GOLFING BASE TOKYO 🅷🅿
　西葛西 3-22-10 ‥‥‥‥‥‥ **03-5659-0818**
　時月〜金 9:40 〜 23:30
　土・日・祝 8:30 〜 20:00

ステップゴルフプラス西葛西店 🅷🅿
　西葛西 6-16-1-2F ‥‥‥‥ **03-3680-5333**

ZEN GOLF RANGE 葛西店 🅷🅿
　南葛西 1-14-13-1F ‥‥‥‥ **050-5357-3129**

ロッテ葛西ゴルフ 🅷🅿
　臨海町 2-4-2 ‥‥‥‥‥‥‥ **03-5658-5600**

ワイズワンゴルフスクエア西葛西店（スクール） 🅷🅿
　西葛西 6-18-10-2F ‥‥‥‥ **03-5878-1022**
　時 24 時間

ロッククライミング

ロックランズ 🅷🅿
　東葛西 5-27-16 ‥‥‥‥‥ **03-5659-0808**
　時月〜金 12:00 〜 23:00
　土・日・祝 9:00 〜 21:00　　　　年中無休

ボート免許

ニューポートマリンクラブ 🅷🅿
　東葛西 3-17-16 ‥‥‥‥‥ **03-3675-4702**
　内ボート免許スクール　※予約制
　受 8:00 〜 17:00　　　　　　　　休火

ダイビングショップ・サーフショップ

スクランブルサーフショップ 🅷🅿
　東葛西 1-20-19 ‥‥‥‥‥ **03-3688-7254**
　受月〜土 15:00 〜 21:00　日・祝 12:00 〜 18:00

㈲東京ダイビングセンター 🅷🅿
　西葛西 6-25-9-1F ‥‥‥‥ **03-3686-6617**

ブルー＆スノーダイビング葛西店 🅷🅿
　東葛西 6-16-1-1F ‥‥‥‥ **03-6808-1322**

公営スポーツ施設

★詳しい情報はP192へ

スポーツセンター
　西葛西 4-2-20 ‥‥‥‥‥‥ **03-3675-3811**
陸上競技場　清新町 2-1-1 ‥‥‥ **03-3878-3388**
江戸川区球場　西葛西 7-2-1 ‥ **03-3878-3741**
臨海球技場　臨海町 1-1-2 ‥‥ **03-3680-9251**
西葛西テニスコート
　西葛西 8-17-1 ‥‥‥‥‥‥ **03-6808-4158**
葛西ラグビースポーツパーク
　臨海町 3 丁目地先 ‥‥‥‥ **03-5605-0970**
新左近川親水公園カヌー場
　臨海町 2 丁目地先 ‥‥‥‥ **03-5605-1137**
総合体育館　松本 1-35-1 ‥‥ **03-3653-7441**
スポーツランド（テニス・フットサル〈通年〉・
アイススケート〈10 月〜 5 月〉・プール〈7 月〜 8 月〉）
　東篠崎 1-8-1 ‥‥‥‥‥‥ **03-3677-1711**
水辺のスポーツガーデン
　東篠崎 2-3 先 ‥‥‥‥‥‥ **03-5636-6550**
小岩テニスコート
　北小岩 6-43-1 ‥‥‥‥‥‥ **03-3673-0202**
谷河内テニスコート
　谷河内 2-9-19 ‥‥‥‥‥‥ **03-3677-9569**
松江テニスコート
　松江 5-5-1 ‥‥‥‥‥‥‥ **03-3656-7702**
江戸川グラウンド
　江戸川河川敷 ‥‥‥‥‥‥ **03-5662-1636**
小松川グラウンド
　荒川河川敷 ‥‥‥‥‥‥‥ **03-5662-1636**
小松川さくらホール（卓球・バドミントン・温水プール）
　小松川 3-6-3 ‥‥‥‥‥‥ **03-3683-7761**
小岩アーバンプラザ（スカイプール）
　北小岩 1-17-1 ‥‥‥‥‥‥ **03-5694-8151**
都立篠崎公園（テニス・野球場）
　上篠崎 1-25-1 ‥‥‥‥‥‥ **03-3670-4080**

"地域デビュー"の第一歩を踏み出そう！
江戸川総合人生大学

地域貢献を志す区民を応援するため、「共育」「協働」の学びと実践の場として江戸川区が平成16年10月に開学した大学。地域の課題を発見・認識し、さまざまなカタチのボランティアとして活躍できる人材を育成する大学だ。

学長 北野大

私たちと一緒に一歩踏み出してみませんか？

	学 科	主要テーマ
地域デザイン学部	江戸川まちづくり学科	暮らしやすいまちづくり
	国際コミュニティ学科	国際交流・共生
人生科学部	子育てささえあい学科	子育て支援・地域教育
	介護・健康学科	地域と高齢社会

多種多様な学びのスタイル

キャンパスは江戸川区全体。講義室での座学はもちろん、江戸川区内のさまざまな現場へ出向いて授業を行う。

講 義

篠崎文化プラザで行う講義で基礎知識を高める。

フィールドワーク

研究テーマに沿った現場に出向き、意見交換などを通じ学びを深める。

グループワーク

さまざまな切り口でグループを作って討論。新しいアイデアも生まれる。

発 表

学習の成果を発表し、プレゼンテーション力を高める。

授業料 年間3万円　　**修学期間** 2年

入学資格 区内在住、在勤、在学いずれかに該当し、2年間継続して学ぶことができ、その成果を地域貢献活動として実践する意欲のある人。年齢制限なし。日本語の授業に支障なければ外国人も入学可。

入学申し込み 学生募集は毎年7月頃の予定（入学は10月〜）。詳しくは7月頃から区施設（区役所、各事務所、図書館、コミュニティ会館など）で配布される入学案内を参照のこと。

問い合わせ 江戸川区篠崎町7-20-19篠崎文化プラザ内
📞03-3676-9075（江戸川総合人生大学事務局）🖥 https://www.sougou-jinsei-daigaku.net/
※江戸川総合人生大学は、学校教育法で定める正規の大学ではありません。

屋内のスポーツはおまかせ
スポーツセンター

西葛西 4-2-20 ☎ 03-3675-3811

■交通　東西線西葛西駅より徒歩7分
■駐車場　83台（有料）
最初の1時間200円、以後1時間毎100円
※毎週土曜、第3駐車場は障害者専用
■オープン　1981年11月
■年間利用者　92万7176人（2019年度）
■利用時間　AM9～PM11（日・祝PM10まで）
　　※開館時間は8:45～
■休館日　6月6日・7日／11月7日／
　12月29日～12月31日／3月13日（2023～
　2024年予定）
■利用料金（2023年4月1日現在）
　一般公開／高校生相当以上210円、小・中学
　生50円　※お得な回数券1050円（210円券
　6枚綴り）、500円（50円券12枚綴り）もあり

■施設
○1階…温水プール（大・小）、柔道場・剣道場、
　　　卓球室、みんなのスポーツルーム
　　　トレーニング室
○2階…会議室（第1・2）、和室、中央更衣室、
　　　事務室、医務室
○3階…大体育室、小体育室
○4階…観覧席（大体育室用）

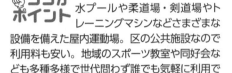

ココがポイント　体育室（大・小）のほか、温水プールや柔道場・剣道場やトレーニングマシンなどさまざまな設備を備えた屋内運動場。区の公共施設なので利用料も安い。地域のスポーツ教室や同好会なども多種多様で世代問わず誰でも気軽に利用できる。体を動かしていい汗を流そう。

利用しています　毎週ヨガ教室に通っています。子どもを連れて行っても、館内にいろいろあるので飽きずに遊べて安心。子どもは温水プールも利用しています。（北葛西40代女性）

■一般公開（個人利用）
　一般公開日であれば、誰でも自由に利用できる。※温水プール・スポーツルームの利用時間は1回2時間を目安に利用可
◆利用区分（大体育室・小体育室・卓球室）
　午前（AM9～PM1）
　午後（PM1～6）
　夜間（PM6～10:30、
　　　　日・祝日はPM9:30まで）
※卓球・バドミントンの利用は初回1時間利用。
その後30分ずつ延長が可能

■貸切（団体利用）
　大体育室、小体育室、卓球室、柔道場、剣道場、会議室、和室を施設利用区分で定めた日に限り貸切利用できる（利用区分についてはスポーツセンターに問い合わせを）。
〈貸切利用受付〉
○利用日の3カ月前から、直接来館か電話で。
○大体育室の半面利用と体育目的外の場合のみ
　利用日の2カ月前から。
○貸切利用料金は次頁を参照。

スポーツ教室もあるよ！

日ごろの健康づくりと技術の向上をお手伝い
エアロビクス・ヨーガ・親子体操・小学生体操・バレエ・ピラティスやフラダンスほか、多数。詳しくは問い合わせを。

葛西ガイド

■体育棟団体貸切使用料（月〜土曜日）

区分 施設名	午前 9:00〜12:00	午後 13:00〜17:00	夜間（1）18:00〜20:30	夜間（2）21:00〜22:30	全日 9:00〜22:30
大 体 育 室	12,570 円	16,550 円	17,500 円	10,500 円	57,120 円
小 体 育 室	4,720 円	7,120 円	7,400 円	4,500 円	23,740 円
卓 球 室	3,980 円	5,550 円	5,800 円	3,500 円	18,830 円
柔 道 場	2,200 円	3,040 円	3,200 円	1,900 円	10,340 円
剣 道 場	2,200 円	3,040 円	3,200 円	1,900 円	10,340 円
会 議 室	1,250 円	1,780 円	1,800 円	1,100 円	5,930 円
和 室	520 円	840 円	900 円	500 円	2,760 円

■体育棟団体貸切使用料（日曜日・祝日）

区分 施設名	午前 9:00〜12:00	午後 13:00〜17:00	夜間 18:00〜21:30	全日 9:00〜21:30
大 体 育 室	12,570 円	16,550 円	24,410 円	53,530 円
小 体 育 室	4,720 円	7,120 円	10,270 円	22,110 円
卓 球 室	3,980 円	5,550 円	8,070 円	17,600 円
柔 道 場	2,200 円	3,040 円	4,400 円	9,640 円
剣 道 場	2,200 円	3,040 円	4,400 円	9,640 円
会 議 室	1,250 円	1,780 円	2,410 円	5,440 円
和 室	520 円	840 円	1,150 円	2,510 円

※区外団体の場合、使用料は異なる

プール

■プール（個人利用）

　ウオーキングコースも用意してあるので、初めての人も、泳ぎたい、練習したいという人にもおすすめの室内温水プール。乳幼児から成人まで幅広い年齢層に合わせた水泳教室や、海の日からの夏休み期間中の午前7時〜8時45分に開放される「早朝プール」もあるので気軽に参加してみよう。出勤前にひと泳ぎというのもいいかも。

　団体利用のないときはいつでも利用OKだけど、夏休み期間中とそれ以外は利用スケジュールが変わるので、詳しいことはスポーツセンターへ問い合わせを。

◆25m×15m（公認−7コース）・水深1.2〜1.5mの大プール、15m×8m・水深0.8〜0.9mの小プールの2つ

◆入場時間は1回につき2時間を目安に利用可

◆利用の際は水泳帽を必ず着用

◆幼児（2歳6カ月以上かつおむつがとれている）の利用は、保護者1名につき幼児2名まで

スポーツセンターまつりに行ってみよう

　例年11月3日（文化の日）はスポーツセンターで「まつり」が開かれる。

　大体育室では、一般参加の運動会が繰り広げられる。当日申し込みをした人たちやスポーツセンターのサークルに参加している人たちが、4チームに分かれての玉入れゲームなどを思いっきり楽しんでいる。老若男女を問わず、小さな子どもたちにも大人気。当日参加者、約1万2000人！（2019年度）とまさにスポーツの秋を満喫できる一大イベントなのだ。ゲームだけでなく、豪華景品が当たるクイズもあり、サークルが模擬店を出店したりと一日中楽しめる。

　一日に約1万人もの人が訪れる人気の秘密は、低料金でマメに開催しているいろいろな教室や、施設の充実ぶり。スタッフの対応のよさも目をひく。ということは、その日だけでなく、継続的に利用しているファンが多いということなのでは？　体を動かしたくなったら、スポーツセンターをのぞいてみてはいかが？「まつり」がいいきっかけになるかも。

●問い合わせ　スポーツセンター　☎03-3675-3811

葛西ガイド

一般公開もあり
江戸川区陸上競技場

清新町 2-1-1 ☎ 03-3878-3388

■貸切使用料　　　　　　　　　　　　2023年4月1日現在

貸切利用 (a) 利用場所		単位時間	9:00〜13:00 13:00〜17:00 17:00〜21:00 ※全日(9:00〜21:00) 使用は下記料金×3
一般	施設全体	平日	各単位時間 33,000 円
		土日祝	各単位時間 39,600 円
	グラウンドおよびメインスタンド	平日	各単位時間 28,390 円
		土日祝	各単位時間 34,050 円
	グラウンド	平日	各単位時間 25,670 円
		土日祝	各単位時間 30,800 円
中学生以下	施設全体	平日	各単位時間 16,500 円
		土日祝	各単位時間 19,800 円
	グラウンドおよびメインスタンド	平日	各単位時間 14,200 円
		土日祝	各単位時間 17,020 円
	グラウンド	平日	各単位時間 12,830 円
		土日祝	各単位時間 15,400 円

ココがポイント
　国際大会などの大きな大会が行われるりっぱな競技場。大きな大会だけではなく、小中学校の大会なども開催される。個人利用も可能で、中高生から一般の人、実業団選手まで幅広く利用されている。全国レベルのトップアスリートに会えるかも！　陸上競技のほか、フィールドではサッカーもOK！

■交通　東西線西葛西駅より徒歩15分、都営バス（４番のりば臨海町２丁目団地前行き）清新ふたば小学校前下車　■駐車場　95台
■オープン　1984年
■年間利用者　約26万人（2019年度）
■利用時間　AM９〜 PM９
■休場日　12月28日〜１月４日

■施設
○日本陸上競技連盟第三種公認施設
○トラック（１周400m８コース）
　3000m障害走路設置
○フィールド（跳躍、投てき、サッカー、ラグビーなど）　○夜間照明設備あり
○観客施設6784人収容
　（メインスタンド2034人、うち車イス席10人、バックスタンド2750人、芝生席2000人）
○その他　会議室、売店、男・女更衣シャワー室、ロッカー208人分

貸切利用 (b) 利用場所		単位時間	9:00〜11:00 11:00〜13:00 13:00〜15:00 15:00〜17:00 17:00〜19:00 19:00〜21:00
一般	施設全体	平日	各単位時間 16,550 円
		土日祝	各単位時間 19,900 円
	グラウンドおよびメインスタンド	平日	各単位時間 14,250 円
		土日祝	各単位時間 17,080 円
	グラウンド	平日	各単位時間 12,880 円
		土日祝	各単位時間 15,400 円
中学生以下	施設全体	平日	各単位時間 8,280 円
		土日祝	各単位時間 9,950 円
	グラウンドおよびメインスタンド	平日	各単位時間 7,120 円
		土日祝	各単位時間 8,540 円
	グラウンド	平日	各単位時間 6,450 円
		土日祝	各単位時間 7,700 円

■個人使用料（一般公開使用料）※回数券あり

2023年4月1日現在

単位時間 利用者の区分	午前 9:00～ 13:00	午後 13:00～ 17:00	夜間 17:00～ 21:00
一般（高校生以上）	210円	210円	320円
小・中学生	50円	50円	70円

〈利用受付〉

◆貸切利用（団体利用）

○貸切利用aは利用月の3カ月前から受付。貸切利用bは利用月の2カ月前から受付。3カ月前の1日に公開抽選。

○受付は陸上競技場で

◆一般公開（個人利用）

○毎週火・木・土曜日の夜間および利用日の一週間前までに貸切利用の申し込みがない昼間に限り開放。

○受付は陸上競技場で（利用日に直接競技場へ）

○利用を制限する種目もあり

■広場もあるよ！

江戸川区臨海球技場

臨海町 1-1-2 ☎ 03-3680-9251

■交通

JR京葉線葛西臨海公園駅より徒歩15分

都営バス（東西線西葛西駅から臨海町2丁目団地前行き）臨海町1丁目下車徒歩5分

■駐車場　42台（うち身障者専用1台）

■オープン　1989年

■年間利用者　25万6998人（2021年度）

■利用時間　AM8～PM9

■休場日　12月28日～1月4日、
　　　　　冬季グラウンド補修期間

■施設

○南面　少年野球場4面
　（一般利用のときは2面）

○北面　多目的グラウンド2面
　（ラグビー・ラクロス・アメフトのときは1面）

○フットサルコート　2面

○夜間照明、エスカレーター、更衣室、シャワー室（男子7ブース、女子3ブース）、ロッカー（男子128、女子24）

■利用料金（2023年4月1日現在）

○グラウンド使用料（フットサルコートも含む）
　一般（高校生以上）1面1570円（1時間）
　中学生以下無料
　※入場料を徴収する場合は、上記使用料の5割増し・夜間照明設備使用料
　野球場2620円（南面、1面・1時間）
　サッカー1575円（北面、1面・1時間）
　サッカー以外ラグビー・ラクロスなど3150円（2面・1時間）　フットサルコート520円（1面・1時間）

〈利用受付〉

○臨海球技場で受付

○中学生以下は利用月の3カ月前から受付
　※3カ月前の10日に公開抽選

○一般は利用月の2カ月前から受付
　※2カ月前の10日に公開抽選

○詳細は臨海球技場へ問い合わせを
　※フットサルコートはインターネット予約のみ

👆ココがポイント　葛西水再生センターの上にある球技場。自由に遊べる広場も併設されているので、気軽に足を延ばしてみては。

スタンドのある区の野球場はここだけ
江戸川区球場

西葛西 7-2-1 ☎ 03-3878-3741

■交通　東西線西葛西駅より徒歩5分
■駐車場　40台　■オープン　1984年
■年間利用者　約7万人（2021年度）
■利用時間　AM8～PM9
■休場日　12月28日～1月4日、冬季グラウンド補修期間およびグラウンド整備日

■施設
○グラウンド（両翼90m、中央118m、内野・混合土、外野・芝）・夜間照明、スコアボード（電光表示）
○観客施設4014人収容（内野席2284人、外野席1700人、多目的観覧エリア10人、車イス席20人）
〈利用受付〉
○詳細については問い合わせを

■利用料金（2023年4月1日現在）
○グラウンド使用料　一般　1時間　6300円
　※入場料を徴収する場合は、上記使用料の5割増し
○夜間照明設備使用料　1時間　4190円

ココがポイント　4000人が観覧できるスタンドを備え、高校野球地区予選など大規模な大会も行われる。夜間や休日利用は混み合うので平日利用がおすすめ。

多目的に利用できるテニスコート
西葛西テニスコート

西葛西 8-17-1 ☎ 03-6808-4158

■交通　東西線西葛西駅より徒歩15分、都営バス（西葛20甲なぎさニュータウン行き、西葛20乙葛西臨海公園駅行き）中葛西7丁目下車
■駐車場　有料16台　身体障害者用2台
■休場日　12月30日16:00～1月3日

■施設
○ハードコート・フットサル・バスケット兼用2面、人工芝コート6面
○夜間照明、更衣室、シャワー
〈利用受付〉
施設予約システム「えどねっと」から予約（事前登録が必要）

■利用料金（1時間1面）（2023年4月1日現在）
テニス420円　フットサル630円
バスケットボール840円
夜間照明料320円

■利用時間

利用月	平日・土曜	日曜・祝日	夜間照明時間
4～9月	8:00～22:00	6:00～22:00	18:00以降
10月		6:00～21:00	17:00以降
11月		7:00～21:00	16:00以降
12～1月	8:00～21:00	8:00～21:00	
2月			17:00以降
3月		7:00～21:00	

葛西ガイド

ラグビーをはじめ多種多様なスポーツが楽しめる
葛西ラグビースポーツパーク

臨海町3丁目地先　☎ 03-5605-0970

ココが ポイント ラグビーワールドカップ2019のレガシーとして、国の交付金を活用して整備された施設。

■**交通**　東西線西葛西駅南口より徒歩約20分、都営バス（西葛27臨海町二丁目団地前行き）「中左近橋」下車徒歩3分
■**駐車場**　191台（新左近川親水公園の有料駐車場）
■**オープン**　2022年4月
■**利用時間**　AM9～PM9
■**休場日**　12月28日～1月4日
■**施設**
○100メートル×43メートルのフィールド（ラグビー、サッカー、アメリカンフットボール、ラクロス、フットサル）
○管理棟　事務室・更衣室・シャワー室

■**利用料金（1時間単位）**
一般公開は無料。貸切の場合は一般（高校生以上）1570円、小・中学生チームは無料。

〈**利用受付**〉利用当日、券売機で施設利用券を購入し、窓口に提示する
◆**貸切利用**（申し込みには「えどねっと」登録が必要）
利用日前月の1～10日に「えどねっと」で抽選申込（最大4時間）ができる。利用日前月の12日正午より「えどねっと」で空き予約の申し込みができる。※抽選・空き予約の可否は登録区分により変わる
◆**一般公開（個人利用）**
1週間前までに貸切利用の申し込みがない時間帯には一般公開となり自由に利用できる
※小学生未満の利用、午後5時以降の小・中学生のみの利用は保護者などの付き添いが必要

誰でもカヌーに親しめる場に
新左近川親水公園カヌー場

臨海町2丁目地先　☎ 03-5605-1137

■**交通**　東西線西葛西駅南口より徒歩20分、都営バス（西葛27臨海町二丁目団地行き）「紅葉川高校前」下車徒歩3分
■**駐車場**　206台（P1新左近川親水公園の有料駐車場191台、P2左近橋下駐車場15台）
■**利用時間**　4～8月 AM9～PM6、9月・3月 AM9～PM5、10～2月 AM9～PM4
■**休場日**　12月28日～1月4日
■**施設**
○カヌースラローム場、カヌースプリント場、カヌーポロ場、多目的カヌー場
・管理棟　事務室・多目的トイレ・男女および障害者用更衣室・シャワー室
・艇庫　1日もしくは1カ月単位で利用可能

■**利用料金（1時間単位）**
一般（高校生以上）200円、小中学生は100円。未就学児無料（レンタルカヌー代含む）

〈**利用受付**〉
◆**貸切利用**
利用希望日の3カ月前の1日から施設窓口で先着順受け付け。当日使用料を支払う。
◆**個人利用（多目的カヌー場）**
多目的カヌー場は、誰でも利用できる。施設窓口で当日先着順受け付けして使用料を支払う。小学生以下の利用は保護者もカヌーに乗る必要がある。

葛西ガイド

197

江戸川区葛西区民館

中葛西 3-10-1 ☎ 03-3688-0435

■交通
東西線葛西駅から徒歩5分
都営バス（船堀駅→なぎさニュータウン行き）
葛西区民館前下車
■駐車場　60台
■オープン　1974年8月
■年間利用者　25万4863人（2021年度）
■施設
○1階…葛西事務所
○2階…集会室第1、くつろぎの間
○3階…集会室第2〜3、和室、講座講習室、
　　　レクリエーションホール、管理事務室（施設
　　　予約システム「えどねっと」申し込み窓口）
○4階…ホール
新館（葛西健康サポートセンター）
○2階…健康スタジオ、子育てひろば
○3階…集会室第4〜6、マイナンバーカード
　　　　専用窓口
■開館時間　AM9〜PM9:30
■休館日　年末年始

【くつろぎの間】
　江戸川区在住の60歳以上が対象。大広間、
テレビ、カラオケ、囲碁・将棋の部屋がある。
　利用時間／AM9〜PM4:30
　利用料金／無料
　　　　　　（利用証が必要。申し込みは3階の
　　　　　　管理事務室へ）

　1階は区役所の業務の一部を取り扱う葛西事
務所（下記参照）。2階から4階と隣の葛西健
康サポートセンターの一部が、集会室や健康ス
タジオ、和室などの貸室に。4階のホールは劇
場型となっている。

使用料（円／税込）　　　　　※2023年4月1日現在

室名		午前 9:00〜 12:00	午後 13:00〜 16:30	夜間 17:30〜 21:30	全日 9:00〜 21:30	定員
ホール	平　日	4,400	8,280	11,210	23,890	501名
	土・日・祝	5,240	9,950	13,410	28,600	
集会室第1		630（1時間単位）				60名
集会室第2		210（1時間単位）				30名
集会室第3		210（1時間単位）				30名
集会室第4		420（1時間単位）				50名
集会室第5		210（1時間単位）				30名
集会室第6		420（1時間単位）				36名
和　　室		320（1時間単位）				30名
講座講習室		630（1時間単位）				70名
健康スタジオ		1,050（1時間単位）				30名
レクリエーション ホール		貸切　630（1時間単位） 一般開放（卓球）　一般（高校生以上）100 小・中学生　　　　無料 曜日・時間は問い合わせを。				

一般開放のみ2時間単位。それ以外は1時間単位。
※使用料の減免あり

葛西事務所

電話／ 03-3688-0431
受付時間／ AM8:30 〜 PM5
閉庁日／土・日・祝、年末年始（12/29 〜 1/3）

【取り扱う事務】
■戸籍・住民基本台帳
○戸籍届（出生・死亡・婚姻など）の受理
○住民異動届（転入・転出・転居など）の受理
○戸籍謄本・抄本、住民票の写しなどの交付
○印鑑登録および印鑑登録証明書の交付
○個人番号カード交付など

■医療
○乳幼児・子ども医療証の発行、後期高齢者医療
　制度の届出など
○国民健康保険や国民年金への加入、脱退、変更
　などの届出
■その他
○住民税の払い込み、納課税証明書の発行など
○ 125cc 以下のバイク、小型特殊自動車の登録、
　廃車（変更）などの届出
○生活一時資金の貸付
○乳児養育手当の申し込み　など

コミュニティー

コミュニティ会館

コミュニティ会館（7館）共通項目

■開館時間　AM9～PM9:30
■休 館 日　12/28～1/4
■利用申込　直接来館するか、施設予約システム「えどねっと」への登録が必要。詳細は各会館に問い合わせを。

新型コロナウイルスの状況により、使用条件を制限して開館の場合あり。詳しくは区の公式HPを参照か、コミュニティ会館へ問い合わせを。

臨海町コミュニティ会館

臨海町 2-2-9　☎ 03-3869-2221

土・日・祝日には卓球、バドミントンの開放あり（用具の貸し出しもしている）。「りんかいフェスタ」は、ステージ発表や作品展示、模擬店などを盛り込んだ楽しいイベント。

■交通　都営バス（西葛西駅→臨海2丁目団地行き）紅葉川高校下車
■駐車場　10台　■オープン　1989年4月
■年間利用者　3万8160人（2021年度）
■施設
○1階…スポーツルーム、音楽室（ピアノ）、集会室第6
○2階…集会室第1～5、和室

使用料／時間（円／税込）　※2023年4月1日現在

スポーツルーム	貸切	730
	一般開放	一般(高校生以上)100/小・中学生無料
集会室第1		630
集会室第2・第3・第5		各210
集会室第4・第6		各420
和室		420
音楽室		320

スポーツルーム一般開放のみ2時間単位。
※使用料の減免があります。

清新町コミュニティ会館

清新町 1-2-2　☎ 03-3878-1981

■交通　東西線西葛西駅から徒歩12分
■駐車場　専用なし　■オープン　1983年4月
■年間利用者　10万7027人（2021年度）
■施設
○1階…ホール（客席数160、ステージあり、ピアノ）、レクリエーションホール第1（卓球台4、更衣室）、レクリエーションホール第2（ダンスバー、更衣室）、音楽室第1・2（ピアノ）、集会室第1・2、多目的ルーム（PM5:30～9:30/カラオケ、ピアノ）
【くつろぎの間】60歳以上専用。日本間、舞台、洋間、カラオケがある。利用時間はAM9～PM4:30
○2階…集会室第3～5、料理講習室、和室、コミュニティ図書館

地元団体による定期的なコンサートや発表会が行われている。

使用料／時間（円／税込）　※2023年4月1日現在

ホール	平日	1,250
	土・日・祝日	1,470
	スポーツルーム利用	630
レクリエーションホール第1	貸切	630
	一般開放	一般(高校生以上)100/小・中学生無料
レクリエーションホール第2		630
多目的ルーム		210
集会室第1～第5		各210
和室		320
料理講習室		420
音楽室第1・第2		各210

レクリエーションホール第1一般開放のみ2時間単位。
※使用料の減免があります。

葛西ガイド

北葛西コミュニティ会館

北葛西 2-11-39　☎ 03-5658-7311

行船公園より徒歩1分のところに位置する。ホールにはステージもあり、スポーツルームとしての利用も可能。11月には「サークル発表会」が開催される。

■交通　東西線西葛西駅から徒歩15分、都営バス(西葛西駅→新小岩行き)北葛西二丁目下車徒歩5分
■駐車場　7台(身障者用1台含む)
■オープン　1996年4月
■年間利用者　6万2846人(2021年度)
■施設
○1階…ホール(パイプ椅子230、ステージあり、軽スポーツの使用可)、集会室第1・2
○2階…集会室第3、音楽室、和室

使用料／時間(円／税込)　※2023年4月1日現在

ホール	ホール利用	平　　　日	1,250
		土・日・祝日	1,470
	スポーツルーム利用	貸切	730
		一般開放	一般(高校生以上)100/小・中学生無料
集会室第1～第3			各420
和　　　　　室			420
音　楽　　室			320

ホール(スポーツルーム)一般開放のみ2時間単位。
※使用料の減免があります。

長島桑川コミュニティ会館

東葛西 5-31-18　☎ 03-5679-6022

スポーツルームや集会室、音楽室などがあるので、サークル活動や文化活動、屋内スポーツなどさまざまな集まりに利用できる。南向きのエントランスの壁面は総ガラス張り、日差しがいっぱいだ。

■交通　東西線葛西駅から徒歩15分、都営バス・京成バス長島町交差点下車徒歩10分
■駐車場　11台(身障者用1台含む)
■駐輪場　62台
■オープン　2011年4月
■年間利用者　6万8528人(2021年度)
■施設
○1階…スポーツルーム、レクリエーションホール、事務室
○2階…音楽室、健康スタジオ、集会室第1
○3階…集会室第2～4(第2・3は接続使用可)、和室

使用料／時間(円／税込)　※2023年4月1日現在

スポーツルーム	貸切	730
	一般開放	一般(高校生以上)100/小・中学生無料
レクリエーションホール	貸切	630
	一般開放	一般(高校生以上)100/小・中学生無料
健康スタジオ		1,050
和　　　　室		420
集会室第1～第3		各420
集会室第4		210
音　楽　　室		420

スポーツルーム・レクリエーションホール一般開放のみ2時間単位。
※使用料の減免があります。

葛西ガイド

新田コミュニティ会館

中葛西 7-17-1　☎ 03-5658-7211

　左近川べりに建つ水辺の会館。館内からの見晴らしが良く、親水公園の季節ごとの風景が楽しめる。毎年12月上旬には、同館で活動するサークルが日頃の成果を披露する「サークル発表会」が開催される。

■交通　東西線葛西駅下車徒歩15分、都営バス（西葛西駅→なぎさニュータウン行き）新田下車徒歩3分

■駐車場　5台
■オープン　1996年4月
■年間利用者　4万7846人（2021年度）
■施設
○1階…健康スタジオ（客席数150）、集会室第1
○2階…集会室第2・3（接続使用可）、和室

使用料／時間（円／税込）　※2023年4月1日現在

健康	貸　切	1,050
スタジオ	一般開放	一般（高校生以上）100／小・中学生無料
集会室第1～第3		各210
和　　室		320

健康スタジオ一般開放のみ2時間単位。
※使用料の減免があります。

東葛西コミュニティ会館

東葛西 8-22-1　☎ 03-5658-4073

　アリオ葛西の向かい側に位置し、コミュニティ会館と区立図書館が併設。公園も隣接し地域住民の憩いの場となっている。
　9月中旬には敬老行事として「笑顔いっぱい長寿の集い」が開催される。
　毎週土・日（AM9～PM5）にはバドミントンの一般開放がある。

■交通　都営バス（葛西駅→葛西21系統葛西臨海公園駅前行きまたはコーシャハイム南葛西行き）東葛西8丁目下車徒歩4分
■駐車場　12台
■駐輪場　150台（東側・北側）
■オープン　2005年7月
■年間利用者　8万3569人（2021年度）
■施設
○1階…区立図書館（2階まで）
○2階…集会室第1・2（接続使用可）、和室
○3階…集会室第3～6（第3・4、第5・6は接続使用可）、音楽室（電子ピアノ、ギターアンプ）、スポーツルーム

使用料／時間（円／税込）　※2023年4月1日現在

スポーツ	貸　切	730
ルーム	一般開放	一般（高校生以上）100／小・中学生無料
集会室第1～第6		各420
和　　室		420
音　楽　室		320

スポーツルーム一般開放のみ2時間単位。
※使用料の減免があります。

南葛西会館

南葛西 6-8-9 ☎ 03-3686-9411

毎年5月にフラワーガーデンで開催される「南江戸川ふるさとまつり」は、ここを拠点に行われる。また、11月にはサークルフェアを開催。

 オススメ Voice ★民謡舞踊の練習をするため月2回利用しています。　（70代・女性）

■交通　都営バス（葛西駅または西葛西駅→なぎさニュータウン行き）南葛西小学校下車
■駐車場　6台（身障者用1台含む）
■オープン　1982年2月
■年間利用者　4万7855人（2021年度）
■施設
○1階…ロビー、学習室
○2階…集会室第1~3（第2、3は接続使用可）、和室
○3階…大広間第1~2（接続使用可、平日の月・水・金AM9~PM4:30は60歳以上専用の「くつろぎの間」となり一般利用不可）
○4階…レクリエーションホール第1（卓球台）
○5階…レクリエーションホール第2、更衣室

使用料／時間（円／税込）　※2023年4月1日現在

集会室第1~第3		各210
和　　　　　室		210
大広間第1・第2		各420
レクリエーションホール第1	貸　切	630
	一般開放	一般（高校生以上）2時間100 小・中学生30分無料
レクリエーションホール第2		630

一般開放のみ2時間単位。※使用料の減免があります。

新川千本桜の拠点
新川さくら館

　江戸川区の新名所「新川千本桜」。『新川さくら館』はその拠点となるもので、イベントや会合を行うことのできる多目的ホールや集会室のほか、江戸川区の名産品や、ソフトクリーム、飲み物、軽食などを販売している「お休み処」、広場などもあり、地域の人はもちろん、新川散策に訪れた人も気軽に立ち寄れる施設だ。年間を通してさまざまなイベントを計画、館の前の船着場から続く広場橋「桜橋」も各種イベントやお祭り会場として利用されている。春にはお花見散策の休憩所としてぜひ利用したい。

●アクセス　都営バス葛西駅より錦糸町駅行き、船堀駅より葛西駅行き約5分「三角」または「船堀七丁目」下車徒歩3分
●AM9:00~PM9:30（入館は30分前まで）年末年始(12/28~1/4)休館 ※臨時休館あり
●お休み処　AM9:30~PM5:30
　2023年4/1~　AM10:00~PM5:00
　（夏季6/1~9/30はPM5:30まで）
●入館無料
　※有料イベントは主催者の定めた入場料あり
●駐車場
　5台 小型・普通車／初めの1時間200円、以後1時間ごとに100円
●船堀7-15-12
　☎03-3804-0314
　　お休み処入口▶

【施設使用料】　（2023年2月現在）

多目的ホール		630円/1時間	ダンス・卓球など軽運動、講演会、舞台、演芸
集会室	1(定員12名)	210円/1時間	各種会議、教室開催など（一体利用も可）
	2(定員24名)	210円/1時間	
広　場	写真撮影	1912円/1時間	
	ロケーション	16875円/1時間	※利用申し込みはさくら館へ
	競技会、集会	45円/1日1㎡につき	
	上記以外	45円/1日1㎡につき	

※利用方法(広場以外)「江戸川区施設予約システム利用案内」で登録後、「えどねっと」で予約を。

図書館へ行こう

区立図書館は貸出券があれば、どこで借りてもどこで返してもOK。たまにはお散歩ついでに、いつもと違う図書館に行ってみると、新しい発見や出会いがあるかも！

また、各図書館で開催されている『映画会』『朗読会』『おはなし会』などのイベントにも注目してみよう！

区立中央図書館

中央 3-1-3 ☎ 03-3656-6211

区内で最も規模の大きい中央図書館では、利用した人に来てよかったと思ってもらえる図書館、行けば何か新しい発見がある図書館を目指して、豊富な資料と各種サービスを提供している。児童書や洋書も豊富に所蔵しており、レファレンスサービスなども充実している。各種講座・講演・企画展のほかにもCD・DVDなどの視聴覚資料やインターネット閲覧端末の利用など活字資料以外の情報が多いのも魅力。ぜひ一度、足を運んでみては（詳細は問い合わせを）。

■交通
都営バス（葛西駅または西葛西駅→新小岩駅行き）江戸川区役所前下車徒歩5分

■蔵書数
一般書約40万冊、児童書約8万冊、雑誌374種、CD約1万5000枚、DVD約4000枚（2022年4月1日現在）

■年間貸出点数
約66万点（2021年4月～2022年3月）

■施設
○1階…一般図書（現代小説・エッセイ・旅行ガイド・文庫・新書・手芸・料理・大活字本・洋書など）、ティーンズコーナー、こども図書室
○2階…一般図書、視聴覚資料（CD、DVD）、一般閲覧席、新聞・雑誌コーナー、休憩室
○3階…参考図書室（年鑑・白書・辞典など）、地域・行政資料、一般閲覧席、社会人閲覧席（持込パソコン使用可）、インターネット閲覧端末、録音室（2室、防音設備設置）、対面朗読室（3室）、点字・録音資料作業室
○4階…講習室（3室）、研修室（2室）、視聴覚ホール

 オススメ Voice ★置いてある本の数が非常に多いのが魅力的です。 （60代・女性）

＊「区立図書館サテライト」開設
（→ P63 を）

葛西ガイド

区立西葛西図書館

西葛西 5-10-47 ☎ 03-5658-0751

バリアフリーに配慮した利便性のよい図書館。
3階のギャラリー（会議室）は一般に貸し出して
いる。

■交通　東西線西葛西駅より徒歩5分
■オープン　1993年5月
■蔵書数　一般書9万3899冊、児童書3万7153
　冊、雑誌179種、CD6000枚、DVD1595巻
　（2022年4月1日現在）
■年間貸出点数
　71万5545点（2021年4月～2022年3月）
■定期的なイベント
　・おはなし会、人形劇など
　・大人向講座、講演会、朗読会ほか

オススメ
Voice

★探していた本以外でも、ふと目に
とまって興味がわいた本を借りてい
ます。
★夜遅くまで開いているので助かり
ます。新刊がよく入っています。

区立葛西図書館

江戸川 6-24-1 ☎ 03-3687-6811

■交通　都営バス（葛西駅→錦糸町駅行きまた
　は平井駅行き）三角下車
■オープン　1974年6月
■蔵書数　一般書6万4062冊、児童書3万2941
　冊、雑誌195種、CD6118枚（2022年4月1
　日現在）
■年間貸出点数
　57万636点（2021年4月～2022年3月）
■定期的なイベント
　・おはなし会、工作会、人形劇など

周囲に緑の木々が多く、静かなたたずまいの
図書館。昼間は幼児連れの親子の姿が目立つ。
1階には、紙芝居コーナーがある。

オススメ
Voice

★健康について調べたいときに利用
しています。コピーや本の検索もス
タッフさんが優しくお手伝いしてく
ださいます。　　　（60代・女性）

区立清新町コミュニティ図書館

清新町 1-2-2 清新町コミュニティ会館 2F
☎ 03-3878-1926

■交通　東西線西葛西駅から徒歩12分
■オープン　1983年4月
■蔵書数　一般書3万1890冊、児童書1万8321
　冊、雑誌47種（2022年4月1日現在）
■年間貸出点数
　25万4438点（2021年4月～2022年3月）
■定期的なイベント　・おはなし会（第4土曜）

緑豊かで、環境の良い清新町コミュニティ会
館の2階にある。エントランスの四季折々の展
示にも注目を。

オススメ
Voice

★スタッフが気軽に声を
かけてくれたり、本探し
を手伝ってくれたりして
利用しやすいです。

葛西ガイド

区立東葛西図書館

東葛西 8-22-1 ☎ 03-5658-4008

　東葛西コミュニティ会館との併設。アリオ葛西の向かい側にあり、公園にも隣接している。区内でも子どもの多い地区とあって、児童書も約4万3000冊と充実している。

■交通　都営バス（葛西駅→葛西21系統葛西臨海公園駅行きまたはコーシャハイム南葛西行き）東葛西8丁目下車徒歩4分、（葛西駅→葛西22系統一之江駅行き）仲町東組下車徒歩4分
■蔵書数　一般書9万1878冊、児童書4万2864冊、雑誌202種、CD7701枚、DVD2261巻（2022年4月1日現在）
■年間貸出点数
　50万1605点（2021年4月～2022年3月）
■施設
○1階…新聞・雑誌・CD・DVDコーナー、児童図書、おはなしの部屋
○2階…一般図書、参考資料、閲覧スペース、風のテラス（屋外閲覧席）

★スタッフの声★
おはなし会、映画会などの行事や、特集展示に力を入れています。毎日来ても、なにか発見がある。そんな図書館を目指しています！

区立図書館共通利用方法

◆開館時間　AM9～PM9:30（小学生以下PM5まで、保護者同伴の場合は閉館まで利用可）。篠崎子ども図書館・鹿骨コミュニティ図書館はPM5まで。
◆休館日　第4月曜日（ただし祝日・振替休日の場合は翌平日）、特別図書整理期間、年末年始（12/31～1/2）、篠崎子ども図書館（12/29～1/3）・鹿骨コミュニティ図書館（12/29～1/3）
◆初めて借りるときは　カウンターで利用者登録をして貸出券をつくる。区内および隣接自治体（葛飾区・江東区・墨田区・足立区・市川市・浦安市）在住者は、住所・氏名・生年月日が確認できるもの（運転免許証・健康保険証など）、在勤・在学者はあわせて在勤（在学）証明書の提示が必要。
◆借りられる資料と貸出限度数
○図書・雑誌・紙芝居／10冊まで　2週間
○CD／3点まで　2週間
○DVD／2点まで　2週間
◆返却は　ブックポストは24時間受付。CD、DVDなどは壊れやすいので必ずカウンターへ返却を。

◆資料の予約　区立図書館で所蔵している資料は、予約をして希望する図書館や図書館サテライト（区立小学校5校に設置）に取り寄せて受け取ることができる。予約限度数は貸出限度数と同じ。カウンターのほかにOPACやホームページからも予約できる。※サテライト開設校やサービスについては問い合わせを

こんなに便利！

●OPAC（利用者端末）　館内にあるOPACで所蔵資料の検索や予約、借りている資料の貸出期間延長などができる。
●図書館ホームページ　パスワードを登録すると、予約や貸出期間延長などのサービスが利用できる。メールアドレスを登録すると、予約取置連絡がメールで受け取れる。江戸川区立図書館デジタルアーカイブ・公式Twitterの閲覧が可能。
https://www.library.city.edogawa.tokyo.jp/
●リクエストサービス　区内に所蔵のない図書については、他区などとの相互貸借制度により提供できる場合がある（視聴覚資料や漫画等を除く）。

葛西ガイド

公共団体

public organization

東京商工会議所江戸川支部

事務局　船堀 4-1-1 タワーホール船堀 3F
　　　　　　　　　　　　　　 03-5674-2911
会　長　　森本勝也
副会長　　白山良一　髙橋桂治　西野輝彦
　　　　　髙橋映治　吉田　誠　斉藤　実
　　　　　守　伸之　八武﨑秀紀

(公社)東京青年会議所江戸川区委員会

任期満了日　2023 年 12 月 31 日
事務局
　千代田区平河町 2-14-3 日本青年会議所会館 2F
　　　　　　　　　　　　　　 03-5276-6161
委員長　　　柴山知世
副委員長　　高橋昭和
副委員長　　原　章浩
総括幹事　　倉田　徹
運営幹事　　岡田幸夫
会計幹事　　梅木博幸
広報幹事　　後藤勇介

東京江戸川ライオンズクラブ

任期 2023 年 6 月
事務局
　江東区森下 2-31-6-10F ……　090-3428-6619
会　長　　長島常和 …………　03-3655-3030
幹　事　　天辰裕晶 …………　03-3633-8898
会　計　　奈良橋健造 ………　03-3691-7319

東京江戸川東ライオンズクラブ

事務局　船堀 7-17-18 …………　03-5678-0330
会　長　　茅島純一
幹　事　　浜井啓介
会　計　　伊藤晋作

東京江戸川中央ライオンズクラブ

任期 2023 年 6 月
事務局　江東区森下 2-31-6-10F
　…… Ⓕ 03-3633-8898…　090-3428-6619
会　長　　峰村　篤 …………　03-3680-3257
幹　事　　大類雅之 …………　03-3671-3333
会　計　　野口悦信 …………　03-3651-6555

生活協同組合

生活協同組合コープみらい　ミニコープなぎさ店
　南葛西 7-1 ……………………　03-3675-6461

江戸川区医師会 ⒽⓅ

事務局　中央 4-24-14 ………　03-3652-3166

(公社)東京都江戸川区歯科医師会 ⒽⓅ

事務局　東小岩 4-8-6 ………　03-3672-1456

コミュニティ

社会活動をする ボランティアをする
social activity, volunteer

NPO法人江戸川区視覚障害者福祉協会

理事長　松本俊吾 ………… **03-3675-5730**

船堀4-1-1 タワーホール船堀3F 障害者協議室内

ガイドヘルパー派遣事業および視覚障害者の社会的自立と福祉の向上、会員相互の融和と親睦を図っている。

東京進行性筋萎縮症協会

代表　三木　隆

平井4-22-2-2F ……………… **03-5616-5579**

医療と福祉の向上などを情報交換し、懇談やレクリエーション活動を通じて会員の豊かな人間性を養い、会員相互の親睦を深めることを目的としている。

特定非営利活動法人　青洞の家

代表　高橋豊子

南小岩3-11-3 ……………… **03-3659-7007**

創設50周年を迎える。設立時より行ってきたヒジキの袋詰め作業をはじめ、最近ではデイサービス的な新しい活動などにも取り組んでいる。障害当事者が自分のやりたいことを自分の意見で運営していく場所という位置付けで、「障害者が地域の皆さんと共に地域であたりまえに生活していくこと」を目標として活動。

社会福祉法人江戸川菜の花の会 菜の花作業所

中葛西2-8-2 ………………… **03-3680-4735**

2022年に35周年を迎えた知的障害者授産施設「菜の花作業所」で、33人がバスタオルやマットのクリーニングの仕事を通して生きがいを見つけている。見学随時OK。新しい仲間募集中。

🅗 https://www.edogawa-nanohana.or.jp/jigyousho/view/7

✉ nanohanasagyousyo@edogawa-nanohana.or.jp

NPO法人　発達わんぱく会 こころとことばの教室　こっこ葛西校

中葛西4-9-18-3F

新規問い合わせ …………… **070-3353-5088**

1歳半から小学校入学前までの発達障害もしくはその疑いのある子どもを対象に、発達段階に合わせて個別療育や集団療育を行っている。無料相談実施中（オンライン相談も可）。

🅗 https://www.wanpaku.org

知的障害者(児)の将来を実現する会

代表　村松明代

清新町2-8-4-522 …………… **03-3878-6849**

区内の障害児（者）の現状、将来などを話し合い、父母、教職員、ボランティアと交流を行っている。行政に対しても要望や問題点の改善などについて働きかけ、親睦を深めながら子どもたちとともに活動している。

特定非営利活動法人 江戸川・地域・共生を考える会

代表　高村ヒデ

……………………………… **03-3675-9670**

「赤ちゃんからお年寄りまで、障がいがあってもなくてもいろんな人たちが、ひとつ屋根の下で楽しく過ごす」という富山型の理念に基づいてデイサービス（一緒がいいねひなたぼっこ）などを実施。

活動場所　江戸川区あったかハウス（南葛西1-1-1）など

日時　第3日曜AM10～PM2
　　　水曜・金曜AM10～PM2

特定非営利活動法人　和船の会

代表　及川　茂 ………… **090-8514-1508**

広く一般区民を対象にした和船乗船体験、和船文化や操船技術の伝承を通じて川辺に親しんでもらうことで、水辺のまちづくりが進展し、地域が活性化することを目指して活動している。

活動場所　新川さくら館前

日時　毎週金曜AM9～正午、
　　　第1・第3日曜AM9～正午、
　　　新川さくら館主催のイベント時

リサイクル団体 ASOBO 会

事務所 西葛西 5-1-5-2F
…… Ⓕ 050-3488-4797…**070-5043-1056**
誰もが楽しくできるリサイクル活動を目指し、手作り品・家庭の不用品・日用雑貨・衣類などのフリーマーケットを開催。地元のコラボイベントなど企画し、地域活性化やごみの減量の活動をしている。フリーマーケット開催の詳細は HP で。
活動場所 総合レクリエーション公園自由広場（新田6号公園）や小島町 2 丁目団地ほか
日時 主に土曜・日曜 AM10 ～ PM 3
🅗 http://recycle-asobo.org/

可能なかぎりの調査に基づいて作成しましたが、万一掲載もれや締め切り後の変更などありましたらお知らせください。　　　　　☎047-396-2211

有償ボランティア

NPO 法人 ACT 江戸川たすけあいワーカーズもも

代表　仁ノ平洋子
船堀 6-11-25-1F ……………**03-3686-6730**
赤ちゃんからお年寄りまで、病気や出産などで援助を必要とする人を訪問し、家事援助、介助・介護、子育て支援等を行う。平日 AM9 ～ PM5。時間外は応相談。親子ひろばとカフェもあり。
・利用する方
NPO 法人 ACT 年会費 3000 円
利用料金 2420 円／時間（税込）
・支援等活動する方
（入会時）NPO 法人 ACT 年会費 3000 円
もも入会費 5000 円 **年会費** 6000 円
時給 1072 円 ※移動手当等別途あり

NPO 法人　ハンディキャブ江戸川区民の会

代表　芦口清記
船堀 4-1-1 タワーホール船堀 3F
……………………………………**03-5667-3321**
リフト付き自動車（ハンディキャブ）で、障害者や高齢者などの移送サービスを行う。事務所は AM9～ PM4、土日祝休み。
年会費 3600 円
利用料 （片道）迎車550円＋基本110円＋176円／㎞

（公財）えどがわボランティアセンター

区民が共に支え合う地域社会づくりを進めるため、ボランティア活動を推進・支援している。ボランティア情報の提供、相談・紹介、きっかけづくりの講座・講習、ボランティアフェスティバルの開催、活動中の事故やけがに備えたボランティア保険の手続きなどを行っている。

■月曜～金曜 AM 9～ PM 5
（土曜は月 2 回・日・祝、年末年始は休み）
■場所　グリーンパレス 1 階（松島
■問い合わせ
☎ 03-5662-7671
https://edogawa-vc.jp

相談例
・ボランティア活動に関心がある
・ボランティアをしてみたい
・ボランティアの力を借りたい

サークルに入る
circle activities

★このサークルの連絡先データは 2022 年 12 月現在のものです。本誌発行後、変更することもありますので、ご了承ください。変更になっている場合は、各会館等にお問い合わせください。また、カタログ編集部までご連絡いただければ幸いです。

連…連絡先	場…活動場所	時…活動日時
対…対象年齢	内…活動内容	

詩吟・大正琴・和太鼓

清新愛吟会　連木村初子 ……**03-3686-6723**
　場清新町コミュニティ会館　時水 14:00 ～ 16:00
大正琴華の会　連金子良子……**03-3687-3714**
　場葛西区民館　時水 13:00 ～ 16:00
大正琴ひまわり会
　連芳賀蔦枝 ………………**03-3680-9492**
　場葛西区民館　時第 1・3 水 10:00 ～ 12:00
新田太鼓　連片桐賢志 ………**080-5479-0596**
　場新田小　時日 15:00 ～ 18:00
なぎさ太鼓　連蒲原一夫………**03-3675-6955**
　場なぎさニュータウン管理棟ホールほか
　時土か日の午後　対小学生～一般

華道

草月流ふじの会
　連山本佳代子 ………………**03-3878-4674**
　場清新町コミュニティ会館
　時第 1・2・4 火 9:30 ～ 11:30
いけばな FUN
　連池尻厚子 ……………… **090-1651-5320**
　場船堀コミュニティ会館
　時月 1 回土日（不定期）

茶道

茶の湯さざなみ会（表千家）
　連藤田礼子………………**03-3878-4193**
　場清新町コミュニティ会館
　時第 1・2・4 木 13:00 ～ 17:00

着付

着付教室なでしこ
　連石塚美代子 ……………**03-3675-2786**
　場南葛西会館　時第 1・3 火 10:00 ～ 12:00

声楽・合唱・カラオケ

臨海混声合唱団
　連柳原利昭………………**047-336-2667**
　場西葛西図書館か臨海町コミュニティ会館、
　または船堀コミュニティ会館
　時日 17:30 ～ 20:00
葛西おんちコーラス
　連山田幸枝 ………………**03-3680-0293**
　場西葛西図書館か臨海町コミュニティ会館
　時第 1・3 水 9:00 ～ 11:00
ひばりカラオケサークル
　連保戸田マツノ………………**03-3689-0664**
　場南葛西会館　時第 1・2・3 土 14:00 ～ 16:00
カラオケあさり会
　連加藤佐智子 ……………**03-3878-7255**
　場北葛西コミュニティ会館
　時日（月 3 回）13:00 ～ 17:00
　場長島桑川コミュニティ会館
　時第 1・3 水 13:00 ～ 17:00（女性に限る）

作文

作文サークル　つれづれ草
　連浅井久美子 ················· **090-9247-5025**
　場清新町コミュニティ会館　時土 9:30 ~ 12:00

書道・ペン習字

満潮書道会　連井上 ··············· **03-5696-5677**
　場葛西区民館　時第 1・3 金 9:00 ~ 11:00
北葛西書道会　連大野洋子 ··· **03-3675-3034**
　場北葛西コミュニティ会館
　時第 2・3・4 水 16:10 ~ 19:30　対子ども~一般
書道サークル　ネコのしっぽ
　連宇田川洋子 ····················· **03-3680-3451**
　場新田コミュニティ会館　時木 15:00 ~ 18:00
すずりっこ (書道)
　連渡守武 (ともたけ) 恵子 ··· **090-9977-8528**
　場清新町コミュニティ会館　時木 15:00 ~ 19:00
筆麦 (書道)　連大木田安子　**080-1221-1872**
　場清新町コミュニティ会館　時土 9:30 ~ 12:00
大貫水声かな書道講座
　連大貫水声 ··········· Ⓣ&Ⓕ **03-3680-6361**
　場タワーホール船堀
　時第 2・4 月 13:00 ~ 14:30
ペン字・書道　葛の会
　連山邊一枝 ····················· **03-3675-4314**
　場新田コミュニティ会館
　時第 1・2・4 土 9:30 ~ 11:30

絵画

清新絵画クラブ
　連阪本公一 ····················· **03-3878-0149**
　場清新町コミュニティ会館　時火 9:30 ~ 12:00
ひまわりサークル (水彩)
　連宮本峯子 ····················· **03-3686-1908**
　場葛西くすのきカルチャーセンター
　時水 (月 3 回) 9:30 ~ 11:30

俳画

楽描きの会　連本田和郷 ······ **080-5485-5608**
　場なぎさニュータウン 2 号棟 1F 集会所
　時第 3 水 13:00 ~ 15:00

写真

写真サークル　彩想
　連小宮山エミ子 ················· **03-5674-5772**
　場清新町コミュニティ会館
　時第 2 水 18:00 ~ 20:00

演劇

劇団フーダニット
　連松坂 ························· **080-5528-3610**
　場清新町コミュニティ会館　時日 14:00 ~ 18:00

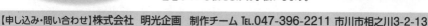

コミュニティ

211

手工芸（きり絵ほか）

コスモスきり絵サークル
連田倉洋子 ･･････････････ **03-3680-3075**
場臨海町コミュニティ会館
時第1・3木 10:00 ～ 13:00

トールペイントデイジー
連田口恵里 ･･････････････ **047-355-7610**
場臨海町コミュニティ会館
時月・木（各々月2回）9:45 ～ 12:45

親子サークル

子ども文化 NPO 江戸川子ども劇場
連染谷愛美 ･･････････････ **03-5662-0917**
内プロの劇団の作品鑑賞や豊かな遊び体験

幼児英語サークル　Tae's English Cubby
連島　たえ ･･････････････ **090-1490-2518**
場スポーツセンター
時（月3回）45 ～ 50 分
火14:30 ～（幼稚園児）、15:20 ～（小1）、
　16:10 ～（小2）、17:00 ～（小4・5）
水15:20 ～（小2・4・6）、16:10 ～（小3・6）
木14:35 ～（幼稚園児）、15:20 ～（小2）、
　16:10 ～（小3）、17:00 ～（小5・6）

親子サークル　ラメール
連細川　弓子 ･･････････ **090-1027-6822**
〈ファーストサイン〉
場葛西区民館　時火 10:30 ～ 11:30
オンライン（Zoom）
時水 10:30 ～ 11:30　※午後もあり
〈ファーストトーク〉
場長島桑川コミュニティ会館
時月 10:30 ～ 11:30
〈ベビーサークル（0 歳児クラス・1 歳児クラス）〉
場葛西区民館　時金 10:30 ～ 11:30

そのほかのサークル

かっさい大学　連鹿野治 ･･････ **03-3675-3616**
場長島桑川コミュニティ会館ほか
時土 15:00 ～（不定期）／定例会
内 WEBCM、自主映画、音楽ほか

江戸川健康マージャン
連山口直春 ････････････････ **090-2667-6460**
場東葛西コミュニティ会館、長島桑川コミュニティ会館
時木 9:00 ～ 16:00

遊印の会（消しゴム印・てん刻・ボード彫刻）
連本田和郷 ･･････････････ **080-5485-5608**
場なぎさニュータウン2号棟1F 集会所
時第 4 木 13:00 ～ 16:30

ラブリーの会（犬のしつけ・老人ホームの訪問）
連金田京子 ･･････････････ **03-3675-9669**
場暖心苑　時第1月 14:30 ～ 15:30
場江東園つばき　時第 2 月 13:30 ～ 14:30

異文化交流江戸川ホームステイクラブ（国際交流）
連池尻厚子 ･･････････････ **03-3804-3062**
場江戸川区全域　時不定期

 スポーツサークル

剣道

なぎさ剣友会 連知識修三 …**03-3675-9528**
場南葛西小
時金18:30 ～ 20:00 (子ども)
　　20:00 ～ 21:00 (一般)
　　日14:30 ～ 16:30 (子ども)
　　16:30 ～ 18:30 (一般)

空手

サンデー空手サークル
　連竹川明子…………………**03-3878-8318**
　場南葛西会館　時日 13:00 ～ 16:30
行徳空手道教室
　連西ヶ谷光彦………………… **090-7831-3542**
　場東葛西コミュニティ会館　時土 18:00 ～ 21:00

太極拳

江戸川太極拳クラブ　百合・桔梗の会
　連高野 遼 …………………**03-3687-7357**
　場東葛西コミュニティ会館
　時第1・2・3木 9:50 ～ 11:20

バレーボール

四葛西クラブ
　連笛木久仁子………………**090-7805-3917**
　場第四葛西小
　時火・金 19:30 ～ 21:30　※子連れ可

バスケットボール

STEAL 連菅沼元彦…………**090-2646-1034**
　場清新第二中　時日 19:00 ～ 21:30

バドミントン

サウス 連吉田法夫 …………**090-9957-8475**
　場南葛西第三小　時火 19:30 ～ 21:30
　場第四葛西小か西葛西小　※事前に確認を
　時土 10:00 ～ 13:00
西葛西バドミントンクラブ
　連松田修一 …………………**03-3686-8748**
　場西葛西中　時日 19:00 ～ 21:00

サッカー

FC 左近 連富岡正晴 …………**03-3687-2919**
　場新田小　時土9:00 ～ 16:00
南葛西キッカーズ
　連横田晋章 ………………… **090-3472-9772**
　場第四葛西小・南葛西小・臨海球技場
　時土・日・祝9:00 ～ 12:00
臨海小学校サッカークラブ
　連前田耕資 ………………… **090-5191-9044**
　場臨海小　時日9:00 ～ 13:30
葛西フットボールクラブ
　連笹原 伸 ………………… **090-2455-8396**
　場富士公園グラウンド、東葛西小　時土午後
　場南葛西第二小
　時日9:00 ～ 12:00(キッズ～小3)、
　12:00 ～ 15:00 (小4～6)
　※11月～2月の南葛西第二小の活動は冬タイム(1
　時間遅くした時間) あり

コミュニティ

213

ソフトボール

新田フェニックス
連小林勝三 ················· **03-3688-2042**
場新田小校庭　時日 13:00 ～ 16:00

エムケーブレッツ
連松本宣彦 ················· **03-3689-9147**
場南葛西小　時第 2・4 日 9：00 ～ 11:00

ヨガ

結の会　連斉藤実佐子 ············ **03-5658-4569**
場新田コミュニティ会館　時木 10:05 ～ 11:40

B・C フィット
連北原美香 ··················· **090-1792-6901**
場東葛西コミュニティ会館
時水 10:40 ～ 11:55

スローフローヨガ　連森林··· **090-1730-3065**
場東葛西コミュニティ会館　時水 9:45 ～ 11:00

健康体操

ハッピーヘルス
連加藤友江 ··················· **03-5605-4102**
場清新町コミュニティ会館　時金 9：30 ～ 11:00

新体操

舞 kids　R.P.G
連奥平寿子 ················· **090-4843-8782**
場スポーツセンター
時月 16:00 ～ 17:00（年中～）
場第六葛西小
時月 18:00 ～ 19:30（小学生～）
場東葛西コミュニティ会館
時金／初級 15:40 ～ 16:40（3 歳～小 1）
　　　中級 16:40 ～ 17:40（小 1 ～小 6）
　　　上級 17:40 ～ 19:10（小 2 ～中 3）

新体操クラブ　She's　R・G
連七五三直美 ················· **090-3222-9295**
場スポーツセンター　時月 18:00 ～ 20:30

トランポリン

ポピンズ　連石村史子 ············ **03-3877-5989**
場スポーツセンター小体育室
時火 14:00 ～ 15:30

西葛西トランポリンジュニアサークル
連石村史子 ················· **03-3877-5989**
場スポーツセンター小体育室
時火 15:30 ～ 17:30

ダンス

ストリートダンス HARAPPA（SDH）
連田中恵美‥‥‥‥‥‥‥‥‥‥ **090-1886-6303**
対 3 歳～一般
場葛西区民館
時水 17:00 ～、18:05 ～、19:10 ～、20:20 ～
場北葛西コミュニティ会館、長島桑川コミュニティ会館
時木 16:00 ～(未就学児)、
17:05 ～ (Jazz クラス)、20:20 ～ (Girls)
場長島桑川コミュニティ会館
時土 14:30 ～ (Jazz クラス)
場新川さくら館
時火 16:20 ～ (KIDS K-POP)、
19:20 ～ (HOUSE)、20:25 ～ (HIPHOP)
※月によっては場所変更あり。要問い合わせを

I.D.dance（ファミリーサークル） 🅗🅟
連田中恵美‥‥‥‥‥‥‥‥‥‥ **090-1886-6303**
M＆mダンスクラス（託児付き）／
場東葛西コミュニティ会館　時金 10:15 ～ 11:45
親子ダンスクラス／時不定期

フラダンス・フラメンコ

レインボーフラクラブ
連平澤富士子 ‥‥‥‥‥‥‥‥ **03-3686-1657**
場清新町コミュニティ会館ほか
時火 13:00 ～ 14:30

グルーポ・デ・アバニコ（フラメンコ）
連土合幸江 ‥‥‥‥‥‥‥‥‥ **090-5548-2466**
場新田コミュニティ会館　時月 18:30 ～ 21:30

エル・パリージョ（フラメンコ）
連土合幸江 ‥‥‥‥‥‥‥‥‥ **090-5548-2466**
場新田コミュニティ会館
時水 10:00 ～ 11:00、11:00 ～ 12:00

カヴェリナ 🅗🅟
連ドイ‥‥‥‥‥‥‥‥‥‥‥‥ **090-8947-3774**
場長島桑川コミュニティ会館
時水 16:30 ～ 18:00

バレエ

バレエサークルたんぽぽ
連高橋悦子 ‥‥‥‥‥‥‥‥‥ **03-3654-1835**
場長島桑川コミュニティ会館
時木 15:30 ～ 18:30（3 歳～）

社交ダンス

新田ダンスサークル
連佐久間茂 ‥‥‥‥‥‥‥‥ **090-2639-0601**
場新田コミュニティ会館　時土 19:30 ～ 21:30

チェリー　連みつやま ‥‥‥ 090-7710-0841
場スポーツセンター　時水 13:30 ～ 15:30

そのほかのサークル

ユニサイクルなぎさ（一輪車）
連和泉田祥一 ‥‥‥‥‥‥‥‥ **03-3675-6771**
場南葛西第二小
時火・金 19:00 ～ 21:30
時第 2・4 日 13:00 ～ 18:00

アメリカンフットボール　アイオライツ
連逆井 ‥‥‥‥‥‥‥‥‥‥ **090-3060-7183**
場江戸川河川敷グラウンド　時日 9:00 ～ 12:00

江戸川フラッグフットボールクラブ
連逆井 ‥‥‥‥‥‥‥‥‥‥ **090-3060-7183**
場水辺のスポーツガーデン
時日 9:00 ～ 12:00　対小学生

コミュニティ

葛西の歴史

1596年 (慶長1)		宇田川喜兵衛により宇喜新田(宇喜田)が開かれる
1613年 (慶長18)		徳川家康が葛西で放鷹する
		※この頃の「葛西」とは、現在の葛飾区・江戸川区・江東区を含む広い地域のこと
1617年 (元和3)	8月	長島村を検地
1629年 (寛永6)		新川が開かれ、これまでの旧水路は古川と呼ばれるようになった
1709年 (宝永6)		澪の移動により葛西浦と佃島の間で漁場争いが起こる
		※澪とは潮の流れのことで、昔は洪水や高潮等で地形が変化すると潮の流れも変わっていた
1730年 (享保15)		この頃より葛西海苔が地元に起こる
1782年 (天明2)		東宇喜田村・長島村・猫実村と船橋村の間に漁場争いの大紛争が起こる
1829年 (文政12)		文政10年の葛西浦での試しヒビ粗朶の成績が良かったので、正式な許可願いが出される
1855年 (安政2)		江戸大地震で各地の被害甚大
1869年 (明治2)		小菅県が設置され、その管轄下に所属する
1882年 (明治15)	7月	長島村130番地に修巳小学校が開校(15日)
1883年 (明治16)	7月	西宇喜田村1228番地に宇喜田小学校が開校(13日)
1884年 (明治17)	7月	東宇喜田村に海静小学校が開校(21日)
1895年 (明治28)		妙見島など千葉県の一部が区域(瑞穂村ほか)に編入
1896年 (明治29)		江戸川・荒川等が氾濫し、墨東地区が大洪水に見舞われる
1902年 (明治35)	6月	修巳・宇喜田・海静小学校の3校が合併し、葛西尋常高等小学校(現葛西小学校)が開校
1903年 (明治36)	11月	葛西浦漁業組合が結成 宇喜田稲荷神社に乾海苔創業記念碑がたつ
1907年 (明治40)		真蔵院(現葛西4丁目)の境内に乾海苔創業記念碑がたつ
1911年 (大正元)		香取神社(現長島1丁目)の境内に乾海苔創業記念碑がたつ
1915年 (大正4)		区内初の銀行「椎橋銀行」が西小松川で開業
1917年 (大正6)	10月	大津波により葛西をはじめ区内に大被害
1919年 (大正8)		江戸川放水路完成
1920年 (大正9)		第1回国勢調査が実施された(人口3万9386人)
1925年 (大正14)		長島町に葛西市場ができる
1927年 (昭和2)	5月	葛西郵便局(現中葛西1郵便局)開局
1928年 (昭和3)	11月	葛西橋が架橋される
1930年 (昭和4)	10月	国勢調査実施(人口9万6971人)
1931年 (昭和6)		荒川放水路完成
1932年 (昭和7)	9月	第二葛西尋常小学校(現第二葛西小学校)と第三葛西尋常小学校(現第三葛西小学校)開校
	10月	葛西村を含む3町4村によって江戸川区が誕生 葛西(現在の葛西図書館の場所)に派出所設置
	11月	初めての区議会議員選挙実施 浦安橋が架橋される
1935年 (昭和10)		
1944年 (昭和19)		葛西派出所を出張所と改称
1947年 (昭和22)	3月	葛西出張所を支所と改称 国民学校を小学校と改称
	4月	葛西中学校開校
1949年 (昭和24)	3月	葛西支所新庁舎落成
1950年 (昭和25)	10月	行船公園開園
1955年 (昭和30)	3月	葛西公会堂(現在の葛西健康サポートセンターの場所)開設
	4月	葛西第二中学校開校
1956年 (昭和31)		人口1万9382人、3944世帯
	1月	区政のお知らせ(現「広報えどがわ」)創刊
1957年 (昭和32)	4月	葛西海岸の堤防完成
	8月	葛西臨海寮(臨海学校の宿舎)(現なぎさ和楽苑の場所)設置
1960年 (昭和35)		人口2万1174人、4416世帯
	4月	京葉国道(現京葉道路)開通
1962年 (昭和37)	12月	漁業補償協定書に調印したことで、葛西浦での漁業が終わりを迎えた
1963年 (昭和38)		新中川放水路完成
	10月	新葛西橋開通
1965年 (昭和40)	2月	葛西電話局が開局
	8月	葛西支所廃止

葛西ガイド

216

1967年 (昭和42)	5月	いこいの家開設
	6月	区議会に葛西沖埋立促進特別委員会を設置
	12月	小島・宇喜田・長島・新田区画整理組合設立が許可される
1969年 (昭和44)	3月	江戸川区防潮堤完成 地下鉄東西線開通、葛西駅開業
	4月	乳児養育手当・保育ママ制度スタート
	5月	葛西海岸公害対策協議会開催
	12月	葛西土地区画整理組合が認可される
1970年 (昭和45)		人口3万9973人、1万3003世帯
	4月	第四葛西小学校開校 葛西事務所業務開始
	5月	第1回清掃デー実施
	8月	葛西地区ゴミ公害追放総決起大会が開かれる
	10月	葛西臨海寮を廃止
1971年 (昭和46)	2月	環境パトロールカー「みどり号」「あおぞら号」スタート
	4月	第五葛西小学校開校
	5月	葛西保健相談所開設
1972年 (昭和47)		葛西沖土地区画整理事業決定

1973年 (昭和48)	4月	葛西第三中学校開校 下水道事業受託開始(普及率7%) 熟年者専用バス「しあわせ号」スタート
1974年 (昭和49)	2月	長野県穂高町と友好都市協定を締結
	6月	葛西図書館開館
	7月	葛西事務所が移転して開所
	8月	葛西区民館開館
	9月	行船公園にホタルの小川完成 第六葛西小学校開校
1975年 (昭和50)	2月	全国初の高齢者事業団(現シルバー人材センター)設立
	4月	保健所が区に移管
1976年 (昭和51)	4月	第七葛西小学校開校
	6月	「穂高荘」オープン
	8月	第1回区民納涼花火大会開催
1978年 (昭和53)	9月	区民投票で区の木「クスノキ」、区の花「ツツジ」(サツキ)に決定 第1回「江戸川区民まつり」開催、20万人が参加 高速湾岸線開通
	12月	*月刊ばすけっと創刊

環七で遊んだ子どもたち

▲昭和50年ごろの葛西。写真上方を流れるのは荒川。右下から左奥方向に走るのが環状七号線。途中で途切れている　(写真/関口隆雄さんより)

「環七を通すときに、だいぶ反対が出たんだよね。それで長いこと環七の真上に家が2軒あったの。2階建てのうちが2軒ね、反対してたんでしょうね。だから環七もここまでしか最初開通してなかったの」この写真は昭和50年ごろの葛西全体を撮影した航空写真。完成を目前にした環状七号線が、途中でぶっつり途切れているのがわかる。
「うちの娘が生まれたころ、環七はできてたけど通してなかったんですよ。娘を連れて環七をよく散歩したもんよ」と静昭さんの妻・洋子さんも当時を振り返る。「環七が一番いい遊び場だったの。両側1車線だけ車通れるようにしてさ、真ん中がみんな芝生でグリーンベルトになってたの。なかなか開通しないから、芝生植えたんだろうね」環七着工の昭和2年から区内全線開通の59年まで、この間に育った葛西の子どもたちには、環七の真ん中で遊んだ記憶が鮮明にあるようだ。
　現在の西葛西6・7丁目と清新町の境にある堤防跡。あれより西南はかつて海だった場所。「嵐の

時には、波が見えるわけ、今の清新町のとこ。波がすごくて、しぶきがワーッとあがってるのが、葛西駅前から見えてたんだから」現在の東葛西5丁目、葛西駅前にあった山西牧場から清新町のあたりがすいーっと見渡せていたなんて、信じられない人も多いことだろう。葛西がまだ牧歌的なのどかな町だった、つい30年ほど前の話だ。しかし様変わりしすぎたこの町にとっては、今や想像することさえ難しい昔々の話になってしまった。

(語り手・山西静昭さん)
〈2003-2004頃取材〉

1979年 (昭和54)	4月	南葛西小学校、南葛西中学校開校
	7月	区と区内210軒の日本そば店が全国で初めて災害時の炊き出し協定を調印、41万食を確保
	10月	地下鉄東西線西葛西駅開業
		葛西生きがいセンター(現くすのきカルチャーセンター)落成
1980年 (昭和55)		人口8万3000人、2万7977世帯
		江戸川文化財保護条例施行
	4月	西葛西小学校、西葛西中学校開校
		財団法人「江戸川区環境促進事業団」発足
	8月	「なぎさ和楽苑」オープン
1981年 (昭和56)	4月	新田小学校開校
	5月	山形県鶴岡市と友好盟約を結ぶ
	11月	江戸川区スポーツセンター落成
1982年 (昭和57)	2月	南葛西会館オープン
	4月	南葛西第二小学校、東葛西中学校開校
	5月	葛西警察署発足
1983年 (昭和58)	3月	清新町の入居が始まる
	4月	清新第一小学校、清新第二小学校、清新第一中学校開校
		清新町コミュニティ会館オープン
		東京ディズニーランドオープン
	5月	行船公園に自然動物園オープン
	7月	清新町保健相談所オープン
1984年 (昭和59)	3月	環状七号線が区内全線で開通
	4月	清新第三小学校開校
	5月	葛西市場移転、青果部オープン
	6月	陸上競技場オープン
	7月	プールガーデンオープン
	9月	江戸川区球場落成
	11月	スポーツの森(区球場、少年野球広場、虹の広場)が完成
1985年 (昭和60)		「江戸川区熟年人材センター」の愛称が決まる
1986年 (昭和61)	4月	南葛西第二中学校開校
	7月	地下鉄博物館落成
1987年 (昭和62)	4月	清新第二中学校開校
	8月	東葛西土地区画整理組合設立を認可
1988年 (昭和63)	3月	「暖心苑」オープン
	4月	オーストラリア・ゴスフォード市と姉妹都市調印
	12月	JR京葉線「葛西臨海公園駅」開業
1989年 (平成元)	3月	行船公園に平成庭園開園
	4月	南葛西第三小学校開校
		臨海球技場オープン
		江戸川平成庭園・源心庵落成
		臨海町コミュニティ会館オープン
	6月	葛西臨海公園と海浜公園の一部がオープン
		水上バス(日の出桟橋〜臨海公園)就航
	7月	葛西親水四季の道完成
	10月	葛西臨海水族園オープン
		水上バス(スポーツランド〜臨海公園)就航
		2階建バス運行開始
	12月	ホテル「シーサイド江戸川」オープン
1990年 (平成2)		人口15万175人、5万8130世帯
	1月	「家賃等助成制度」スタート
	3月	JR京葉線全線開通(10日)
	4月	「江戸川CATV」開局
		鶴岡市東京事務所を葛西に開設
	7月	葛西親水四季の道と太陽エネルギー灯が建設省の「手作り郷土賞」を受賞
1991年 (平成3)	5月	新長島川親水公園完成
	11月	＊第14回全国タウン誌会議「浦安・行徳大会」(月刊ぱすけっと主催)開催(17〜19日)
	12月	江戸川ケーブルテレビ株式会社が放送開始
1992年 (平成4)	4月	臨海小学校開校
	11月	＊月刊ぱすけっと、NTTタウン誌大賞受賞
1993年 (平成5)	4月	なぎさ公園オープン
	5月	西葛西図書館オープン
		新左近川マリーナ完成
	7月	新左近川親水公園ボート場・駐車場オープン
	8月	葛西駅東口改札口完成
1994年 (平成6)	1月	乳児医療費助成制度スタート
		新左近川親水公園全面オープン(1日)
	4月	葛西臨海公園鳥類園オープン(21日)
	12月	江東区との架け橋となる「ふれあい橋」が架橋される
1995年 (平成7)		人口16万6530人、6万9597世帯
	3月	非常用持ち出し袋を各戸配布
	9月	乳幼児医療費の助成対象年齢を就学前の6歳までに引き上げ
		＊コミュニティペーパー〈葛西新聞〉創刊(22日)

218

1996年 (平成8)	11月	MXテレビ開局（1日）
	12月	江戸川区平和都市宣言
	2月	下水道普及率100%達成
	3月	葛西臨海公園において「桜ふれあいフェスティバル〜荒川・ポトマック川姉妹河川提携記念植樹祭〜」開催（28日）
	7月	国道357号線・荒川河口橋が開通（4日）
	8月	一人暮らしの熟年者などへの配食サービス開始（19日）
1997年 (平成9)	3月	総合レクリエーション公園内を走るSL型の新パノラマシャトル「元気くん」が運行開始（1日）
	7月	左近川親水緑道が「手づくり郷土賞」を受賞（15日）
	9月	廃棄自動車のエアコンからフロンガスの回収を開始（1日）
	10月	第17回緑の都市賞「内閣総理大臣賞」を受賞（30日）
	11月	新中川健康の道完成記念ウォーキング大会開催（2日）
		FMえどがわ開局（30日）
1998年 (平成10)		人口17万3298人、7万4507世帯
	8月	江戸川区と区内郵便局、災害時における相互協力に関する協定を結ぶ（19日）
	11月	なぎさ保健相談所オープン（2日）
1999年 (平成11)		人口17万6489人、7万6649世帯
	2月	江戸川区地域振興券交付（26日から）
	3月	*葛西カタログ創刊（10日）
	4月	江戸川区長選挙で多田正見区長誕生（25日）
	5月	補助289号線の道路開通（26日）
	6月	新川に全国初、川の下の地下駐車場オープン（1日）
	10月	江戸川区で資源ゴミの回収始まる（4日）

2000年 (平成12)		人口17万9153人、7万8675世帯
	2月	新川にかかる「三角橋」開通（11日）

	4月	西葛西地下駐輪場オープン、東西線西葛西駅駅舎改修工事竣工
	7月	「えがおの家」オープン（4日）
		中央図書館オープン（9日）
	8月	葛西消防署完成、業務開始
	9月	清新第二小学校内に「清新ふれあいセンター」オープン
2001年 (平成13)		人口18万1332人、8万501世帯
	3月	葛西臨海公園内に「ダイヤと花の大観覧車」がオープン（17日）
	4月	ファミリーサポート事業開始　北葛西保育園開園（1日）
	6月	東西線葛西駅駅舎改修工事終了（エレベーター、エスカレーター設置）
	9月	東京ディズニーシー、東京ディズニーシー・ホテルミラコスタオープン（4日）
2002年 (平成14)		人口18万3831人、8万2505世帯
	1月	葛西臨海水族園、入園者3000万人突破（14日）
	3月	首都高速清新町ランプ開通（29日）
		特別養護老人ホーム「みどりの郷福楽園」オープン（30日）
	4月	東京臨海病院開院、東葛西小学校開校、東葛西8丁目児童クラブ新設、安心生活応援ネットワークスタート、障害者就労援助センター開設（1日）
	5月	葛西地区自治会連合会「警察部会」設立
	10月	全国川サミットin江戸川開催（11〜13日）

▲新川モニュメント除幕式（1997.6月）

▲葛西臨海公園駅北側の様子（1998.4月）

▲左近川親水緑道
仲割川遊歩道と交わるところに理容院があった（2001年）

2003年 (平成15)		人口18万7592人、8万4600世帯
	4月	区立中学校選択制導入
		第二葛西小学校に知的障害学級、清新第三小学校に情緒障害学級を設置
		中葛西に心身障害者複合施設「区立障害者支援ハウス」開所（1日）
		東葛西に「けやき公園」オープン
	6月	地下鉄博物館リニューアルオープン（1日）
	7月	葛西下水処理場用地内（臨海町）に臨海球技場第二オープン
	11月	江戸川区球場前歩道橋完成（1日）
		国道357号の環七立体「海側」開通（11日）
2004年 (平成16)		人口18万6915人、8万5382世帯
	3月	放射16号線荒川横断橋梁「清砂（きよすな）大橋」開通（28日）
	4月	「えどがわエコセンター」開設
	10月	区が「グリーンバンク制度」スタート（4日）
	11月	葛西臨海公園15周年にともない記念フェスティバル（2・3日）
2005年 (平成17)		人口18万8502人、8万6237世帯
	4月	区内の小学校全校で「すくすくスクール」実施
	7月	「東葛西区民施設」のうちコミュニティ施設部分、使用開始
	9月	「東葛西区民施設」のうち図書館部分、使用開始

2006年 (平成18)		人口18万8849人、8万7064世帯
	2月	区内14施設で指定管理者制度スタート
	4月	葛西健康サポートセンター建て替え・移転オープン
	6月	葛西駅⇔東京臨海病院直通バス開通
	7月	地下鉄博物館20周年
	10月	旧葛西健康サポートセンター跡（中葛西2丁目）に、『地域活動・相談支援センターかさい』が誕生
2007年 (平成19)		人口18万9945人、8万8357世帯
	3月	中川防災船着場を葛西橋上流と船堀橋下流に整備
	4月	南葛西5・6丁目（補助289号線）にゲート式駐車場（110台）整備
		「新川千本桜計画」スタート
		環七シャトルバス試験運行開始
	12月	＊月刊ばすけっと12月号で休刊
2008年 (平成20)		人口19万710人、8万9346世帯
	4月	葛西駅地下駐輪場（東西合わせて9400台）オープン
	6月	葛西臨海水族園の入園者4000万人突破
		共育プラザ葛西で「子育てサポートひろば事業」スタート
	7月	「篠崎文化プラザ」オープン
	8月	NPO法人「ふるさと東京を考える実行委員会」が『東京湾海水浴場復活プロジェクト』を始動
	9月	葛西駅前広場完成
	12月	海抜ゼロメートルサミット開催
2009年 (平成21)		人口19万1213人、9万80世帯
	4月	東篠崎に「水辺のスポーツガーデン」オープン
	9月	西葛西駅、葛西駅、葛西臨海公園駅（区内5駅）でレンタサイクル実証実験スタート
	10月	葛西臨海水族園開園20周年

葛西ガイド

▲清砂大橋開通式（2004．3月）

▲世界6カ国、国内4都市が集まった、海抜ゼロメートルサミットでの共同宣言の様子（2008．12月）

2010年 (平成22)		人口19万1636人、9万561世帯
	1月	新川西水門広場に火の見櫓が完成
	4月	篠崎に「子ども未来館」がオープン(29日)
	5月	高齢運転者等専用駐車区間制度スタート(葛西区民館前に1台分)
	12月	区内の企業・お店満載の「えどがわ産業ナビ(事業所データベース)」開設
		なぎさ和楽苑東葛西地域包括支援センターオープン(20日)
2011年 (平成23)		人口19万2326人、9万1046世帯
	3月	東日本大震災発生(11日午後2時46分ごろ)
	4月	古着・古布リサイクル移動回収開始
		東葛西5に「長島桑川コミュニティ会館」オープン(10日)
		東葛西に「たんぽぽ保育園」開園
	10月	中葛西4に「みんなの遊々保育園」開園
	11月	「みんなの遊々保育園」に病児・病後児保育室開設
2012年 (平成24)		人口19万2227人、9万1158世帯
	2月	「自転車ナビマーク」登場(6日)
	4月	公立の小・中学校で「読書科」スタート

2013年 (平成25)		人口19万9681人、9万5235世帯
	4月	障害者施設「希望の家」の新館開設
		レンタサイクル区内全域(11駅)に(1日)
	7月	新川さくら館開館(1日)
	9~10月	東京国体開催(9月28日~10月8日)。葛西地区では陸上競技場、臨海球技場第一で少年男子ラグビー競技
2014年 (平成26)		人口19万9922人、9万6247世帯
	5月	江戸川区医師会「夜間・休日急病診療所」が西瑞江5『地域医療支援センター』内に移転(1日)
	12月	共栄橋交番リニューアル(5日)
2015年 (平成27)		人口20万1943人、9万7832世帯
	3月	葛西防災公園オープン、テニスコートリニューアルオープン(15日)
		「新川千本桜」事業完成(平成26年度)
	4月	第1回新川千本桜まつり(5日)
		葛西臨海水族園、移動水族館開始

新川千本桜事業 (2015年3月完成)

工事中の新川

▲新川工事中。新川大橋より。(2011.2.13)

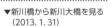

▼新川橋から新川大橋を見る(2013.1.31)

▲東葛西1丁目付近はこれから工事。川は堤防で見えない(2011.3.3)

▲新川さくら館開館記念イベント(2013.7.1)

▲火の見櫓 お披露目の式典にはたくさんの人が(2010.1.3)

▲江戸川区南ライオンズクラブが寄贈した、和の雰囲気が漂う「新川櫓時計」。『第3回新川千本桜まつり』の記念式典で除幕式が行われた(2017.4.2)

2016年 (平成28)		人口20万4358人、10万23世帯
	4月	清新第二・第三小学校が閉校になり、新しく「清新ふたば小学校」が誕生(1日)
	5月	「なごみの家 長島桑川」オープン(7日)
	6月	新川千本桜沿川地区が平成28年度都市景観大賞「都市空間部門」の大賞受賞(7日)
2017年 (平成29)		人口20万6581人、10万1707世帯
	4月	レンタサイクルに電動アシスト付き自転車導入(葛西・西葛西・葛西臨海公園の3駅)
		食品ロスをなくそう「江戸川区版30・10運動」開始
	5月	区と警察署、薬剤師会が「テロ等の防止に関する協定」締結(26日)
		江戸川区スポーツチャレンジデー2017に32万4112人が参加(31日)
	6月	「地域の力で安全・安心まちづくり大会」開催(15日)
		「えどがわメールニュース」で認知症行方不明者情報の配信開始(19日)
	7月	「ひらい圓藏亭」開館(15日)
		オランダのホストタウンに登録
	8・9月	「地下鉄博物館」の「日本初の地下鉄車両1001号車」国の重要文化財に指定(9月)および機械遺産に認定(8月)
	9月	船堀コミュニティ会館オープン(2日)
	10月	「東京2020オリンピック1000日カウントダウン記念in江戸川区」開催(28日)
	11月	「アリオ葛西」オープン(17日)

2018年 (平成30)		人口20万8051人、10万3266世帯
	2月	「えどがわっ子食堂ネットワーク」発足
	4月	江戸川区、空き家耐震化と老朽木造住宅除却費用助成開始
		「なごみの家葛西南部」が清新町にオープン
	8月	介護保険の自己負担が1～3割に
		「アンテナショップ エドマチ」タワーホール船堀にオープン(21日)
		「江東5区大規模水害広域避難計画」と「江東5区大規模水害ハザードマップ」発表(22日)
	10月	「葛西海浜公園」がラムサール条約湿地に、都内で初めて登録(18日)
2019年 (平成31)		人口20万9362人、10万4501世帯
	1月	江戸川区新庁舎建設基本構想・基本計画策定委員会委員を募集(～2/7)。(船堀4の都有地への建設を検討)
		葛西区民館に自動証明写真機設置
		角野栄子さんに創設初の「江戸川区区民栄誉賞」(23日)
		葛西エリア中心に順次「えどがわ百景」を街区表示板に導入
	2月	江戸川区公式インスタグラム開始。江戸川区の「場所・モノ・コト」などの魅力を発信
	4月	江戸川区立葛西小と葛西中が「併設型小中学校」に
		新左近川親水公園カヌー場お披露目式(6日)。6月より本格オープン
		多田正見区長退職(26日)(5期20年間在職)
(令和元)	5月	新区長斉藤猛氏初登庁(7日)
		「江東5区大規模水害ハザードマップ」に基づき作成した「2019改訂版江戸川区水害ハザードマップ」全戸配布(20日～)
	7月	カヌー・スラロームセンター完成(6日)
	9月	江戸川区と浦安市が災害時に相互支援をする協定締結(12日)

葛西ガイド

▲多田区長退庁の日。多田区長は見送りの地域住民から花束を受け取りあいさつ。その後歓声の中、車に乗り込み本庁舎を後にした(2019.4.26)

▶隈研吾さん、角野栄子さん、斉藤区長が江戸川区役所で初顔合わせ(2020年1月15日)

年	月	事項
2020年 (令和2)	1月	人口21万1178人、10万5970世帯
		「緑化運動」開始から50周年。「緑化運動PRマスコットキャラクター」募集(14日～2月20日)
		「(仮称)江戸川区角野栄子児童文学館」設計パートナーに隈研吾さん(15日)
	2月	区内町工場の手で「純国産アーチェリー」復活
	3月	新型コロナウイルス感染拡大防止に向け区立小中学校休校、区施設の一部休館(2日)
	4月	新庁舎建設基本構想(素案)を公表(1日)
		江戸川区コミュニティサイクル事業開始(1日)
		東京都・千葉県・神奈川県・埼玉県・大阪府・兵庫県・福岡県の7都府県に新型コロナウイルス感染拡大防止に向けた緊急事態宣言(7日)。こののち全国に拡大された
		ドライブスルー方式の江戸川PCR検査センター開設(22日)
		江戸川区に児童相談所「はあとポート」開設
	6月	区独自の「長期育休支援制度」第1号の認定証授与(19日)
	7月	葛西事務所で住民票の写しなどの諸手数料収納で電子マネー決済導入(1日)
		オリンピック聖火リレーが区内を走る(オリンピックは2021年に延期)
	8月	「ありがとう! 江戸川区医療従事者応援事業」で区民から約2200万円の寄付
		新潟県南魚沼市と友好都市盟約をweb会議システムで締結(5日)
	12月	全国初「東京パラリンピック22競技"できる"宣言」スタート
2021年 (令和3)	1月	人口21万251人、10万6267世帯
		1都3県に2回目の緊急事態宣言(7日～2月7日)
		JR葛西臨海公園駅高架下に複合商業施設「Ff」開業(30日)
	2月	10都府県に対し3月7日まで緊急事態宣言延長
		区職員が「デリバリー&テイクアウト」で飲食店を応援
	3月	「江戸川区新庁舎建設基本構想・基本計画」発表
	5月	江戸川区が国から「SDGs未来都市」に選定される
		新型コロナウイルスワクチンの集団接種開始(15日)
		山形県鶴岡市と友好都市盟約約40周年。オンラインで記念式典開催(31日)
	6月	「(仮称)江戸川区角野栄子児童文学館」パネル展(8日～17日)
	7月	「ともに生きるまちを目指す条例」策定(1日)
	8月	東京2020パラ聖火リレー採火式開催(20日)
	9月	区がLINE公式アカウントの供用開始(15日)
	10月	SDGs推進月間「SDGs Month EDOGAWA」(9月25日～11月20日)
	11月	「ともに、生きる。江戸川区プロジェクト!」開始(4日)
	12月	新潟県南魚沼市長・市議会一行が江戸川区長・区議会を表敬訪問(22日)
2022年 (令和4)	1月	人口20万8625人、10万5901世帯
		「えどがわママパパ応援隊」スタート(17日)
		「特定非営利活動法人自殺対策支援センター・ライフリンク」と区が「自殺対策SNS等相談事業における連携自治体事業に関する協定」締結(24日)
	4月	江戸川区が「若年性認知症伴走型支援事業(相談支援窓口)」開始
		「葛西ラグビースポーツパーク」オープン(3日)
	5月	区立図書館サテライト開設(11日)
	6月	江戸川区とホノルル市姉妹都市盟約締結(10日)
	7月	「区民一人当たりの樹木数10本」達成
	9月	SDGs推進月間(25日～12月4日)
	10月	区制90周年(1日)
		区と東京商工会議所江戸川支部、三井住友海上火災保険㈱が食品ロス削減に向けた三者連携の覚書締結(5日)
		葛西海浜公園で「SDGs FES in EDOGAWA」と「江戸川・ホノルルフェスティバル」同時開催(29日)
2023年 (令和5)	11月	人口20万8629人、10万6924世帯
		「魔法の文学館(江戸川区角野栄子児童文学館)」オープン予定
2028年 (令和10年)		新庁舎共用開始予定

東京メトロ東西線時刻表

葛西駅発

〈上り〉中野・三鷹方面

平日（月～金）	時	土・休日
14 28 38 50 59	5	14 26 39 51
07 11 18 22 25 29 32 35 38 40 43 46 48 51 53 56 59	6	01 10 17 26 36 43 48 55
02 05 08 11 13 16 19 22 25 27 30 32 35 37 40 42 45 47 49 52 54 56 59	7	00 07 12 18 23 29 32 36 42 47 51 55 59
01 03 06 08 10 13 15 17 20 22 24 27 29 31 34 36 38 41 43 45 48 52 55 58	8	08 12 16 20 27 30 35 39 46 52 57
01 04 07 10 13 16 19 22 28 33 41 44 52 55	9	04 08 12 20 26 34 41 49 56
04 10 19 26 34 41 49 56	10	05 11 19 26 34 41 49 56
04 11 19 26 34 40 49 55	11	04 11 19 25 34 40 49 56
04 11 19 26 34 41 49 56	12	04 11 19 26 34 40 49 56
04 11 19 26 34 41 49 56	13	04 11 19 26 34 41 49 56
04 11 19 26 34 40 49 56	14	04 11 19 26 34 41 49 56
04 11 19 26 34 42 49 57	15	04 11 19 26 34 41 49 56
05 09 12 20 25 34 40 47 54 58	16	04 11 19 26 34 41 49 56
06 11 17 22 29 33 35 41 45 49 56	17	04 11 19 26 34 41 49 56
02 09 12 16 23 26 31 39 43 47 54 57	18	04 11 19 26 34 41 49 57
05 08 16 20 28 32 40 44 55 59	19	07 15 24 31 37 46 53 59
07 10 14 20 28 34 40 45 50 57	20	09 16 22 29 39 46 53 59
01 05 13 16 19 27 31 34 42 47 52	21	09 18 25 33 40 48 55
01 07 12 21 26 31 39 42 48 51 55	22	04 11 19 27 34 42 49 59
04 10 14 20 32 42 56	23	09 20 31 42 56
08 24	0	06 16 24

無印…中野行　三…三鷹行　東…東陽町行　九…九段下行　終…終電

〈下り〉西船橋・東葉勝田台方面

平日（月～金）	時	土・休日
05 19 37 44 50 57	5	05 19 37 50
00 05 11 15 20 25 29 36 43 48 51 54 58	6	01 10 21 30 37 43 50 59
04 07 10 16 22 26 29 35 39 42 47 50 53 59	7	06 15 20 25 32 38 45 52 55 58
03 08 11 17 21 26 30 37 40 43 48 51 55	8	04 10 16 23 28 34 40 46 53 58
00 02 08 10 17 20 25 28 35 40 44 53	9	03 09 17 22 25 34 38 43 51 57
01 04 11 16 22 25 32 36 43 53	10	05 12 20 27 35 42 50 57
00 08 12 21 26 35 42 50 57	11	05 12 20 27 35 42 50 57
05 12 20 27 35 42 50 57	12	05 12 20 27 35 42 50 57
05 12 20 27 35 42 50 57	13	05 12 20 27 35 42 50 57
05 12 20 27 35 42 50 57	14	05 12 20 27 35 41 50 57
05 13 20 26 35 42 51 56	15	05 12 20 27 35 42 52 57
06 11 21 27 34 41 50 55 58	16	06 13 21 27 36 42 52 57
02 11 16 19 25 30 34 40 44 50 54	17	06 13 21 27 36 42 52 57
00 04 10 14 16 22 25 31 35 41 44 50 54	18	06 12 21 27 37 43 52 57
00 04 10 14 19 25 29 32 38 43 48 52 55	19	05 11 21 27 36 41 48 57
01 04 12 16 19 25 30 37 41 45 51 55	20	02 09 18 24 31 40 46 52 58
01 07 13 19 27 31 39 45 51 55	21	08 15 21 26 33 44 50 58
01 06 12 19 26 31 39 43 50 54	22	07 13 19 26 33 40 49 56
00 06 11 17 22 30 35 44 50 59	23	03 11 18 26 34 42 49 56
03 08 12 18 22 31	0	05 11 18 31

無印…西船橋行　勝…東葉勝田台行　八…八千代緑が丘行　津…津田沼行　妙…妙典行　終…終電

●葛西駅　中葛西5-43-11……☎ 03-3688-0866

時刻表

西葛西駅発

〈上り〉中野・三鷹方面

平日（月～金）	時	土・休日
16 30 40 52	5	16 28 41 53
01 09 13 20 24 27 31 34 37 40 42 45 48 50 53 56 58	6	03 12 19 28 38 45 50 57
01 04 08 10 13 16 18 21 24 27 29 32 34 37 40 42 45 47 49 52 54 56 59	7	02 09 14 20 25 31 34 38 44 49 53 57
01 03 06 08 10 13 15 17 20 22 24 27 29 31 33 36 38 41 43 45 48 50 55 57	8	01 10 14 18 22 29 32 37 41 48 54 59
00 03 07 09 13 15 18 21 24 31 35 43 46 54 57	9	06 10 14 22 28 36 43 51 58
06 12 21 28 36 43 51 58	10	07 13 21 28 36 43 51 58
06 13 21 28 36 42 51 57	11	06 13 21 27 36 42 51 58
06 13 21 28 36 43 51 58	12	06 13 21 27 36 42 51 58
06 13 21 28 36 43 51 58	13	06 13 21 28 36 43 51 58
06 13 21 28 36 42 51 58	14	06 13 21 28 36 43 51 58
06 13 21 28 36 44 51 59	15	06 13 21 28 36 43 51 58
07 11 14 22 27 36 42 49 56	16	06 13 21 28 36 43 51 58
00 08 13 19 24 31 35 37 43 47 51 58	17	06 13 21 28 36 43 51 58
04 11 14 18 25 28 33 41 45 49 56 59	18	06 13 21 28 36 43 51 59
07 10 18 22 30 34 42 46 48 57	19	09 17 26 33 39 48 55
01 09 12 15 22 28 34 38 47 52 59	20	01 11 18 24 31 41 48 55
03 07 15 18 21 29 33 36 44 49 54	21	01 11 20 27 35 42 50 57
03 09 14 23 28 33 41 44 50 53 57	22	01 11 21 29 36 44 51
06 12 16 22 34 44 58	23	01 11 22 33 44 58
10 26	0	01 07 18 26

無印…中野行　三…三鷹行　東…東陽町行　九…九段下行　終…終電

〈下り〉西船橋・東葉勝田台方面

平日（月～金）	時	土・休日
03 16 35 42 48 54 58	5	03 16 35 48 59
03 08 13 18 22 27 34 37 46 49 52 56 58	6	08 19 28 35 41 48 57
05 08 13 17 24 27 30 37 40 43 48 51 54	7	04 13 18 23 30 36 43 49 53 56
00 03 09 12 19 21 23 28 32 38 40 43 49 52 55	8	02 08 14 20 26 32 38 44 51 56
00 03 08 15 18 20 26 31 37 42 51 56	9	01 07 12 19 23 29 36 41 46 55
02 05 14 17 23 27 33 38 48 58	10	00 09 15 24 30 39 45 54
02 10 16 24 30 39 45 54	11	00 09 15 24 30 39 45 54
00 09 15 24 30 39 45 54	12	00 09 15 24 30 39 45 54
00 09 15 24 30 39 45 54	13	00 09 15 24 30 39 45 54
00 09 15 24 30 39 45 54	14	00 09 15 24 30 39 45 54
00 09 15 24 30 39 45 54	15	00 09 15 24 30 39 45 54
00 09 15 24 30 39 45 52 56 59	16	00 09 15 24 30 39 45 54
05 14 17 21 28 32 36 42 45 52 55	17	01 10 16 25 31 39 46 55
02 06 11 14 17 23 27 32 36 42 46 51 55	18	01 09 15 24 32 40 46 55
01 05 11 15 21 27 30 34 40 44 50 53 56	19	00 09 16 25 31 39 45 51
02 06 13 17 20 27 32 38 43 46 53 56	20	00 05 12 21 27 33 43 49 55
04 08 16 20 29 34 42 46 53 56	21	02 12 18 24 31 42 48 55
04 08 16 21 28 32 40 45 52 56	22	01 11 17 24 31 38 53
01 09 14 20 28 33 39 48 52 57	23	01 09 17 24 32 40 47 54
01 06 09	0	02 09 15 28

無印…西船橋行　勝…東葉勝田台行　八…八千代緑が丘行　津…津田沼行　妙…妙典行　終…終電

●西葛西駅　西葛西 6-14-1……☎ 03-3688-5834

葛西臨海公園駅発

〈上り〉　京葉線・武蔵野線　東京方面

平日（月～金）	時	土・休日
16　26　43	5	16　26　43
00　03　17　26　32　40　50　52	6	00　03　16　21　25　30　34　43　55　59
00　06　09　18　31　33　37　39　43　45　48　51　53　56	7	04　10　19　31　39　42　46　52　56
01　04　07　09　15　18　21　23　29　31　39　42　46　53　56　59	8	07　19　24　32　41　49　52
04　09　15　18　27　34　45　48　56	9	00　04　12　26　29　33　45　53　59
00　14　21　31　38　43　55	10	03　15　18　28　37　43　55　59
00　11　16　29　36　43	11	13　15　28　34　44　59
00　05　11　16　29　36　43　55	12	02　13　17　28　34　44　55　58
00　11　16　32　36　43　55	13	13　17　30　34　44　55　59
00　11　16　29　36　43　55	14	13　17　29　34　44　55　59
00　11　16　28　36　43	15	13　16　28　34　44　59
00　04　10　15　28　34　37　45　55　59	16	01　13　15　30　43　46
02　11　17　27　31　33　37　46　51	17	01　06　13　19　27　30　41　46　50　57
00　03　09　14　25　33　38　41　47　57	18	01　18　24　33　38　42　54　58
00　05　10　19　23　27　34　36　41　47　50　55	19	02　07　12　17　22　30　41　47　50　54
01　07　13　21　26　31　35　40　44　49　56	20	01　06　10　16　22　30　36　42　47　53　57
05　12　16　19　33　36　44　50　55	21	03　07　13　24　33　37　43　51　59
02　07　14　18　23　33　41　46　55	22	05　10　15　20　26　34　41　48　58
06　12　19　34　42　45	23	06　13　28　42　45
04　25	0	04　25

無印＝東京

〈下り〉　京葉線・武蔵野線　舞浜・新浦安・府中本町方面

平日（月～金）	時	土・休日
09　24　48	5	09　24　48
05　16　22　35　39府　50西　55	6	02　21　29府　39　48府　53　57西
02　12　19　22府　30　38西　41　46府　48　54	7	02　10　15　30　33府　41　54西　58
00所　04　06　10府　12　15習　19　22府　26　28　31　36　39西　42府　45　48　51習　54　57	8	10　14　17　29　39　43　48幕　54
00　02　12　17府　19　30　32西　39　51　56府　59	9	02　10　19　25　38　43　53
04習　11　19府　24　34幕　39　53府　59	10	01　09　19　26　38幕　41　51　55
04幕　19　24　34幕　39　53府　59	11	10　19　26　38　41　54
06幕　19　24　34幕　39　53府　59	12	02　11　20　26　38　41　54
04幕　19　24　34幕　39　53府　59	13	02　11　19　26　37　42　54
07幕　19　24　34幕　39　53府　59	14	02　11　19　26　38　41　53
04幕　19　24　34幕　39　53府　59	15	02　11　19　26　38　41　54
06幕　20　23　34　39　48府　55	16	02　11　19　26　37　42　55
06　13　18　29　33　41　45　48　58	17	04　12　20　33　38　46　54
01　10　19　22　28　36　39府　47　55　59府	18	00　11　22　26　33　40　46　56
11　16　18　25　35　42　47府　57　59府	19	02　12　16　29　34　39　46　54
12　17　26　34　37　44　54　57府	20	02　06府　11　16　23　34　41　47　56府
11　17　26　32　39　44　58	21	01　12　16　27　32　40　44　57
03　12　21府　27　37　46府　50　55	22	02　16府　21　37　41　45府　50　54
05　10府　17　30　43　47所	23	06　11　18　30　43　47所
01　20　38習	0	01　20　38習

無印＝蘇我　習＝新習志野　幕＝海浜幕張　府＝府中本町
所＝東所沢　西＝西船橋

時刻表

226

葛西駅前発

〔葛西21〕葛西臨海公園駅前行・コーシャハイム南葛西行

平日	土	時	休日
30 39 46 53	30 45	6	30 51
00 06 12 18 24 30 36 42 48 54	00 15 28 41 52	7	09 26 41 56
00 06 12 18 24 30 36 42 48 54	02 12 22 31 39 47 56	8	11 26 41 56
00 07 14 20 26 32 38 45 52	04 12 20 28 36 44 52	9	10 22 32 42 52
00 09 18 27 37 48	00 09 19 29 39 49	10	02 13 24 35 46 57
02 15 30 45	01 13 25 38 51	11	08 19 30 41 53
00 15 30 45	06 21 35 49	12	05 16 26 36 46 56
00 15 30 45	03 19 29 41 53	13	06 16 26 36 46 56
00 15 29 43 57	05 17 29 41 53	14	06 16 26 36 46 56
09 21 32 43 53	05 17 29 41 53	15	06 16 26 36 46 56
01 09 17 25 33 41 49 57	05 17 29 40 50 59	16	06 16 26 36 46 56
05 12 19 26 33 40 47 54	08 17 26 35 45 55	17	06 16 26 38 50
01 08 15 22 29 36 43 51 59	05 15 25 35 45 55	18	06 16 26 38 50
07 15 23 31 40 49	05 15 25 35 47	19	02 15 30 45
01 14 29 45	03 19 36 55	20	01 17 34 53
01 17 33 49	15 36 58	21	15 36 58
04 20	20	22	20

無印＝葛西臨海公園駅前行　コ＝コーシャハイム南葛西行

〔葛西22〕一之江駅前行

平日	土	時	休日
30 48	50	6	50
06 26 46	25	7	20 50
07 28 57	00 30	8	18 48
26 56	00 30	9	17 47
26	00 30	10	17 47
25	00 30	11	17 47
24	00 30	12	17 47
23	00 30	13	17 47
22 52	00 30	14	16 46
21 51	00 30	15	16 46
20 50	00 30	16	17 47
19 49	00 30	17	17 47
19 48	00 33	18	17 47
17 45	06	19	18
41	08	20	13
35	08	21	08
		22	

〔新小22〕新小岩駅前行

平日	土	時	休日
30 38 46 53	30 45 58	6	30 50
00 07 13 19 25 31 36 42 48 55	10 20 30 40 51	7	10 30 50
02 11 20 29 38 47 56	02 12 22 32 43 54	8	10 29 48
05 16 28 40 53	05 18 31 44 57	9	08 28 48
05 17 30 43 55	10 23 36 49	10	08 28 48
08 21 34 47 59	02 15 28 41 54	11	02 19 35 51
12 25 38 52	07 20 33 46 59	12	06 21 36 51
06 20 34 48	12 25 38 51	13	06 22 39 57
02 16 30 44 58	04 17 30 43 56	14	15 33 51
12 24 35 45 55	08 20 32 44 56	15	08 24 40 55
02 11 20 29 38 47 56	09 20 32 45 58	16	10 26 42 58
05 14 23 35 46 58	11 25 39 53	17	13 33 53
10 22 38 55	08 24 40 56	18	04 21 38 55
13 31 50	12 28 46	19	12 30 48
10 30 46	05 24 43	20	11 36
02	06 30 46	21	03 30 55
	02	22	

フ＝船堀駅前行　イ＝一之江駅前行

〔葛西24〕なぎさニュータウン行

平日	土	時	休日
48	46	6	46
05 21 27 39 44 57	05 21 39 57	7	07 29 52
01 14 19 32 42 47	16 33 51	8	15 38
03 19 33 48	10 29 47	9	01 26 49
03 18 35 51	05 20 39 58	10	13 39
09 27 47	17 36 55	11	03 27 48
11 36	12 27 42 57	12	09 28 45
02 27 52	12 27 42 57	13	04 26 50
11 29 48	12 27 42 57	14	18 37 56
07 27 46	12 27 42 57	15	10 28 47
05 23 39 55	12 27 42 57	16	05 24 42
10 25 41 57	12 27 42 57	17	01 19 38 55
13 28 43 58	12 27 42 57	18	14 33 50
13 28 43 58	12 26 41 56	19	06 26 50
14 32 54	17 27 50	20	13 35 57
17 41	14 38	21	19 42
03 25 48	02 26 48	22	04 26 48

〔葛西24〕船堀駅前行

平日	土	時	休日
26 40 57	29 40 59	6	29 49
12 30 47	19 38 54	7	15 38
03 20 37 49	12 30 50	8	01 24 47
03 18 35 54	08 25 40 58	9	10 34
11 29 47	17 36 55	10	00 24 48
07 31 56	14 31 47	11	09 30 48
22 47	02 17 32 47	12	06 25 44
11 30 48	02 17 32 47	13	02 20 39 58
07 26 46	02 17 32 47	14	16 31 49
05 24 42 57	02 17 32 47	15	08 26 45
12 27 48	02 17 32 47	16	03 22 40 59
14 30 46	02 17 32 47	17	16 35 53
01 17 32 48	02 17 32 47	18	12 28 49
03 19 35 57	02 16 31 50	19	13 38 58
17 40	13 37	20	19 42
04 26 49	01 25 48	21	05 27 49
12	12	22	12

時刻表

葛西駅前発

〔錦25〕錦糸町駅前行

時	〈平日〉	〈土〉	〈休日〉
6	30 37 43 48 53 58	30 46 55	30 45 59
7	03 08 13 18 23 28 33 38 43 48 53 59	04 13 22 30 38 46 53	12 24 36 48
8	05 11 17 23 29 35 41 48 55	00 07 14 21 28 35 42 49 56	00 11 21 31 40 49 57
9	03 11 19 27 35 43 48コ 51 59	03 06 10 17 24 31 38 45 52 55コ 59	04 10 16 22 28 34 40 46 52 58
10	02 07 15 23 26コ 31 39 47 55	06 13 20 27 34 41 48 55 58	04 10 17 23 30 36 43 49 56
11	03 11 19 22コ 27 35 43コ 46 51	01 07 13 19 22コ 25 31 38 45 52 59	03 10 17 24 31 38 45 52 59
12	00 08 16 22コ 25 34 37コ 43 52	06 13 20 27 34 41 48 55	06 13 20 27 34 40 46 52
13	01 10 13 19 29コ 34 39 44コ 44 52	02 09 16 23 30 38 46 54	03 10 17 23 30 37 44 51 54 59
14	00 08 16 24 32 40 48 56	03コ 07 11 19 27 35 38コ 43 50 57	06 13 20 27 34 40 43コ 46 52 58
15	04 12 20 28 36 44 52 59	04 11 18 25 32 39 46 53 59	04 10 16 22 28 34 40 46 52 58
16	07 13 19 25 31 37 43 49 55	05 11 17 23 29 35 41 47 54	04 10 16 22 28 34 40 46 52 59
17	01 07 13 19 25 33 40 47 54	01コ 08 15 22 30 37 44 51 58	07 15 23 32 41 49 57
18	02 10 18 26 35 43 51	03 06 15 24 34 38コ 43 53	05 13 22 32 41 50
19	00 09 18 24 37 47 57	03 13 23 33 44 55	06 12 20 31 42 54
20	07 18 29 39 49 59	07 19 34 49	06 21 35 40 50
21	09 19 29 40 51	04 19 34 50	05 20 35 50
22	05 20 37	05 20 35	05 20 35

コ＝東小松川車庫前行　ケ＝京葉交差点行

〔秋26〕秋葉原駅前行

時	〈平日〉	〈土〉	〈休日〉
5	12 23 33 42 50 57	13 35 54	23 50
6	04 10 16 22	10 26 41	15 40
7	29 36 43 51	57	
8	01 13 25 40 57	13 29 46	05 26 47
9	16 35 57	04 23 42	07 27 47
10	23 50	03 24 46	07 27 47
11	17 45	09 32 55	07 27 47
12	12 39	18 41	07 27 47
13	06 31 53	04 27 51	07 27 47
14	12 31 51	14 37	07 27 47
15	13 34 55	00 25 51	07 27 47
16	14 32 48	17 43	07 27 47
17	03 19 36 54	09 35	07 27 49
18	15 35	00 26 54	11 34 57
19	02 35	26	21 46
20	10 45	01 45	13 45

※秋葉原駅周辺の経路は平日・土と休日は異なる

〔臨海28-1〕葛西臨海公園駅前行

時	〈平日〉	〈土〉	〈休日〉
6	28 40 50 57	28	
7	06 13 20 27 33 40 46 53 59	08 23 37 53	04 22 40 58
8	06 11 15 21 24 28 34 39 45 52 59	10 28 43 57	16 34 52
9	05 10 15 20 24 29 30 35 41 47 54	14 27 33 50	10 28 47
10	04 17 29 39 49	05 22 38 53	02 18 33 49
11	00 11 23 36 49	10 27 44	04 11 20 36 51
12	02 16 30 43 56	01 18 34 51	06 22 38 53
13	11 29 46	08 25 42 59	09 25 41 49 57
14	03 20 37 54	06 16 33 50	12 28 44
15	10 19 30 39 47 56	07 24 41 58	00 16 32 48
16	06 18 30 38 43 55	15 31 47	04 14 20 27 35 50
17	05 17 32 46 59	03 10 19 35 51	01 13 26 39 52
18	12 18 25 36 45 54	07 23 38 53	05 17 29 41 56
19	03 12 19 28 39 51	08 23 38 53	11 26 41 56
20	02 16 32 50	20 42	13 32 51
21	06 21 36 53	13	10 35
22			

リ＝臨海車庫前行

〔臨海28-2〕臨海車庫行

時	〈平日〉	〈土〉	〈休日〉
6	30 43	30	30
7	05 19 43	03 19 43	08 40
8	06 29 44 45 56	00 18 40 56 58	13 21 47 52
9	04 14 31 44 46 51 58	15 18 19 33 40 50	00 31 34 43 48
10	07 10 13 22 25 36 39 43 45 50 52	09 16 21 22 25 33 37 48 49	05 50 52 57
11	06 15 21 27 38 55 58	00 11 13 18 37 49 56	05 09 38 51
12	02 18 41 42	11 15 24 36 48	10 17 31 55
13	17 18 53	02 08 20 21 41 44 46	07 11 27 28 32 35 53 58
14	30	04 07 35 50 54 56	05 32 46 54
15	11 12 23 39 55	13 18 30 41 42 43 59	05 18 19 32 57
16	10 12 20 32 33 57	05 06 10 11 19 25 48 54	15 34 35 37 55
17	13 14 38 39 49 50 55 57	02 05 09 13 35 44 45 53	11 14 34 41 51 53 57
18	20 38 39 50	05 09 23 35 53 58	04 31 32 51 51
19	03 05 19 29 32 35 38 43 47 52 54 56	07 08 09 22 23 42 47 52 58	01 11 20 22 33 50 57
20	04 05 06 23 24 25 30 43 45 46	07 14 19 26 29 32 51 59	05 12 28 33 42 55 59
21	08 26 37 43 53 59	25 28 51 53 58	19 38 44 51 56
22	04 09 24 26 33 34 43	02 22 33 34 43	14 24 26 43
23	09		

〔臨海28-1〕〔臨海28-2〕一之江橋西詰行

〈平日〉	〈土〉	時	〈休日〉
13 15 16 21 34 44 46 58	11 11 23 40 44 58	6	12 29 47
04 04 09 15 20 22 29 36 42 48 55	05 13 15 30 48	7	01 20 38 56
01 14 27 40 52	03 17 34 52	8	14 32 50
01 09 20 33 50	09 24 32 39 56	9	08 22 36 50 53
00 09 18 34 44 55	13 44	10	09 24 25 39 55
08 21 34 48	00 17 34 51	11	10 26 31 41 57
02 15 28 43	08 25 42 48 59	12	13 28 44
00 17 34 51	16 33 43 50	13	00 16 32 48
08 25 42 54	07 24 41 54 58	14	04 20 36 52
00 13 18 34 49	14 31 39 47	15	10 25 36 48
01 12 24 36 50	03 20 37 53 54	16	10 25 36 48
04 08 18 22 31 44 55	10 26 42 57	17	00 14 27 39 51
04 13 22 31 40 49	12 28 44	18	04 17 32 47
00 12 24 44	00 16 32 50	19	02 16 31 48
06 23 40 56	09 32 54	20	07 26 44
11 28 45	16 43	21	11 41
01	01	22	

イ＝一之江駅前行

りんかいシャトル

「東京臨海病院〜葛西駅〜瑞江駅」運行中!

葛西駅発		東京臨海病院発	
時	平日	時	平日
7	△59	7	△47
8		8	
9	○32	9	○20
10		10	
12	○27	12	○15
13		13	○50
14	○02	14	
15		15	
16		16	
17	○52	17	○40
18		18	

△＝瑞江駅行
○＝江戸川スポーツランド行

■運賃 大人 220円(葛西駅まで210円)
■問い合わせ
京成バス江戸川営業所 ☎03-3677-5461

〔新小29〕東京臨海病院前行

〈平日〉	〈土〉	時	〈休日〉
		6	
		7	
58	48	8	
27 58	25	9	33
25	06 51	10	20
00	46	11	32
12 41		12	30
57	20 58	13	23
39		14	15
	31	15	11 51
	26	16	32
00	39	17	
		18	
		19	
		20	
		21	
		22	

■西葛西駅前発

〔西葛20乙〕葛西臨海公園駅前行

〈平日〉	〈土〉	時	〈休日〉
20 43	20 42	5	
08 33 50	11 35 51	6	11 40
05 18 28 38 49 58	04 18 31 43 56	7	00 22 40
09 19 30 41 53	07 22 35 52	8	00 23 41
10 25 40 58	02 20 41	9	06 24 50
22 45	04 23 40	10	10 36 53
10 35 56	07 24 46	11	17 41
24 46	08 28 46	12	06 31 55
14 34	08 29 52	13	20 43
00 20 44	11 35	14	02 32 52
05 27 45	05 42	15	15 35
08 31 49	10 28 53	16	01 24 46
13 36 54	14 38 57	17	08 32 57
15 32	21 40	18	15 35 57
00 18 39	05 25 40	19	23 54
01 24 41	03 23 46	20	30
04 21 50	04 25 50	21	10 48
05 30	08 30	22	10 30

リ＝臨海車庫前行

〔西葛20甲〕なぎさニュータウン行

〈平日〉	〈土〉	時	〈休日〉
30 49	30 47	6	47
00 10 19 27 35 43 51 59	07 24 38 48 58	7	07 27 48
07 15 22 29 36 43 50 57	08 18 28 38 48 58	8	08 28 48
05 13 21 29 37 45 54	08 17 28 38 48 58	9	08 28 46
04 15 26 38 50	09 20 32 46	10	03 16 30 42 54
03 17 31 47	01 17 33 49	11	08 21 33 45 57
03 19 36 52	04 19 34 48	12	09 23 33 45 58
09 24 40 55	02 18 34 49	13	10 22 35 51
10 25 40 55	05 19 34 49	14	09 28 46
10 23 36 49	05 20 35 49	15	04 20 37
01 13 25 35 44 53	05 20 35 49	16	04 16 26 37 49
01 09 17 25 33 41 49 57	04 19 34 48	17	03 16 28 40 53
05 13 21 29 38 47 56	00 14 29 43 58	18	07 22 37 52
05 14 24 33 44 56	13 27 44	19	07 25 42
09 20 32 46 58	06 20	20	00 19 38 56
12 28 40 55	10 33	21	15 35 52
10 25 40 55	15	22	15

深夜バス

2023年3月1日現在

深夜03
西葛西駅前→
コーシャハイム南葛西

23	15 36 57
24	18 41

バスのりば／
西葛西駅 1番のりば

■運賃 大人 420円
　　　 子ども 210円
　　　 ※平日深夜のみ運行
■問い合わせ
東京都交通局江戸川自動車営業所／
☎03-3687-9071

時刻表

西葛西駅前発

〈新小21〉新小岩駅前行

〈平日〉	〈土〉	時	〈休日〉
30 44 51 57	30 42 54	6	30 45
02 07 12 17 22 27 32 37 42 49 56	06 17 28 38 48 58	7	00 15 29 43 57
03 11 19 27 32 37 43 51 59	08 18 28 38 47 57	8	10 22 33 44 54
07 15 23 31 39 47 55	07 16 25 34 43 52	9	04 14 24 34 44 54
03 12 21 30 39 48 57	01 10 20 30 40 50	10	04 14 24 34 44 54
06 15 24 33 42 51	00 11 22 33 44 55	11	04 14 24 34 44 54
00 09 19 29 39 49 59	06 16 26 36 43 46 56	12	04 14 24 34 44 54
09 19 29 38 47 56	05 14 23 32 41 50 59	13	04 14 24 34 44 54
05 14 23 32 41 50 59	08 17 26 35 44 53	14	04 13 22 31 40 49 58
08 16 24 32 39 47 55	02 11 20 29 38 47 56	15	04 13 22 33 42
03 10 17 フ21 24 31 38 45 52 59	05 14 23 32 41 50	16	01 10 19 28 37 フ44 46 55
06 13 フ16 21 29 37 45 53	00 10 20 30 40 50	17	04 14 24 34 44 54
01 09 17 25 33 41 50 59	00 10 20 31 42 53	18	04 14 フ24 35 46 57
09 19 28 37 46 55	04 16 28 40 53	19	11 25 40 56
05 15 25 35 フ40 45 56	06 19 32 46	20	12 28 44
08 20 32 44 56	00 16 32 48	21	00 16 フ30 48
08 20 33	04 33	22	04 33

フ = 船堀駅前行

〈臨海22〉船堀駅前行

〈平日〉	〈土〉	時	〈休日〉
		5	
08 26 38 50	08 13 36	6	08 13 52
	05	7	
	49 52	8	53
		9	24
36	36	10	15 24
		11	
	54	12	
	27	13	01 06 34 58
11 31	02 36 41	14	
32	33	15	20
29 36	35	16	
		17	39
15	15	18	
		19	
		20	
		21	

〈西葛26〉船堀駅前行

〈平日〉	〈土〉	時	〈休日〉
		5	
53		6	
13 34 55		7	
20		8	
08	50	9	46
01	47	10	40
34	57	11	50
		12	
34		13	
	06	14	00
06	09	15	00
	07	16	00
09 34	12	17	10
24		18	
12		19	
		20	
		21	

〈西葛27〉臨海町二丁目団地前行

〈平日〉	〈土〉	時	〈休日〉
45 54	45 56	6	45 59
02 10 18 23 28 33 38 43 49 サ54 59	07 18 29 40 ナ51 59	7	14 29 45
04 09 14 19 ナ24 29 35 41 46 52 58	08 17 25 34 43 52	8	00 13 25 36 47 58
04 10 16 サ22 28 35 43 51	01 10 19 28 37 46 ナ55	9	09 20 31 42 54
サ00 09 20 31 42 ナ53	04 13 22 32 43 54	10	05 15 25 サ35 45 55
サ04 15 27 39 51	05 サ16 27 38 49	11	05 15 24 33 42 51
サ03 14 26 38 50	00 11 22 33 44 55	12	ナ00 09 18 27 36 45 54
01 12 23 34 45 サ56	06 17 ナ28 39 50	13	サ03 12 21 30 39 ナ48 57
07 18 29 40 51	01 12 23 34 45 56	14	06 14 24 34 44 54
サ02 12 22 32 42 52	07 18 29 39 49 57	15	06 14 24 34 44 54
02 12 22 32 ナ41 50 59	09 19 29 39 48 57	16	03 12 21 31 41 51
07 15 23 31 39 ナ47 55	06 14 22 30 38 ナ47 56	17	01 11 22 32 43 55
03 サ11 20 29 38 47 56	05 13 22 31 40 50	18	ナ07 19 31 43 55
05 ナ14 23 32 42 52	00 10 20 サ30 41 52	19	ナ07 18 30 42 58
04 16 27 38 50	03 15 32 50	20	16 33 49
02 14 26 38 51	07 25 42	21	06 22 42
04 18		22	00

サ = 葛西水再生センター経由　▲ = 葛西市場経由せず　ナ = 中左近橋行

時刻表

〔亀29〕亀戸駅前行

時	〈平日〉	〈土〉	〈休日〉
6	11 25 36 47 58	11 31 44 57	34 57
7	11 21 29 37 45 53	09 23 33 45 57	17 36 55
8	01 09 18 27 36 46 56	09 20 31 41 52	10 22 34 46 58
9	06 17 28 39 50	03 14 25 36 47 58	09 21 33 45 58
10	00 12 25 38 51	09 20 31 42 52	11 24 37 49
11	05 19 33 47	01 11 21 31 41 51	01 13 25 37 49
12	02 17 32 47	01 11 22 33 44 55	01 13 25 36 48
13	02 17 32 46 59	06 17 28 39 50	00 12 24 36 49
14	12 26 39 52	01 12 24 35 47 59	02 15 28 41 54
15	05 18 31 44 57	11 23 35 47 59	07 20 32 45 57
16	10 23 35 46 56	11 23 35 47 59	10 24 39 53
17	06 16 26 36 47 58	11 23 36 49	08 23 38 53
18	09 20 31 42 54	02 15 29 44 59	09 25 41 56
19	10 26 43	15 31 48	11 26 42
20	03 22 41	06 24 46	00 20 42
21	01 19 37	08 36	05 35
22			

〔亀29〕なぎさニュータウン行

時	〈平日〉	〈土〉	〈休日〉
6	16 50	15 42	29
7	28 52	21 46	31
8	16 43		32
9	33	17 40	
10	43	47	
11	52	17 47	26
12		50	29
13	07	45	
14	04 57	18	54
15	50	06 30	33 59
16	28	19 43	25 38
17	02 32	21 47	30 59
18	03 25	25	28
19	11 43	18	27
20	58	05 44	12 57
21			38
22			

葛西臨海公園駅前発

〔西葛20乙〕西葛西駅前行

時	〈平日〉	〈土〉	〈休日〉
6	32	35 48	
7	00 20 30 39 50	01 14 26 38 49	04 22 42
8	00 11 22 35 52	04 17 34 44	05 23 48
9	07 22 22 32 40 58	02 23 46	06 32 52
10	04 27 52	05 25 49	18 35 59
11	17 38	06 28 50	23 47
12	06 28 56	10 28 50	12 36
13	16 42	11 34 53	01 24 47
14	02 26 47	15 38 58	13 33 56
15	09 27 50	08 24 52	15 41
16	12 30 35 46 54	09 34 55	04 26 48
17	12 17 35 56	19 20 42	12 37 55
18	13 41 59	01 20 45	16 39
19	20 43	06 29 45	05 42
20	06 23 47	06 29 47	14 52
21	04 33 48	08 33 51	30
22	13	13	13

リ＝臨海車庫前行

〔葛西21〕葛西駅前行

時	〈平日〉	〈土〉	〈休日〉
6	09 21 33 45 57	02 26 36 55	00 30 45
7	09 21 33 47 59	12 29 45	00 15 30 44 56
8	11 18 33 42 51	01 17 25 42	06 16 26 36 47 57
9	00 10 21 35	02 22 34 46 58	08 19 30 41 52
10	04 18 33 48	11 24 39 54	08 19 30 41 49 59
11	03 18 33 48	08 22 36 50	08 19 29 39 49 59
12	03 19 34 49	02 14 26 39 50	09 19 29 39 49 59
13	03 17 31 43 55	02 14 26 38 50	09 18 28 38 48 59
14	06 27 35 43 51 59	02 14 26 38 50	08 18 28 38 48 59
15	15 23 31 39 46 53	02 13 32 41 50	08 18 28 38 48 59
16	00 07 21 35 49	08 28 48	09 19 29 39 49 59
17	03 10 17 33 49	08 28 48	11 23 35 48
18	05 14 23 35 48	08 37 53	03 18 34 51
19	03 19 35 51	10 29 49	08 27 49
20	07 23 38 54	10 32 54	10 32 54
21			
22			

〔臨海28-1〕一之江橋西詰行

時	〈平日〉	〈土〉	〈休日〉
6	45 51 56	45	50
7	02 09 16 23 29 35 42 48 54	00 17 35 50	09 27 45
8	01 07 14 20 27 33 39 43 48 52 56	04 21 39 56	03 21 39 57
9	01 07 12 20 28 37 47 56	11 26 43	11 25 35 41 57
10	05 12 21 31 42 49 55	00 15 31 47	12 27 43 58
11	08 14 21 35 49	04 21 38 55	14 29 45
12	02 15 30 47	12 29 46	01 16 31 47
13	04 12 21 38 55	03 20 37 54	03 11 19 35 51 59
14	12 29 47	10 28 45	07 23 39 55
15	05 21 36 48 59	01 18 34 50	11 26 41 57
16	11 17 23 37 51	07 24 32 41 57	12 23 35 47 54
17	05 18 31 42 51 57	13 29 44 59	01 14 26 38 51 57
18	00 09 18 27 36 41 47 54 59	08 15 31 47 56	04 19 34 43 49
19	11 17 31 35 43 53	03 19 37 47 56	04 19 36 45 55
20	10 27 43 58	14 35	14 35
21	15 32 48	03 19 41	00 15 30 48
22	02	02	

イ＝一之江駅前行　カ＝葛西駅前行

なぎさニュータウン発

〔西葛20甲〕西葛西駅前行

〈平日〉	〈土〉	時	〈休日〉
30 51	30 50	**6**	30 50
00 08 16 24 32 40 48 56	06 20 30 40 50	**7**	10 30 50
03 10 17 24 31 38 46 54	00 10 20 30 40 50 59	**8**	10 30 50
02 10 18 26 35 45 56	09 19 29 39 50	**9**	10 28 44 57
07 19 31 44 58	01 13 27 42 58	**10**	11 23 36 50
12 28 44	14 30 45	**11**	03 15 27 39 51
00 17 33 50	00 15 29 43 58	**12**	03 15 27 40 52
05 21 36 51	14 30 46	**13**	04 17 33 51
06 22 37 52	01 17 30 46	**14**	10 28 49
05 18 31 43 55	00 15 31 46	**15**	05 20 33 46 58
07 17 26 35 43 51 59	01 16 31 46	**16**	08 19 32 46 59
07 15 23 31 39 47 55	00 14 28 42 56	**17**	11 23 36 50
03 11 20 29 38 47 56	10 25 40 55	**18**	05 20 35 50
06 15 26 39 52	10 29 49	**19**	08 25 43
03 15 29 42 56	10 33 53	**20**	03 22 40 59
10 24 40 55	16 35	**21**	19 36
10 24 39	00	**22**	00
00		**23**	

〔葛西21〕葛西駅前行

〈平日〉	〈土〉	時	〈休日〉
36 43 50 56	36 58	**6**	36 54
02 08 14 20 26 32 38 44 50 56	13 26 37 47 56	**7**	11 26 41 56
02 08 14 20 26 32 38 44 51 58	06 15 23 31 40 48 56	**8**	11 26 41 55
04 10 16 22 29 36 44 53	04 12 20 28 36 44 53	**9**	07 17 27 37 47 58
02 11 21 32 46 59	03 13 23 33 45 57	**10**	08 19 30 41 52
15 29 44 59	09 22 35 50	**11**	03 16 29 37 49
14 29 44 59	05 19 33 47	**12**	00 10 19 30 40 50
14 30 45	01 13 25 37 50	**13**	00 10 20 30 40 50
00 14 28 42 54	01 13 25 37 49	**14**	00 10 20 29 39 49 59
06 17 28 38 46 54	01 13 25 37 49	**15**	09 19 29 39 49 59
02 10 18 26 34 42 50 57	01 12 24 34 43 52	**16**	09 19 29 39 49 59
04 11 18 25 32 39 46 53	01 10 19 29 39 49 59	**17**	10 20 30 40 50
00 07 14 21 28 36 44 52	09 19 29 39 48 59	**18**	00 10 22 34 46 59
00 08 16 25 34 46 59	09 19 32 48	**19**	14 29 45
14 30 46	04 21 40	**20**	02 19 38
02 18 34 49	00 21 43	**21**	00 21 43
05 21 41	05 41	**22**	05 41

〔葛西24〕船堀駅前行

〈平日〉	〈土〉	時	〈休日〉
15 29 45	30 49	**6**	40
00 09カ 18 26カ 35 44カ 51	08 27 43	**7**	05 28 50
00カ 08 18カ 25 37 51	01 19 38 56	**8**	13 36 59
06 23 42 59	13 28 46	**9**	23 48
17 35 55	05 24 43	**10**	12 36 57
19 44	02 19 35 50	**11**	18 36 54
10 35 59	05 20 35 50	**12**	13 32 50
18 36 55	05 20 35 50	**13**	08 27 44
14 34 53	05 20 35 50	**14**	04 19 37 56
12 30 45	05 20 35 50	**15**	14 33 51
00 15 30 46	05 20 35 50	**16**	10 28 47
02 18 34 49	05 20 35 50	**17**	05 24 42
05 20 36 51	05 20 35 50	**18**	01 17 38
07 23 42	05 20 40	**19**	03 28 48
06 29 54	03 27 51	**20**	10 33 56
16 39	15 39	**21**	18 40
03	03	**22**	03

〔西葛26〕船堀駅前行

〈平日〉	〈土〉	時	〈休日〉
		7	
		8	
37	23	**9**	
		10	17
11	33	**11**	27
		12	
11	43	**13**	37
43	45	**14**	
	43	**15**	37
46	48	**16**	47
		17	
		18	
		19	
		20	
		21	
		22	
		23	

カ＝葛西駅前行

時刻表

（亀29）亀戸駅前行

〈平日〉	時	〈土〉	〈休日〉
39 52	6	39	39
10 26 50	7	15 39 51	18
27	8	23 56	04
31	9	18 40	03
32	10	43	19 43
	11	13	19
29	12	48	30
28	13	43	18 44
	14	06	23
39	15	17 53	27
38	16	29	06 35
51	17	18	35
13 36	18	26	23
08	19	30	
04 43	20	06 50	02
	21		
	22		

東京臨海病院前発 （西葛27）西葛西駅前行

〈平日〉	時	〈土〉	〈休日〉
33 41 49 57	6	33 45 56	47
05 10 15 20 25 30 35 40 45 50 55	7	07 18 29 39 47 56	03 18 34 49
00 05 10 15 21 27 33 39 45 51 57	8	05 13 22 31 40 49 58	02 14 25 36 47 58
03 09 15 22 30 38 47 56	9	07 16 25 34 43 52	09 20 31 42 53
07 18 29 40 51	10	01 10 20 31 42 53	03 13 23 33 43 53
02 14 26 38 50	11	04 15 26 37 48 59	03 12 21 30 39 48 57
01 13 25 37 48 59	12	10 21 32 43 54	06 15 24 33 42 51
10 21 32 43 54	13	05 16 27 38 49	00 09 18 27 36 45 54
06 17 28 39 50	14	00 11 22 33 44 55	03 12 22 32 42 52
00 10 20 30 40 50	15	06 17 27 37 47 57	02 12 22 32 42 51
00 10 20 29 38 47 55	16	07 17 27 36 45 54	00 09 19 29 39 49 59
03 11 19 27 35 43 51 59	17	03 11 19 27 36 45 54	10 20 31 43 55
08 17 26 35 44 53	18	02 11 20 29 39 49 59	07 19 31 43 55
02 11 20 30 41 53	19	09 19 30 41 52	07 19 31 47
05 16 27 39 51	20	04 21 39 56	05 22 38 55
03 15 27 40 53	21	14 31 49	11 30 50
07 25	22	20	20

（西葛26）葛西臨海公園駅前行

〈平日〉	〈土〉	時	〈休日〉
52		7	
		8	
	37	9	36
07 56	43	10	37
	47	11	42
26	52	12	47
		13	
27	57	14	52
		15	52
02	02	16	
	02	17	02
02		18	
		19	
		20	
		21	

（西葛26）船堀駅前行

〈平日〉	〈土〉	時	〈休日〉
		7	
		8	
50		9	
	36	10	29
23	46	11	39
		12	
23	55	13	49
55	58	14	49
	56	15	49
58		16	59
	01	17	
		18	
		19	
		20	
		21	

（新小29）東新小岩四丁目行

〈平日〉	〈土〉	時	〈休日〉
		7	
		8	
		9	
04	32	10	23
12	10 47	11	00 52
01		12	28
07	16 52	13	24
03 42	22	14	25
27		15	05
12 57	18 55	16	25
12	34	17	44
		18	
		19	
		20	
		21	

時刻表

BUS バス時刻表

船堀駅前発

〔新小21〕西葛西駅前行

〈平日〉	〈土〉	時	〈休日〉
09 22 29 35 43 53	10 22 33 40 53	**6**	12 27 37 53
00 07 14 22 30 38 44 50 56	06 19 31 43 56	**7**	08 23 38 53
02 08 13 18 23 28 38 43 48 53 59	08 19 30 41 51	**8**	09 24 38 53
06 12 19 26 33 41 48 56	01 11 21 31 41 51	**9**	07 19 30 41 53
04 12 20 28 36 44 52	01 11 20 30 40 49 59	**10**	04 14 24 34 44 55
00 08 17 26 35 44 53	09 18 27 37 47 57	**11**	06 16 26 36 46 56
02 11 20 29 38 47 56	07 18 29 40 51	**12**	06 16 25 35 45 55
04 14 24 34 44 54	02 13 23 33 43 53	**13**	05 15 25 35 45 55
04 14 24 34 43 52	02 09 11 20 29 38 47 56	**14**	04 14 24 34 44 54
01 10 19 28 37 46 55	05 14 23 32 41 50 59	**15**	04 13 22 31 40 49 59
04 14 22 30 38 46 54	08 17 27 36 45 54	**16**	08 17 26 36 45 54
02 10 17 25 32 39 46 52 53	03 13 22 31 41 51 59	**17**	03 12 21 30 40 48 57
00 06 13 20 27 34 42 50 55 58	09 19 29 38 48 57	**18**	05 15 25 34 43 53
05 13 21 29 34 44 52	06 15 23 32 42 53	**19**	01 11 17 21 31 41 52 59
00 09 18 26 35 44 53	04 15 26 38 49	**20**	06 20 34 50
01 11 21 31 41 51	02 15 27 41 55	**21**	06 22 37 53
03 15 28	11 28	**22**	08 27

〔錦25〕葛西駅前行

〈平日〉	〈土〉	時	〈休日〉
11 30 56	11 30 41 52	**6**	11 35 50
08 21 30 41 49 56	03 14 25 37 46 54	**7**	08 29 45
03 08 15 20 26 31 37 42 47 52 57	03 13 22 31 39 47 56	**8**	00 14 26 39 51
02 07 12 17 23 28 34 40 45 51 56	03 11 19 27 35 43 50 58	**9**	05 18 29 41 51
02 08 15 23 31 39 47 55	05 13 20 28 31 36 43 50 57	**10**	01 10 17 23 29 35 41 47 53 59
03 11 19 27 35 39 43 51 58	01 08 15 21 27 33 36 39 45 51 57	**11**	05 11 17 23 30 36 43 49 56
06 14 22 30 38 46 54	04 11 18 19 25 32 39 46 53 57	**12**	02 09 16 23 30 37 44 51 58
02 10 19 27 35 41 44 53	00 07 14 21 28 35 42 49 57	**13**	05 12 19 21 26 33 40 47 55 59
02 08 11 20 29 39 48 56	01 05 13 21 29 37 45 53	**14**	02 09 16 23 27 30 36 43 50 57
04 12 15 20 28 37 45 53 55	02 09 16 23 30 38 45 52 59	**15**	04 11 18 25 32 39 45 51 58
01 09 14 17 25 30 33 41 49 57	06 14 20 26 32 38 44 50 56	**16**	04 10 16 22 29 35 41 47 53 59
00 05 13 20 27 33 39 45 51 57	01 05 13 21 27 37 45 53	**17**	05 11 17 23 29 35 41 47 53 58
02 08 14 20 26 32 38 44 51 57	03 10 17 24 31 39 44 47 54	**18**	04 11 19 23 28 42 50 57
04 10 18 25 33 40 48 55	03 10 17 24 31 39 46 55	**19**	05 13 21 28 37 46 55
02 10 18 25 33 43 53	02 11 20 30 40 51	**20**	05 15 25 36 44 47 55
03 13 24 35 45 54	02 13 25 40 55	**21**	10 25 39 54
04 14 24 34	10 25	**22**	09 23

〔葛西24〕なぎさニュータウン行

〈平日〉	〈土〉	時	〈休日〉
30 47	30 49	**6**	30 51
02 19 37 54	04 22 40 59	**7**	13 36 59
12 28 45	16 34 53	**8**	22 45
01 15 30 45	12 30 48	**9**	09 32 56
00 17 34 52	03 22 41	**10**	22 46
10 30 54	00 19 38 55	**11**	10 31 52
19 45	10 25 40 55	**12**	11 28 47
10 34 53	10 25 40 55	**13**	06 24 42
11 30 49	10 25 40 55	**14**	02 20 38 53
09 28 47	10 25 40 55	**15**	11 30 48
05 21 37 52	10 25 40 55	**16**	07 25 44
07 23 39 55	10 25 40 55	**17**	02 21 38 57
10 25 40 55	10 25 40 55	**18**	16 34 50
11 26 41 57	10 25 40 55	**19**	10 34 59
15 38	11 34 58	**20**	19 41
01 25 47	22 46	**21**	03 26 48
09 32	10 32	**22**	10 32

時刻表

〔FL01〕葛西駅前⇄錦糸町駅前

	葛西駅前発 土曜	葛西駅前発 休日		錦糸町駅前発 土曜	錦糸町駅前発 休日
9	49		9		
10	17　45	00　25　53	10	29　57	36
11	16　48	22　49	11	25　54	01　31　59
12	16　46	17　46	12	28　56	27　55
13	20　59	28	13	25　59	24
14	31	03　43	14	37	06　41
15	01　29	13　37	15	09　39	21　51
16	01　31	07　31	16	07　38	15　45
17			17	08	09

※FL01系統（土・日曜、祝日のみ運行）⇒葛西駅前〜船堀駅前〜錦糸町駅前（葛西駅〜船堀駅は錦25系統の各停留所に停車）

その他発

〔錦22〕臨海車庫発　錦糸町駅前行

〈平日〉	〈土〉	時	〈休日〉
		5	
15　35　54	25	6	
15　35　49		7	18
	03　45	8	19　52
22	34	9	07
		10	22
51	25	11	03　53
	15　45	12	
39　57	27	13	41
	41	14	
07　35	54	15	41
28		16	
		17	
		18	55

高速バス　葛西駅からスカイツリーへ

■標準運行時刻　※2023年4月1日〜（平日・土休日同じ、遅延する場合あり）

▽東京メトロ葛西駅→東京スカイツリータウン着

発	着※	発	着※	発	着※
09:44	10:14	13:44	14:14	19:54	20:24
10:14	10:44	14:44	15:14	20:49	21:19
10:44	11:14	16:34	17:04	21:49	22:19
11:44	12:14	17:34	18:04		
12:44	13:14	18:59	19:29		

※東京スカイツリータウン到着時刻。JR錦糸町駅到着は10分前　JR錦糸町駅は降車のみ

▽東京スカイツリータウン→東京メトロ葛西駅着

発※	着	発※	着	発※	着
06:50	07:20	11:00	11:30	17:20	17:50
07:20	07:50	12:30	13:00	18:20	18:50
07:50	08:20	14:00	14:30	19:50	20:20
09:10	09:40	15:30	16:00		
10:30	11:00	16:40	17:10		

※東京スカイツリータウン出発時刻。JR錦糸町駅出発は10分後　東京メトロ葛西駅は降車のみ

■運賃　東京メトロ葛西駅⇔JR錦糸町駅・東京スカイツリータウン（片道・税込）大人600円、子ども300円　※乗車時に現金・ICカード（Suica、PASMO等）で支払う
■のりば　東京メトロ葛西駅北側14番のりば、東京スカイツリータウン3番のりば
■経路　東京ディズニーリゾート®⇔東京メトロ葛西駅⇔JR錦糸町駅⇔東京スカイツリータウン
■予約　不要　※先着順の定員制
■問い合わせ　京成バス奥戸営業所　☎ 03-3691-0935
東武バスセントラル足立営業事務所　☎ 03-3899-0801

環七シャトル（シャトル☆セブン）

■運賃（例）
〈葛西臨海公園駅⇔亀有駅・小岩駅、葛西臨海公園駅⇔東京ディズニーシー®〉
大人210円　子ども110円
〈葛西⇔東京ディズニーシー®〉
大人320円　子ども160円
〈小岩⇔東京ディズニーシー®〉
大人420円　子ども210円
※京成バス一日乗車券・シルバーパスは都内区間で利用可
■のりば
葛西駅/1番のりば（小岩駅方面）、10番のりば（TDR方面）
葛西臨海公園駅/0番のりば（上り・下り）
■問い合わせ
京成バス江戸川営業所
☎ 03-3677-5461

葛西駅発 葛西臨海公園駅・TDR行	下り	葛西臨海公園駅発 TDR行	葛西駅発 亀有駅・小岩駅行	上り	葛西臨海公園駅発 亀有駅・小岩駅行
14　34　54　59	6	44	49　53	6	38　42
09　14　24　29　44　54	7	09　24　39　54	13　24　42　49	7	02　13　31　38　49
11　24　29　44　56	8	04　21　34　39　54	00　14　36　49	8	03　25　38　52　**59**
04　16　37　56	9	06　16　24　47	03　**10**　27　44	9	16　33　53
05　29　46	10	06　15　39　56	04　17　37	10	06　26　50
04　19　41　59	11	14　29　51	01　13　30　55	11	02　19　44
14　31　49	12	09　24　41　59	11　32　54	12	00　21　43　57
13　34　46	13	23　44　56	08　27　44	13	16　33　53
10　29　44	14	07　39　54	04　18　34　48	14	07　23　37　49
04　16　37　56	15	14　36　56	05　22　49	15	03　37　49
07　16　34　47	16	04　21　39	00　14　32　49	16	03　20　38　53
04　16　39　57	17	15　26　49	03　18　33　53	17	08　28　54
07　19　29　52	18	07　19　29　52	03　23　33　53	18	08　24　54
07　29　37　52	19	06　17　39　47	07　22　38　53	19	18　32　56
07　22　32　42	20	02　17　32　42	07　23　**43**　53	20	12　27　**42**　57
07　22　33　53	21	03　13　33　53	08　20　**43**　53	21	09　**32**　42
22	22	02	13　**23**　38　53	22	02　**12**　27　42
				23	02

黒字＝東京ディズニーランド®・東京ディズニーシー®行
赤字＝葛西臨海公園駅止　※平日・土休日同じ
赤字＝亀有駅行　太字＝一之江駅止
黒細字＝小岩駅行　※平日・土休日同じ

時刻表

高速バス　葛西駅から羽田へ一直線
■標準運行時刻
（平日・土休日同じ、遅延する場合あり）

▽東京メトロ葛西駅→羽田空港第２ターミナル→
　第１ターミナル→第３ターミナル

葛西駅発	〈第1〉着※	発	着※	発	着※
05:09	05:35	08:04	08:45	15:24	15:55
05:14	05:40	08:19	09:00	15:54	16:25
05:24	05:50	08:34	09:15	★16:24	16:55
05:29	06:00	08:49	09:30	16:49	17:25
05:39	06:10	09:09	09:45	17:24	18:00
05:49	06:20	09:29	10:05	17:49	18:25
05:59	06:30	09:49	10:25	18:24	19:00
06:09	06:45	10:14	10:50	18:49	19:25
06:19	06:55	10:39	11:15	19:24	19:55
06:29	07:05	11:14	11:50	19:44	20:15
06:39	07:15	11:54	12:25	★20:14	20:45
06:49	07:25	12:24	12:55	20:39	21:10
06:59	07:35	12:54	13:25	★21:39	22:10
07:04	07:45	13:24	13:55	★22:04	22:35
07:19	08:00	13:54	14:25		
07:34	08:15	14:24	14:55		
07:49	08:30	14:54	15:25		

※第2ターミナル到着は5分前、第3ターミナル到着は10分後
★3月1日現在運休中

▽羽田空港第３ターミナル→第２ターミナル→
　第１ターミナル→東京メトロ葛西駅

〈第2〉発※	葛西駅着	発※	着	発※	着
★06:25	06:50	16:05	16:35	20:50	21:15
07:40	08:15	16:35	17:05	21:05	21:30
08:10	08:45	17:05	17:40	21:20	21:45
09:05	09:35	17:35	18:10	21:35	22:00
09:35	10:05	18:05	18:40	★21:00 ○	22:00
★10:35	11:05	★18:10 ○	18:40	21:50	22:15
11:05	11:35	18:35	19:10	★21:55 ○	22:15
11:35	12:05	★18:40 ○	19:10	22:05	22:30
12:05	12:35	18:50	19:25	22:20	22:45
12:35	13:05	19:05	19:35	22:35	23:00
13:05	13:35	★19:20	19:50	★22:40 ○	23:00
13:35	14:05	19:35	20:05	22:50	23:15
14:05	14:35	19:50	20:20	23:20	23:45
14:35	15:05	20:05	20:35	★24:20 ▲	24:45
15:05	15:35	20:20	20:50		
15:35	16:05	20:35	21:00		

※第1ターミナル出発は5分後、第3ターミナル出発は10分前
○第1ターミナル始発時刻　▲第1ターミナル通過

■**運賃**　葛西駅⇔羽田空港（片道・税込）大人1050円、子ども530円　※羽田空港行きは現金・ICカードまたは回数券・乗車券で、羽田空港発は到着ロビー内リムジンバスチケットカウンターまたは自動券売機で事前に乗車券を買い求めて乗車を。
■**経路**　JR亀有駅⇔JR小岩駅⇔都営線一之江駅⇔東京メトロ葛西駅⇔羽田空港

■**のりば**　葛西駅東側13番のりば、羽田空港〈第1〉は到着ロビー1階5番のりば、〈第2〉は到着ロビー1階6番のりば、〈第3〉は5番のりば
■**予約**　不要　※先着順の定員制
■**問い合わせ**
京成バス奥戸営業所 ……………… ☎03-3691-0935
リムジンバス案内センター ……… ☎03-3665-7220

高速バス　葛西駅から成田へ一直線
■標準運行時刻
（平日・土休日同じ、遅延する場合あり）

▽東京メトロ葛西駅
→成田空港第３ターミナル
→第２ターミナル
→第１ターミナル

▽成田空港第3ターミナル
→第2ターミナル
→第1ターミナル
→東京メトロ葛西駅

葛西駅発	〈第1〉着※1	〈第2〉発※2	葛西駅着
★04:30	05:29 ▲	★08:10	09:20
★05:19	06:18	★09:40	10:50
06:04	07:03	10:40	11:50
★06:24	07:28	12:50	13:55
★06:44	07:55	★13:40	14:45
★07:29	08:40	★14:40	15:50
★07:59	09:15	★15:20	16:30
★08:29	09:40	★16:10	17:25
09:59	11:10	★17:10	18:20
★10:59	12:10	17:50	19:00
13:14	14:25	★18:30	19:40
★13:59	15:10	★19:30	20:35
15:09	16:13	★20:20	21:25
★16:29	17:28	★21:00	22:05
★17:34	18:33	★21:40	22:45
		★22:40	23:45

※1　第2ターミナル到着は5分前、第3ターミナル到着は8分前
※2　第1ターミナル出発は5分後、第3ターミナル出発は5分前
▲　第2ターミナル止まり
★　3月1日現在運休中

■**運賃**　葛西駅⇔成田空港（片道・税込）大人1600円、子ども800円　成田空港行きのみ予約制。現金で乗車の場合、5：00～15：00はのりば前の券売機で購入。それ以外は成田空港発は乗車当日にロビー内のバスチケットカウンターで乗車券を買い求めて乗車。座席先着順の定員制

■**経路**　JR小岩駅⇔都営線一之江駅⇔東京メトロ葛西駅⇔成田空港

■**のりば**　葛西駅東側13番のりば、成田空港〈第1〉到着階5番のりば、〈第2〉到着階12番のりば、〈第3〉6番のりば

■**予約**（成田空港行きのみ）　下記の方法で
乗車日の1カ月前9：00から前日17：00まで、「京成BUSチケ」WEBで予約

■**問い合わせ**　京成バス奥戸営業所 ……………… ☎03-3691-0935
千葉営業所 ……………… ☎043-433-3800

ごみの出し方

基本ルール
①決められた曜日の朝8時までにきちんと分けて出す
②引越し、植木の刈り込みなどで、臨時・大量に出るごみは有料
③有害性・危険性があるもの、悪臭を発するものは収集できない
④事業系のごみ・資源はすべて有料 ※ごみを出す容器の容量、袋の容量に応じた有料ごみシールを貼付すること

品目	出し方・注意点
燃やすごみ 週2回収集	生ごみ、貝殻、卵の殻、食用油、紙くず、木の枝・草花、紙おむつ・生理用品、衣類※、たばこ、保冷剤、ゴム製品、皮革製品、プラマークのないプラスチック製品、汚れの残っている容器包装プラスチックなど ※古着・古布リサイクル回収に出すこともできる。詳細は区役所環境部清掃課まで（☎03-5662-1689）	■ふた付きの容器または透明・半透明の袋（中身の見える袋）に入れる ■生ごみは水切りをする ■竹串などの鋭利なものは紙などに包む ■食用油は紙や布にしみこませるか固める ■木の枝などは30cm程度の長さに切って束ねる ■紙おむつは汚物を取り除く
燃やさないごみ 月2回収集	金属製品、乾電池、スプレー缶・カセットボンベ・ライター、30cm未満の小型家電、ガラス、割れたびん、油のびん、陶磁器、刃物類、電球・蛍光灯、水銀体温計、電気コードなど ※水銀体温計は区役所清掃課・清掃事務所へ持ち込みも可	■透明・半透明の袋に入れる ■スプレー缶、ライターなどは最後まで中身を使い切ってから、中身の見える別袋に分ける ■ガラス、刃物などの鋭利なものは、新聞紙などに包んで「危険」と表示する ■電球・蛍光灯は紙のケースに入れる ■水銀体温計は、中身の見える別袋に入れ「水銀体温計」と表示する
資 源 町会などの集団回収やスーパーマーケットなどの店頭回収、新聞販売店回収など他の回収に出せない場合にご利用を 週1回回収	**＜資源となる容器包装プラスチック＞** 🔣 マークがあり、汚れや銀色部分のない容器包装プラスチック (例)食品などのトレイ、洗剤などのボトル容器、プラスチック製のキャップ類、発泡スチロールなどの保護材、プリンなどのカップ類、卵・イチゴなどのパック容器、レジ袋・菓子などの外袋、ペットボトルのラベルなど	■ふた付きの容器または透明・半透明の袋に入れる ■内容物が付着している場合は、軽く洗って汚れを取り除く ■商標ラベルや値札シールはついたままでも構わない ■ペットボトル、びん、缶と一緒に混ぜて出さない ■汚れの取れないもの、アルミなど銀色の部分のあるものは燃やすごみへ
	＜ペットボトル＞ ⚠ マークのついている飲料などのペットボトル	■キャップ、ラベルをはずし、中を洗って、つぶしてから集積所の緑色の回収ネットに入れる ■キャップ、ラベルは容器包装プラスチックへ
	＜びん＞ ジュース・ワインなどの飲料用のびん、ジャム・調味料などの食用のびん	■中身を空にし、洗って、黄色のコンテナへ袋から出して入れる ■油・化粧品・くすりのびんは燃やさないごみへ ■割れたびん、電球、板ガラスは燃やさないごみへ ■一部店舗では、ビールびん、一升びんなど繰り返し使うびん（リターナブルびん）を引き取っている。※詳細は購入店舗に確認を
	＜缶＞ ビール・ジュース・お茶・クッキーなどの飲料用または食用のスチール缶やアルミ缶	■中身を空にし、洗って、青色のコンテナへ袋から出して入れる ■スプレー式の缶、油缶、ペンキ缶などは中身を空にし、燃やさないごみへ
	＜古紙＞ 新聞（折り込みちらし含む）、雑誌・雑がみ、段ボール、紙パック	■種類別にひもでしばる ■雑がみは雑誌と一緒に束ねるか、または雑がみだけを束ねて出す ■紙パックは内側が白色のもので、洗って、プラスチック製の口は切り取り開いて、乾かす ■酒のパックなど内側が銀色のものは燃やすごみへ
粗大ごみ 有料・申込制	家具、電気製品・寝具、自転車、ストーブなどおおむね一辺が30cm以上のもの 30cm以上 **＜粗大ごみで収集できないもの＞** ■家電リサイクル法対象物 エアコン、テレビ（ブラウン管・液晶・プラズマ）、洗濯機、衣類乾燥機、冷蔵庫・冷凍庫 ■パソコンリサイクル法対象物 パソコン、ディスプレイ、ノートパソコン ※家電リサイクル、パソコンリサイクルについては次ページ参照 ■自動車、オートバイ、タイヤ、消火器、金庫、バッテリーなど回収困難物は専門業者へ	■事前の申し込みが必要（直接持ち込む場合も必要） ● インターネット・電話で「粗大ごみ受付センター」へ申し込む 粗大ごみ受付センターホームページ https://ecolife.e-tumo.jp/edogawa.tokyo-u/ インターネット受付：24時間（年末年始を除く） 粗大ごみ受付センター ☎03-6744-5700 電話受付：月曜〜土曜 8:00〜19:00 （年末年始を除く） ※インターネットでは待ち時間もなく24時間受付ができる  ● 粗大ごみ処理券を購入する コンビニなどで粗大ごみ処理券を購入する ■収集を希望する場合 収集指定日の朝8時までに玄関または指定の場所に粗大ごみ処理券を貼って出す（年末年始を除く） ■区指定の場所に直接持ち込む場合（収集する場合より割安になる） 指定日の9時〜15時30分の間に下記施設に持ち込む（年末年始を除く） ※北部粗大ごみ持込施設／江戸川区篠崎町2-62-17 ※南部粗大ごみ持込施設／江戸川区西葛西1-10-16

地域別曜日表

		資源 週1回	燃やすごみ 週2回	燃やさないごみ 月2回
宇喜田町	全　域	土	月・木	第2・4金
北葛西	1・2丁目	金	月・木	第1・3土
	3〜5丁目	土	月・木	第2・4金
清新町 1丁目	清新中央ハイツ・清新南ハイツ	火	水・土	第2・4金
	コーシャハイム清新	火	水・土	第1・3金
	清新プラザ、シティコープ清新・清新北ハイツ	月	水・土	第2・4木
	都営清新町1丁目アパート・清新住宅	金	月・木	第1・3土
清新町 2丁目	（1〜10）都営清新町2丁目アパート含む	土	月・木	第1・3金
	都営清新町2丁目第二アパート	月	水・土	第1・3金
中葛西	1・2丁目	火	水・土	第2・4月
	3〜5丁目、8丁目	水	火・金	第2・4木
	6・7丁目	水	火・金	第1・3木
西葛西	1・2丁目	金	月・木	第1・3土
	3〜6丁目	金	月・木	第2・4土
	7・8丁目	水	火・金	第1・3木
東葛西	1〜4丁目	月	水・土	第1・3火
	5丁目（1〜52）（53〜56の補助 289号線西側）、9丁目（4〜23）	月	水・土	第2・4火
	5丁目（53〜56の補助289号線東側）（57）	月	水・土	第1・3火
	6丁目	月	水・土	第2・4火
	7・8丁目	木	火・金	第2・4水
	9丁目（1〜3）	木	火・金	第1・3水
南葛西	1丁目	水	火・金	第1・3木
	2・3丁目	木	火・金	第2・4木
	4〜7丁目	木	火・金	第1・3水
臨海町	1丁目	月	水・土	第1・3木
	2丁目	水	火・金	第1・3土
	3丁目	一	－	－
	4・5丁目	木	火・金	第2・4水
	6丁目	木	火・金	第1・3水

［問い合わせ］葛西清掃事務所　☎03-3687-3896

■区では収集できないもの

★有害性のあるもの、危険性のあるもの、著し
く悪臭を発するもの
　ガスボンベ、石油類、廃油、火薬、バッテリー、
　塗料など

★処分場の管理または処分作業に支障をきたす
おそれのあるもの
　消火器、金庫、薬品類など

★その他
　自動車、オートバイ、タイヤ、ピアノ、土、
　石、砂、ブロックなど

※上記のものは、販売店などに引き取ってもら
うか、専門業者に処理を依頼する

■古着・古布をリサイクルしよう

回収品目

●回収できるもの
◇古着（スーツや着物など身につける衣類全般）
◇古布（カーテン・タオル・毛布など）
※古着・古布はきれいなもの
※ファスナー、ボタンは付けたままで出す
●回収できないもの
◇汚れているもの・布団・座布団・枕・カーペ
ット・マットレス・じゅうたん・雨ガッパ・
ぬいぐるみ・毛糸玉・靴・ぬれているものなど

出し方

◇透明または半透明の袋に入れ、しばって出す
◇専用の移動回収車が待機している時間中に直接
持っていく
◇車では持ち込まない(葛西清掃事務所除く)
◇家庭から出る古着・古布、区民からの排出に限る

葛西ガイド

■家電リサイクル

■自宅まで収集を依頼する場合
①購入した店、買い替えをする店に連絡する。
②購入した店が遠い、わからない、または収集を希望する場合
●家電リサイクル受付センター　☎0570-087200
（月曜～金曜9:00～17:00）
https://kaden23rc.jp

■自分で持ち込む場合
①中間集積所に直接持ち込む場合
※別途収集運搬料金が必要
（下記場所まで電話で申し込みが必要）
●三東運輸㈱　篠崎町2-62-17　☎03-3679-2323
●㈱イゾイ　東葛西1-17-15　☎03-3687-6047
②指定引取場所に持ち込む場合　※収集運搬料金不要
（郵便局で家電リサイクル料金を振込みのうえ、指定引取場所に持ち込む）
●岡山県貨物運送㈱江戸川事業所
臨海町4-3-1 葛西トラックターミナル2号棟
☎03-5667-7060

■リサイクル料金（2019年10月1日からの税込額）
※大手メーカーの一例
●エアコン　　990円　●テレビ　2970円
●洗濯機　　2530円　●冷蔵庫　4730円
※別途収集運搬料金や家屋からの引出し料金がかかるため、申込時に確認のこと（例）2000～3500円

■パソコン

 は、平成15年（2003年）10月以降に販売された家庭向けパソコンに貼付されている。このマークの付いたパソコンは、パソコンメーカーが無償で回収しリサイクルする。
PCリサイクルマークのついていないパソコン（平成15年9月までに購入された製品）は、捨てる人が回収再資源化料金を負担する必要がある。

■不要になった家庭用パソコンは、パソコンメーカーに連絡してリサイクルする

■メーカーが不明なものや自作パソコンなどの場合は、（一社）パソコン3R推進協会へ引き取りを依頼する
（一社）パソコン3R推進協会
☎03-5282-7685
（平日9:00～12:00、13:00～17:00）
https://www.pc3r.jp/

■小型家電リサイクル法認定事業者のリネットジャパンリサイクル㈱に宅配便での回収を依頼する
https://www.renet.jp/

2011年4月から行われている「古着・古布リサイクル回収」。回収された古着・古布は中古衣料やウエス（工業用雑巾）、軍手などに加工され、リサイクルされる。

■ 回収日時と場所（葛西事務所管内）

回収曜日	待機時間	施設名	車両待機場所
第1火曜	AM 9:00～10:00	南葛西会館	駐車場
第1火曜	AM10:00～11:00	船堀中公園	公園内
第2火曜	AM 9:00～10:00	清新町コミュニティ会館	駐車場（さざなみ公園隣）
第2火曜	AM11:00～12:00	二之江コミュニティ会館	会館前
第3火曜	PM 0:45～ 1:45	葛西くすのきカルチャーセンター	正面入口前駐車場
第4火曜	AM 9:00～10:00	長島桑川コミュニティ会館	駐車場
第4土曜	PM 1:00～ 2:00	葛西区民館	正面入口前

※月1回、専用の移動回収車で回収　※回収車の待機時間は60分
※各施設での保管、受け取りはできない　※雨天、祝日も回収
※第5火曜の回収はなし
※「資源・ごみ集積所」からの古着・古布の回収はしていない
※毎月の回収のほかに臨時回収も。詳細は広報えどがわやHPなどで確認を

通常回収に出せない人は常設回収の利用を!

●常設回収場所
小松川清掃分室（平井1-8-8）
葛西清掃事務所（臨海町4-1-2）
※葛西清掃事務所に限り、車での持ち込み可
●回収日時
月曜～土曜（祝日含む）
AM9:00 ～PM3:00の間に直接持っていく
※年末年始（12/24～1/10）は回収なし
●注意事項
・持ち込んだ際は、必ず清掃事務所へ声掛けを
・回収できるもの以外は持ち帰りを

<問い合わせ>環境部清掃課ごみ減量係　☎03-5662-1689

葛西ガイド

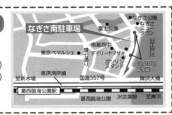

お出かけ前にチェック！ かさい コインパーキング LIST

江戸川区なぎさ南駐車場

- ■住　所　南葛西 6-3
- ■収容数　第一 66 台、第二 45 台　　■利用時間　24 時間
- ■料　金　8:00~24:00　最初の1時間200円（以降は30分毎100円）
　　　　　24.00~ 8.00　最初の1時間100円（以降は60分毎100円）
　　　　　※ただし、30 分以内の出庫であれば無料

打ち切り料金…6 時間毎／最大 500 円

【西葛西駅周辺】

※料金・時間等のデータは 2023 年 1 月現在のものです。
　発行後、変更になっている場合もあります。

No.	名称	時間	台数	料金
①	タイムズデニーズ西葛西店	24h	16台	8~22時は30分220円、22~8時は60分110円
②	タイムズ西葛西6丁目	24h	7台	8~20時は20分220円、20~8時は60分110円。昼間最大1540円、夜間最大440円
③	Dパーキング西葛西6丁目第1	24h	5台	8~20時は15分200円、20~8時は60分100円。入庫後24時間最大1100円~1600円
④	SDパーキング西葛西	24h	2台	8~20時は20分200円、20~8時は60分100円。夜間最大500円。高さ制限1.9m
⑤	富士パーク西葛西6丁目	24h	5台	8~22時は20分200円、22~8時は60分100円。夜間最大500円
⑥	ラッキーパーキング西葛西第2	24h	12台	8~23時は30分200円、23~8時は60分100円。7~19時最大1600円、19~7時最大1300円
⑦	リピートパーク西葛西第1	24h	4台	8~21時は30分200円、21~8時は60分100円。入庫後4時間最大1000円、夜間最大500円
⑧	ナビタワー西葛西第2	24h	49台	7~23時は30分100円、23~7時は1泊500円。昼間最大1400円、20~10時の宿泊パック1000円 ＊タワーパーキング　高さ制限2.05m
⑨	プリマパーク時間貸駐車場	24h	7台	9~21時は入庫後最初の60分100円、以降30分100円、21~9時は60分100円
⑩	タイムズ西葛西第6	24h	6台	オールタイム30分330円。入庫後24時間最大1980円、20~8時最大440円
⑪	ユアーズパーキング西葛西第1	24h	4台	オールタイム30分200円。入庫後24時間最大1800円、20~8時最大400円
⑫	コインパーキング西葛西6丁目	24h	3台	オールタイム30分200円。8~20時最大1400円、20~8時最大400円
⑬	ビーシティパークファランドール西葛西	24h	2台	8~20時は30分200円、20~8時は60分100円。入庫後12時間最大1400円、夜間最大300円
⑭	ザ・パーク西葛西6丁目第1	24h	5台	8~20時は30分200円、20~8時は30分100円。入庫後12時間最大1500円、夜間最大400円
⑮	リパーク西葛西第6	24h	11台	8~24時は30分200円、24~8時は60分100円。入庫後24時間最大2400円、夜間最大400円
⑯	GSパーク	24h	4台	オールタイム20分200円
⑰	パークステーション西葛西	24h	11台	8~24時は20分300円、24~8時は60分100円。入庫後24時間最大2400円
⑱	e-PARKタワー西葛西第1	8:30~18	10台	60分150円。昼間最大700円。高さ制限1.62m
⑲	タイムズメッセ西葛西ビル	24h	202台	オールタイム30分330円。月~金の8~21時最大1540円、全日21~8時最大550円
⑳	DパーキングスポーツクラブNAS西葛西	24h	9台	オールタイム12分200円。8~22時最大1600円、22~8時最大500円
㉑	ピコパーキング西葛西6丁目	24h	16台	8~24時は25分200円、24~8時は60分100円。6~11番のみ入庫後24時間最大1800円、夜間最大500円
㉒	ナビパーク西葛西第20	24h	12台	8~22時は40分200円、22~8時は60分100円。入庫後24時間最大2000円、夜間最大400円
㉓	リパーク西葛西6丁目第2	24h	10台	8~22時は40分200円、22~8時は60分100円。入庫後24時間最大1800円、夜間最大500円
㉔	スペースナビ西葛西第6	24h	20台	8~22時は40分200円、22~8時は60分100円。夜間最大500円
㉕	リパーク西葛西	24h	69台	8~24時は40分200円、24~8時は60分100円。入庫後24時間最大1400円
㉖	パークレボ西葛西第2	24h	9台	8~24時は25分100円、24~8時は60分100円
㉗	行船Gパーク	24h	5台	8~24時は30分100円、24~8時は60分100円
㉘	ナビパーク西葛西第5	24h	7台	8~20時は15分100円、20~8時は60分100円。夜間最大300円
㉙	タイムズ西葛西第17	24h	5台	オールタイム30分220円。8~18時最大1300円、18~8時最大300円
㉚	リビングパーク西葛西第1	24h	37台	入庫後24時間1500円。料金前払い制
㉛	タイムズ西葛西第3	24h	3台	8~24時は60分440円、24~8時は60分110円。夜間最大660円
㉜	メトロパーク西葛西5丁目	24h	13台	8~22時は20分100円、22~8時は60分100円

No.	名称	時間	台数	料金
㉝	ナビパーク西葛西第27	24h	4台	8～20時は20分300円、20～8時は60分100円。夜間最大400円
㉞	リパーク西葛西駅前第4	24h	3台	8～24時は15分200円、24～8時は60分100円
㉟	パラカ西葛西駅前第1	24h	8台	オールタイム12分300円。24～8時最大400円
㊱	クイックパーク西葛西	24h	20台	8～深夜1時は15分100円、深夜1～8時は60分100円
㊲	ナビパーク西葛西第2	24h	15台	8～20時は30分200円、20～8時は60分100円。当日最大2000円、夜間最大300円
㊳	パラカ西葛西第4	24h	3台	オールタイム40分200円。入庫後24時間最大1600円、19～9時最大500円
㊴	ナビパーク西葛西第29	24h	2台	8～20時は30分200円、20～8時は60分100円。入庫後24時間最大1700円、夜間最大300円
㊵	NTTル・パルク西葛西第1	24h	7台	8～20時は30分200円、20～8時は60分100円。入庫後24時間最大1500円、夜間最大600円
㊶	リパーク西葛西3丁目第2	24h	7台	オールタイム20分200円。入庫後24時間最大1600円、夜間最大500円
㊷	タイムズ西葛西3丁目	24h	7台	8～20時は30分220円、20～8時は60分110円。夜間最大440円
㊸	D-Parking西葛西3丁目第1	24h	10台	オールタイム30分200円。8～18時最大1200円、18～8時最大500円
㊹	ナビパーク西葛西第12	24h	9台	8～20時は30分200円、20～8時は60分100円。入庫後24時間最大1600円、夜間最大500円
㊺	タイムズ西葛西井上眼科前	24h	7台	8～20時は30分220円、20～8時は60分110円。昼間最大1100円、夜間最大440円
㊻	タイムズ井上眼科	24h	10台	オールタイム60分550円
㊼	ナビパーク西葛西第36	24h	6台	8～20時は30分200円、20～8時は60分100円。入庫後24時間最大1900円、夜間最大300円
㊽	タイムズ西葛西3丁目第2	24h	3台	オールタイム40分220円。入庫後24時間最大1760円、20～8時最大440円
㊾	ナビパーク西葛西第23	24h	3台	8～20時は20分200円、20～8時は60分100円。入庫後12時間最大1800円、夜間最大400円
㊿	ピコパーキング西葛西3丁目	24h	4台	8～20時は30分200円、20～8時は120分100円。入庫後24時間最大1400円、夜間最大400円
51	タイムズ西葛西第2	24h	8台	8～20時は30分220円、20～8時は120分220円。昼間最大1540円、夜間最大440円
52	ナビパーク西葛西第30	24h	2台	8～22時は15分100円、22～8時は60分100円。夜間最大500円
53	タイムズ小島町2丁目第2	24h	10台	8～24時は30分220円、24～8時は60分110円。入庫後24時間最大1760円
54	タイムズ小島町2丁目第1	24h	5台	8～24時は30分220円、24～8時は60分110円。入庫後24時間最大1760円
55	ナビパーク西葛西第10	24h	5台	月～金8～15時は15分200円、15～24時は40分200円、24～8時は60分100円。土日祝8～24時は40分200円、24～8時は60分100円。土日祝の当日最大1300円＊朝日信金利用者割引あり
56	NTTル・パルク葛西第1	24h	19台	8～24時は30分200円、24～8時は60分100円。入庫後24時間最大1400円、夜間最大500円
57	スポーツセンター駐車場	24h	83台	最初の60分まで200円、以降60分100円

【葛西駅周辺】

No.	名称	時間	台数	料金
❶	パラカ東葛西第1	24h	8台	オールタイム30分200円。入庫後12時間最大1000円、20～8時は最大500円
❷	ラッキーパーキング東葛西第2	24h	30台	8～24時は40分200円、24～8時は60分100円。入庫後12時間最大1000円
❸	東葛西6丁目駐車場	24h	9台	8～24時は30分200円、24～8時は60分100円。入庫後24時間最大2000円
❹	ダイレクトパーク東葛西6丁目第2	24h	13台	8～22時は15分100円、22～8時は60分100円。入庫後8時間最大600円
❺	タイムズ東葛西第3	24h	15台	8～24時は20分110円、24～8時は60分110円。入庫後24時間最大990円
❻	ナビパーク東葛西第19	24h	14台	8～20時は20分100円、20～8時は60分100円。入庫後24時間最大1000円
❼	ナビパーク東葛西第1	24h	20台	8～24時は30分200円、24～8時は60分100円。入庫後24時間最大2200円、夜間最大500円
❽	リパーク東葛西6丁目	24h	3台	8～22時は25分200円、22～8時は60分100円。入庫後24時間最大1000円、夜間最大700円
❾	タイムズ東葛西第2	24h	16台	オールタイム30分220円。入庫後24時間最大1000円、8～8時最大550円
❿	パラッツォ駐車場	24h	280台	10～23時は30分220円、23～10時は30分300円。＊タワーパーキング高さ制限2.1m、23～10時は出庫不可
⓫	リパーク葛西駅前	24h	13台	オールタイム30分300円。8～18時最大1100円、18～8時最大600円
⓬	リパーク中葛西5丁目第3	24h	15台	オールタイム30分300円。8～18時最大1100円、18～8時最大600円
⓭	タイムズ業務スーパー河内屋葛西店	24h	16台	オールタイム15分220円。月～金7～19時最大880円、19～7時は全日最大330円
⓮	エスパーキング葛西	24h	4台	7～19時は20分300円、19～7時は60分100円。夜間最大500円
⓯	タイムズ中葛西第3	24h	13台	月～金9～15時は30分440円、15～22時は15分110円、22～9時は60分110円。土日祝9～22時は15分110円、22～9時は60分110円
⓰	パークアテンド葛西第1	24h	13台	8～22時は30分200円、22～8時は60分100円。昼間最大平日1000円、土日祝900円、夜間最大500円
⓱	ナビパーク中葛西第14	24h	16台	8～20時は30分200円、20～8時は60分100円。入庫後24時間最大2100円、夜間最大500円
⓲	ザ・パーク中葛西5丁目第1	24h	6台	8～20時は30分200円、20～8時は60分100円。昼間最大1000円、夜間最大400円
⓳	ナビパーク中葛西第42	24h	10台	8～20時は30分200円、20～8時は60分100円。入庫後24時間最大1100円、夜間最大400円
⓴	ユニデンパーキング葛西駅前	24h	5台	月～金8～15時は30分300円、15～24時は30分200円、24～8時は60分100円。土日祝8～24時は30分200円、24～8時は60分100円。＊月～金の15～24時最大1000円。土日祝の昼間最大1500円。夜間は全日最大300円。＊東京東信金利用者割引あり
㉑	JPM中葛西パーキング	24h	37台	8～22時は30分200円、22～8時は60分100円。入庫後24時間最大1200円
㉒	ナビパーク中葛西第30	24h	7台	8～20時は30分200円、20～8時は60分100円。入庫後24時間最大1200円、夜間最大500円
㉓	タイムズ中葛西第14	24h	5台	8～22時は40分220円、22～8時は60分110円。入庫後24時間最大1100円

東西線西葛西駅・葛西駅周辺エリア ── パーキングメーター 9～19時 60分以内 日・祝のぞく

コインパーキングMAP

No.	名称	営業	台数	料金
㉔	パーククリエート東葛西5丁目パーキング	24h	4台	オールタイム30分200円。24～8時最大600円
㉕	エースパーク東葛西第2	24h	5台	8～22時は20分100円、22～8時は60分100円。入庫後24時間最大1500円
㉖	ナビパーク東葛西第7	24h	8台	8～20時は20分200円、20～8時は60分100円。入庫後24時間最大1600円、夜間最大400円
㉗	ブリーズパーク東葛西	24h	7台	オールタイム40分100円。19～8時最大400円
㉘	エコロパーク東葛西第4	24h	3台	8～20時は25分200円、20～8時は60分100円。入庫後24時間最大1000円、夜間最大300円。高さ制限2.2m
㉙	リパーク東葛西5丁目第2	24h	8台	8～20時は40分200円、20～8時は60分100円。入庫後24時間最大1000円、夜間最大600円
㉚	ナビパーク東葛西第10	24h	12台	8～20時は30分200円、20～8時は60分100円。入庫後24時間最大1200円、夜間最大400円
㉛	リパーク東葛西5丁目第4	24h	6台	10～20時は30分400円、20～10時は60分100円
㉜	ナビパーク東葛西第2	24h	9台	8～20時は30分300円、20～8時は60分100円。入庫後24時間最大1300円、夜間最大300円
㉝	エイブル中葛西3丁目	24h	4台	8～20時は40分200円、20～8時は60分100円。入庫後24時間最大1100円、夜間最大300円
㉞	タイムズ中葛西第10	24h	12台	8～24時は20分220円、24～8時は60分220円。入庫後24時間最大2200円
㉟	タイムズ中葛西第11	24h	17台	オールタイム30分220円。入庫後4時間最大1200円
㊱	ナビパーク中葛西第41	24h	4台	8～24時は30分200円、24～8時は60分100円。入庫後24時間最大1800円、夜間最大500円
㊲	セントラルウェルネスクラブ葛西	24h	21台	オールタイム30分200円。月のみ入庫後12時間最大1400円
㊳	ラッキーパーキング中葛西第2	24h	3台	8～24時は20分100円、24～8時は70分100円。20～8時最大400円
㊴	ナビパーク中葛西第37	24h	5台	8～22時は30分200円、22～8時は60分100円。入庫後24時間最大1800円、夜間最大500円
㊵	リパーク中葛西3丁目第4	24h	5台	オールタイム25分200円。入庫後24時間最大1300円
㊶	タイムズ中葛西第6	24h	5台	オールタイム60分440円。8～19時最大1320円、19～8時最大440円。
㊷	ナビパーク中葛西第44	24h	6台	8～20時は30分200円、20～8時は60分100円。入庫後24時間最大1200円、夜間最大400円
㊸	ナビパーク中葛西第32	24h	13台	8～20時は30分200円、20～8時は60分100円。入庫後24時間最大1400円、夜間最大400円
㊹	ナビパーク中葛西第40	24h	14台	8～20時は60分400円、20～8時は60分100円。入庫後24時間最大1300円、夜間最大400円
㊺	ナビパーク中葛西第43	24h	15台	8～22時は20分100円、22～8時は60分100円。入庫後24時間最大1100円、夜間最大300円
㊻	にこにこパーキング中葛西第2	24h	8台	8～22時は20分100円、22～8時は60分100円。入庫後24時間最大900円
㊼	タイムズ中葛西第21	24h	2台	8～20時は60分220円、20～8時は60分110円。夜間最大440円
㊽	リパーク中葛西3丁目第2	24h	3台	オールタイム40分200円。入庫後24時間最大900円、18～8時最大400円
㊾	ナビパーク中葛西第28	24h	4台	8～20時は30分200円、20～8時は60分100円。入庫後24時間最大1200円、夜間最大300円
㊿	タイムズ中葛西第22	24h	3台	8～20時は30分220円、20～8時は60分110円。入庫後4時間最大700円
51	ナビパーク中葛西第35	24h	7台	8～20時は30分200円、20～8時は60分100円。入庫後24時間最大1200円、夜間最大300円
52	ラッキーパーキング中葛西第1	24h	20台	8～24時は30分200円、24～8時は60分100円。入庫後10時間最大1000円
53	リパーク中葛西3丁目第3	24h	11台	オールタイム25分200円。入庫後24時間最大1300円、20～8時最大300円
54	ザ・パーク中葛西3丁目第5	24h	4台	8～18時は20分100円、18～8時は60分100円。昼間最大900円、夜間最大400円
55	ナ・ビパーク中葛西第10	24h	6台	8～20時は30分200円、20～8時は60分100円。入庫後24時間最大1500円、夜間最大300円
56	ナビパーク中葛西第8	24h	3台	8～20時は30分200円、20～8時は60分100円。入庫後24時間最大1300円、夜間最大400円
57	ナビパーク中葛西第22	24h	9台	8～20時は30分200円、20～8時は60分100円。入庫後24時間最大1200円、夜間最大300円
58	リパーク中葛西5丁目	24h	4台	オールタイム30分200円。8～20時最大1300円、20～8時最大300円
59	リパーク中葛西4丁目第2	24h	6台	8～20時は40分200円、20～8時は60分100円。入庫後24時間最大1500円、夜間最大400円
60	ナビパーク中葛西第46	24h	12台	8～22時は30分200円、22～8時は60分100円。入庫後24時間最大1300円、夜間最大500円

葛西ガイド

242

協賛店INDEX

緊急連絡電話メモ

警察署　110番
　葛西警察署　　　　　03-3687-0110

消防署　119番
　葛西消防署　　　　　03-3689-0119
　葛西消防署南葛西出張所　03-3680-0119
　葛西消防署船堀出張所　03-3688-0119

　江戸川区役所　　　　03-3652-1151
　葛西事務所(葛西区民館内) 03-3688-0431

　江戸川保健所　　　　03-5661-1122
　葛西健康サポートセンター　03-3688-0154
　清新町健康サポートセンター 03-3878-1221
　なぎさ健康サポートセンター 03-5675-2515

FMえどがわ　　**84.3MHz**

東京電力パワーグリッド㈱
　　　　　　<停電など>　**0120-995-007**
(上記番号を利用できない場合) **03-6375-9803**(有料)
水道局　江戸川営業所　**03-5661-5085**
東京ガス㈱　お客さまセンター
　　　　　　　　　03-6838-9020

NTT
　電話の新設・移転・各種相談など　**116**
　電報　　　　　　　　　**115**(有料)
　番号案内　　　　　　　**104**(有料)
　電話の故障　　　　　　　**113**
　　　　　※携帯から **0120-444-113**
　災害用伝言ダイヤル　　　**171**

243

非常持ち出し品チェック表

各家庭で、災害時に3日間程度自足してしのぐための備えをしておこう。置き場を決め半年に一度は点検を!

〔持ち出し品〕
0次(携帯)いつも使うバッグに
1次(非常持ち出し)家庭や職場に
2次は[備蓄]

基本用品		0次	1次	2次
①	非常持ち出し袋		○	○
②	飲料水(1人0次0.5ℓ、1次1.5ℓ目安)	○	○	○
③	携帯食 (チョコ、キャンディーなど)	○	○	
④	非常食 (乾パン、水や調理のいらないものなど)		○	○
⑤	防災ずきん・帽子・運動靴		○	○
⑥	ホイッスル	○	○	
⑦	軍手・革手袋		○	○
⑧	懐中電灯 (予備電池も)	○	○	○
⑨	万能ハサミ・ナイフ		○	○
⑩	ロープ 10m		○	○
⑪	携帯ラジオ (予備電池も)		○	○
⑫	携帯電話 (充電器・バッテリーも)	○	○	
⑬	筆記用具・メモ	○	○	
⑭	身分証明書 (保険証・免許証・パスポート)	○	○	
⑮	油性マジック (太)		○	○
⑯	現 金 (10円玉含む)	○	○	
⑰	救急用品 毛抜き(とげ抜き・ピンセットとして使える)、消毒薬、脱脂綿、ガーゼ、ばんそうこう、包帯、三角巾		○	○
⑱	常備薬・持病薬 (処方箋コピー) など	○	○	○
⑲	簡易トイレ		○	○
⑳	ティッシュペーパー・トイレットペーパー		○	○
㉑	ウエットティッシュ		○	○
㉒	使い捨てカイロ		○	○
㉓	サバイバルブランケット		○	○
㉔	タオル		○	○
㉕	ポリ袋 (大小合わせ10枚程)		○	○
㉖	レジャーシート・ブルーシート		○	○

		0次	1次	2次
㉗	ライター・マッチ			○
㉘	ガムテープ (布製・カラーがよい)			○
㉙	雨具 (ポンチョ・かっぱ)		○	○
㉚	マスク	○	○	○
㉛	連絡メモ・備えリスト	○	○	

◇以下は個々人や家庭の事情によって検討

事情に応じて

必需品・貴重品	現金、予備鍵、預金通帳のコピー、印鑑、予備メガネ・コンタクトなど	□
女性用品	生理用品(ガーゼの代用にも)、化粧品、防犯ブザー、ブラシ、鏡 おりものシート(下着の代用としても)など	□
高齢者用品	介護手帳、紙おむつ、介護用品、入れ歯、補聴器など	□
赤ちゃん用品	粉ミルク、哺乳瓶、離乳食、紙おむつ、だっこ紐、母子健康手帳など	□

※通帳や免許証、各種証書などはコピーがあると便利
※水・食品や電池は、日常使いながら補充していくと期限切れの心配がない

〔2次備蓄生活用品〕 キッチンや押し入れに

避難した後で少し余裕が出てからの避難生活で必要なもの。3日間くらいしのぐため

①飲 料	(飲料水、非常用給水袋・タンクなど)	□
②食 糧	アルファ化米、乾パン、缶詰、インスタント食品、塩・調味料など	□
③衣 類・毛 布		□
④生活用品	卓上コンロ、ガスボンベ、固形燃料、鍋、ラップ、アルミホイル、皿・コップ(紙やステンレスなど)、わりばし、スプーン、缶切りなど	□

葛西カタログ 2023-2024 〈vol.25〉

令和5年3月25日発行　定価　880円(税込)

発行所　株式会社　明光企画
〒 272-0143　市川市相之川 3-2-13
TEL.047-396-2211(代)
FAX.047-397-0325
http://www.meiko-kikaku.co.jp

●発 行 人　高橋　亙
●編 集 人　中村成子
●営　　業　入井優樹／湊美紀枝／大竹由紀　吉武佐織
●編　　集　岸田通代／佐藤いずみ
●制　　作　柴田俊之／中野有希／太田順子
●表紙デザイン　原　南帆
●印 刷 所　シナノ印刷株式会社

10830469(06)